本书为国家社会科学基金教育学一般课题"基于个体生命特性的生命教育研究"(BEA180109)的成果

基于个体生命特性的生命教育研究

刘济良　马苗苗　著

中国社会科学出版社

图书在版编目(CIP)数据

基于个体生命特性的生命教育研究 / 刘济良，马苗苗著.
—北京：中国社会科学出版社，2021.9
ISBN 978-7-5203-9254-9

Ⅰ.①基… Ⅱ.①刘…②马… Ⅲ.①生命哲学—教学研究
Ⅳ.①B083

中国版本图书馆 CIP 数据核字（2021）第 205047 号

出 版 人	赵剑英
责任编辑	宫京蕾　周怡冰
责任校对	秦　婵
责任印制	郝美娜

出　　版	中国社会科学出版社
社　　址	北京鼓楼西大街甲 158 号
邮　　编	100720
网　　址	http：//www.cssopw.cn
发 行 部	010-84083685
门 市 部	010-84029450
经　　销	新华书店及其他书店
印　　刷	北京君升印刷有限公司
装　　订	廊坊市广阳区广增装订厂
版　　次	2021 年 9 月第 1 版
印　　次	2021 年 9 月第 1 次印刷

开　　本	710×1000　1/16
印　　张	15.5
插　　页	2
字　　数	264 千字
定　　价	88.00 元

凡购买中国社会科学出版社图书，如有质量问题请与本社营销中心联系调换
电话：010-84083683
版权所有　侵权必究

前　言

"美国生命教育之父"詹姆斯·唐纳德·华特士（James Donald Walters）认为，生命教育，顾名思义，就是从生命中学习。毫不夸张地说，没有人的个体生命就没有教育，没有对人的个体生命的关注与探究就不能称之为生命教育。生命教育并不是一句空洞的口号或虚无缥缈的概念，它是立足于人这一个体生命，面向人的个体生命的发展与完善，为了人的个体生命的卓越、整全、幸福的光辉事业。

人作为"宇宙之菁华、万物之灵长"，不仅仅要对自己应该做什么、要做什么有所了解，也要对自己是什么有清晰的把握。而对于人是什么这一问题的认识必然离不开人对个体生命存在的参透，人对个体生命存在的参透又必然围绕组成人之个体生命的基本特性展开。假若离开了对个体生命基本特性的体认与把握，人则很难或是无法理解"我是人"中的"人"究竟是一种怎样的生命存在。对于人来说，对自我的认知是人存在的一部分，如此说来，教育对人的认知也理应成为教育的一部分。所以，教育只有从人的个体生命的基本特性出发，才能真正认识人、发展人、完善人和成就人。

人是拥有丰富而复杂生命特性的个体。人怀有内在的敬畏特性，以虔敬谦卑的姿态伫立于世，以悲悯怜爱的情怀观照世间的生命体，以审慎负责的态度对待自我的内在生命与外在生命、内在生活与外在生活。正因为个体生命所特有的敬畏性使人感到渺小与谦卑，使人懂得对自然生命的保存与敬畏，使人向往更宽阔的空间，使人眷注精神生命的丰富与高贵。正因为人的敬畏特性，人的个体生命才能在自主、自为、自觉的实践活动中行有所依、行有所止、行有所畏。在内在个体生命敬畏性的恪守中人方能理性地从事一切实践活动，在实践中不断创生与发展，不断成长与成熟。

人是"自然界最脆弱的一棵苇草"（帕斯卡尔）、"最孤独无靠的自然之子"（赫尔德），是那茫茫天地之间羼弱而又渺小的生命存在。也正因为如此，人不同于物，人是一种"是其所是"又"是其所不是"的未特定化的生命存在。这便是人之个体生命生成性的体现。生成性提供了人的个体生命发展的无限空间，人在生成中摆脱了最初的愚昧与脆弱，追求着生命的终极意义与价值。人在源源不断的创生中超越现存的世界，创造可能的生活与生命的无限可能。可以说，人所具备的个体生命的生成性使他不是一种凝滞的固定物，而是一个绵延生成的过程，他在不断地创生中认清并决定了"人是谁"这一问题。

人是最善模仿的生命体。人以模仿的方式保持个体生命与外界的联系，人的行为大多通过模仿与观察而习得。人通过模仿接受了先辈积淀的间接经验，人通过模仿涵养了自我生命内在的品格，人通过模仿实现高尚精神的传承。人在模仿中将外在的思想、理想、信仰等内化到自我的生命之中，由此，外部世界变成了人的内部世界，人的世界得以不断扩展。人在模仿中观察与思索，审视自我的不足与缺陷，重构自身的行为与观念，由此，人的个体生命不断更新与完善，不断升华与强大。

人是向着卓越而生的生命个体。人能够超越自身有限的生存空间与时间，挣脱自我生命脆弱与庸常的实然状态，孜孜不倦地追求着生活的更美好、生命的更强大、人性的更丰富。这便是人之个体生命卓越性的体现，人因向往卓越而不甘于、不满足于个体生命当下的"实然"，人因日臻卓越而成为"超物之物""超自然的自然存在""超生命的生命存在"。可以说，个体生命的卓越性使人摆脱了平庸，使人以不断超越与奋进回答了"人是谁"的问题，成就了"人就是人"中的"人"究竟是一种怎样的生命存在。

人最高的价值追求就是对生命自由的追求。倘若没有自由，人的生命也将失去存在的价值。毫不夸张地说，一部人类史就是一段人之个体生命日臻自由之境的过程。人不断生成与模仿，人追求独特与卓越，皆因人向往生命的自由与自由的生命。然而，人这一个体生命追求的自由又是一种"从心所欲不逾矩"的相对自由，这又是由人之个体生命内含的敬畏性所决定的。因此，人的敬畏与生成、模仿与卓越特性是人实现生命自由的通衢。

本书第一章围绕个体生命的敬畏性阐述了教育应当致力于涵养、保存、发展学生敬畏个体生命的意识，以尊重学生的教育来让学生切身感悟自身生命与他人生命之贵，以关爱学生的教育来让学生在情感的丰盈中涵养敬畏情怀，以养成信仰的教育来让学生在信仰的支撑中体悟生命之崇高，以关注死亡的教育来让学生在生死中体认生命之畏，以智德兼修的教育来让学生在道德内化中坚守个体生命的敬畏本性。

第二章主要论述了生成性是人的个体生命高于动物之处，人因生成性而成为"未定"的"将在"，人在生成中不断运动变化、推陈出新，从而使自我生命的德性、智慧、身体、审美等渐趋成熟与完善。因此，生成意味着个体生命具有的无限可能性，教育也因个体生命内在的生成特性应运而生。关注个体生命的生成性也应是教育的题中之义。因此，教育工作者应当关注学生个体生命的生成而非预成，以个体生命的生长为教育的目的，如此一来，学生便能在教育中汲取个体生命不断创生的源泉，积蓄个体生命不断发展的动力，最终迈向生命的卓越之境。

第三章强调了个体生命的模仿性是个体生命发展进步的基础，也是教育教学过程始终具备的重要特性。教育因个体生命具有的模仿意识与模仿能力得以存在与发展。个体生命在模仿中习得知识、培养能力、养成美德。因此，教育是个体生命模仿行为发生的最主要、最频繁的场域，这要求教育要为个体生命提供模仿的良好环境与氛围，要时刻对个体生命的模仿行为进行指导与矫正，从而使个体生命在模仿中不断积淀创生力量，提升生命质量。

第四章阐明人因追求卓越的生命存在而成为大写的人，卓越性是个体生命中必不可少的组成部分。人之所以需要教育，不仅仅要取得高分与应试知识，人更希冀通过教育升华生命价值、拥有高尚道德、丰富精神世界、实现人性丰富，从而成为至真、至善、至美的卓越之人。教育作为提升人的生命质量与生存价值的事业，理应关注个体生命的卓越性，匡正个体生命卓越的真义，引领学生个体追求本真的生命卓越，使学生在对卓越的追求中实现精神的丰盈与灵魂的高贵。

第五章论证了自由对个体生命成长的必要性，个体生命因自由而彰显价值，自由给个体生命以超越的动力。因此，自由的个体生命需要彰显自由的教育，教育的要义就是实现人的自由发展。这意味着教育应当尊重个体生命的自由性，激发个体生命的自由意识，给予个体生命自由创生的能力，开拓个体生命自由发展的空间，创设个体生命自由学习的氛围，构建囊括万千的教育体系，使学生在有张有弛的教育中得以自主地选择与创造、对话与交往。

　　对人的个体生命诸多特性的研究可以说是生命教育研究永恒的重点与难点，在对人之个体生命敬畏性、生成性、模仿性、卓越性、自由性的探究中，我们越发感知到人的个体生命的复杂与丰富、神秘与伟大，我们也越发体会到生命教育研究之路充满了难以预知的艰难、欣喜、感动，我们执着、真诚地表达着基于个体生命基本特性的教育思想，我们热忱地期盼自己的研究能够为教育世界带去更多的温情与诗意，我们唯愿个体生命能够在生命教育雨露的滋润下灵动生长、恣意绽放。

目　录

第一章　个体生命的敬畏性与教育 ……………………………… (1)
 一　解读：个体生命的敬畏性 ………………………………… (1)
  （一）个体生命敬畏性的历史探析 ………………………… (2)
  （二）个体生命敬畏性的内涵界说 ………………………… (8)
 二　审视：现实教育中个体生命敬畏性缺失的表现 ………… (10)
  （一）"游戏的人生"：对自我自然生命的践踏 ………… (10)
  （二）"心灵的放逐"：对自我精神生命的罔顾 ………… (15)
  （三）"有学识的屠夫"：对他者自然生命的漠视 ……… (18)
 三　反思：现实教育中个体生命敬畏性缺失的原因 ………… (21)
  （一）功利主义思潮的影响：弱化了部分学生个体生命的
    敬畏性 ……………………………………………………… (22)
  （二）人类中心主义的张扬：消解了部分学生个体生命的
    敬畏性 ……………………………………………………… (23)
  （三）人文教育理念的遮蔽：迷失了部分学生个体生命的
    敬畏性 ……………………………………………………… (25)
 四　建构：重塑个体生命敬畏性的教育构想 ………………… (27)
  （一）开展生命教育：在人文关怀中彰显个体生命的
    敬畏性 ……………………………………………………… (27)
  （二）强化信仰教育：从精神关照中体认个体生命的
    敬畏性 ……………………………………………………… (30)
  （三）增设死亡教育：在领悟生死中感悟个体生命的
    敬畏性 ……………………………………………………… (33)
  （四）加强道德教育：在道德内化中坚守个体生命的
    敬畏性 ……………………………………………………… (36)

第二章　个体生命的生成性与教育 (40)

一　识读个体生命的生成性 (40)
（一）个体生命生成性的概念厘定 (40)
（二）个体生命生成性的特征 (42)
（三）个体生命生成性思想的历史探寻 (45)

二　生成性视域下的个体生命及其教育 (50)
（一）生成性视域下个体生命的特性 (51)
（二）个体生命的生成性：教育存在的前提 (56)

三　个体生命生成性在教育中的缺失及其归因分析 (57)
（一）个体生命生成性在教育中缺失的表现 (57)
（二）个体生命生成性在教育中缺失之归因分析 (62)

四　促进个体生命生成的理想教育建构 (67)
（一）树立以个体生命生成为本的教育观 (67)
（二）建构符合个体生命生成的课程体系 (73)
（三）运用促进个体生命生成的教育策略 (77)

第三章　个体生命的模仿性与教育 (83)

一　模仿是个体生命的存在方式 (83)
（一）个体生命模仿的历史向度 (83)
（二）识读个体生命的模仿性 (88)

二　模仿对个体生命成长的价值 (101)
（一）模仿是个体生命沟通世界的桥梁 (101)
（二）模仿是个体生命获取知识的手段 (103)
（三）模仿是个体生命塑造品德的法宝 (105)
（四）模仿是个体生命创新发展的起点 (107)

三　个体生命模仿性视域下教育的应然追求 (109)
（一）教育应当为个体生命提供良好的文化环境 (110)
（二）教育过程是个体生命模仿行为不断修正的过程 (112)
（三）教育的理想是促进个体生命超越模仿获得新生 (114)

四　关注个体生命模仿性的教育建构 (115)
（一）尊重个体生命发展规律，善待个体生命的模仿性 (116)
（二）营造宽松的教育氛围，激发个体生命的模仿活力 (118)
（三）打造高质量的课堂，促进个体生命模仿性能力发展 (121)

（四）教育者注重自身修炼，吸引个体生命竞相模仿 ……………（123）
　　（五）家长加强自身全面修养，潜移默化地熏育个体生命的
　　　　　模仿性 ……………………………………………………（125）

第四章　个体生命的卓越性与教育 …………………………………（130）
一　识读个体生命的卓越性 …………………………………………（131）
　　（一）个体生命卓越性的历史向度 ……………………………（131）
　　（二）个体生命卓越性的内涵界说 ……………………………（135）
　　（三）个体生命卓越性的意蕴探析 ……………………………（139）
　　（四）个体生命卓越性的教育价值 ……………………………（141）
二　现实教育中个体生命卓越性的异化 ……………………………（144）
　　（一）个体生命卓越性异化的表现 ……………………………（144）
　　（二）个体生命卓越性异化的归因分析 ………………………（153）
三　引领个体生命卓越性的教育建构 ………………………………（161）
　　（一）教育理念：注重立德树人，培养卓越德行 ……………（162）
　　（二）教育目的：关涉价值理性，超越庸常状态 ……………（164）
　　（三）教育过程：唤醒超越意识，创生澄明之境 ……………（167）
　　（四）教育氛围：促进生命敞开，涵养卓越品性 ……………（170）
　　（五）教育评价：实施动态评价，引领卓越生成 ……………（174）

第五章　个体生命的自由性与教育 …………………………………（177）
一　识读个体生命的自由性 …………………………………………（178）
　　（一）生命自由的历史向度 ……………………………………（178）
　　（二）个体生命自由的特性 ……………………………………（184）
　　（三）个体生命自由性的意蕴 …………………………………（189）
二　现实教育场域中个体生命自由性的遮蔽 ………………………（194）
　　（一）功利化的教育理念束缚了个体生命自由 ………………（195）
　　（二）标准化的教育追求遮蔽了个体生命自由 ………………（197）
　　（三）规训化的教育机制限制了个体生命自由 ………………（199）
　　（四）单一化的教育评价阻碍了个体生命自由 ………………（202）
三　彰显个体生命自由性的理想教育建构 …………………………（204）
　　（一）树立个体生命自由性的教育理念 ………………………（204）
　　（二）创设宽松自由的教育氛围 ………………………………（206）
　　（三）创建自由开放的教育体系 ………………………………（209）

（四）凸显个体生命自由性的课程设置 …………………（212）
（五）实施彰显个体生命自由性的教育管理 ……………（215）
参考文献 ………………………………………………………（218）
后　记 …………………………………………………………（237）

第一章

个体生命的敬畏性与教育

一 解读：个体生命的敬畏性

生命伦理学家阿尔贝特·施韦泽曾说道："只有一种生命能够摆脱黑暗，看到光明。这种生命是最高的生命——人。只有人能够认识到'敬畏生命'，能够认识到休戚与共，能够摆脱其余生物苦陷其中的无知。"① 可以说，敬畏是人这一个体生命独有的特性。正是人之生命所内含的敬畏性才使人摆脱了动物性的自然本能，使人不盲目追求自我欲求的满足，使人以谦卑、崇敬、谨慎、负责的姿态面对生活、面对其他生命体。从一定意义上说，个体生命的敬畏性使人对自我与他者生命怀有仰望式的虔诚与敬意，人正因为有所敬畏，才有动力去追问生命存在的意义与价值，去洞见自然万物的神秘与伟大，去追求精神生活的丰富、内在人性的美善、有限生命的超越。倘若丧失了个体生命的敬畏性，人将百无禁忌、为所欲为，意识不到生命的可爱与可贵、崇高与神圣，陷入难以自拔的虚无与荒诞之中。正如德国哲学家马克斯·舍勒所认为的："我们一旦关掉敬畏的精神器官，世界就立即变成一道浅显的计算题。只有敬畏才使我们意识到我们的自我和世界的充实与深度，才使我们清楚，世界和我们的生活具有一种取之不尽的价值财富。"②

---

① [德] 阿尔贝特·施韦泽：《敬畏生命——五十年来的基本论述》，陈泽环译，上海人民出版社2017年版，第17页。

② 倪梁康：《面对实事本身——现象学经典文选》，东方出版社2000年版，第153页。

(一) 个体生命敬畏性的历史探析

1. 中国传统文化中对个体生命敬畏性的探寻

个体生命敬畏意识的最初萌生出现在巫觋文化时期。《公羊传·鲁隐公四年》中有曰:"巫者,事鬼神祷解以治病请福者也,男曰觋,女曰巫。"① "巫觋"通常被视为"能见鬼神"的人,他们通过占卜、驱鬼、治病等方式开展宗教事务。因此,巫觋的出现使氏族部落的人认为万物有灵,并渐渐萌发出最原初的敬仰与谨畏,诸如内心深处对天神与地神的崇敬。《左传·昭公元年》中记载道:"山川之神,则水、旱、病、疫之灾,于是乎禜之;日月星辰之神,则雪、霜、风、雨之不时,于是乎禜之。"② 由此可以看出,山川、日月星辰、风雨雷电等天体、天象被古人视为神秘的异己力量并备受崇拜与敬仰,因此,中国古代文化中有关日神、月神、天神的神话故事尤为绚烂多彩。这种对"自然神"的崇拜与敬仰实则是人的生命敬畏性的重要表征,也是人之生命敬畏性最原初的表现。而在母系氏族社会,出现了一种由自然崇拜衍生出的新事物——"图腾",图腾被视为氏族的祖先与守护者,具有一定的神圣性与象征性,成为氏族的信仰与希望。比如,龙、凤、貔貅等图腾就是中华民族传统文化中的重要组成部分。图腾的出现与发展其实映射着个体生命的敬畏性早已成为人之生命存在不可或缺的组成部分。此外,人们对祖先的崇拜而衍生出的丧葬祭祖活动等亦是人的生命敬畏性的表征。因此,在巫觋文化的影响下出现了殷商时期的祭祀文化。这一时期,人们普遍认为"天帝"在主宰着风雨四时等天事、吉凶祸福等人事,以及朝代、政权的更替等,因此,他们采取祭祀山川、河岳等活动表达着对上神的敬畏,而后形成了一整套确定的祭祀制度,支配着整个社会的生活。随着社会文明的发展变化,周初时期人的敬畏性展现在人对神灵的敬畏渐渐转向了对内在德性的敬畏。《尚书·康诰》中曰:"若德裕乃身,不废在王命。"③ 这时,人们强调"敬德配天",认为君主应当以美德来完成天命。可见,周人此时所构筑的是"'敬德''明德'的观念世界"④,这种对德的敬畏成

---

① 《公羊传·鲁隐公四年》。

② 《左传·昭公元年》。

③ 《尚书·康诰》。

④ 徐复观:《中国人性论史·先秦篇》,上海三联书店2002年版,第21页。

为人之生命发展的动力，提醒着人时刻省察自我的行为。

到了春秋时期，蓬勃发展的儒家文化中闪烁着思想家们对个体生命敬畏性的思索。《礼记·玉藻》中有曰："若有疾风、迅雷、甚雨，则必变。虽夜必兴，衣服冠而坐。"① 这句话描述了孔子在自然天气发生变化之时，即便是夜间，也会整装端坐，以示敬畏。《论语·述而》中曰："钓而不纲，弋不射宿。"② 意思是孔子用鱼竿钓鱼，但从不用渔网捕鱼；孔子用弋射的方式获取猎物，但从不射向正在休息的鸟兽。可见，孔子所体现的对生命的敬畏性是他由于信仰神圣而发于内心的自觉、谦敬的情感。我们可以说，正是孔子内心恪守着对生命的敬畏性，才使他成为了仁道的践行者。儒家文化中对生命敬畏性的关注还彰显在孔子所言的"君子三畏"中。孔子曰："君子有三畏。畏天命，畏大人，畏圣人之言。"③ 孔子所言的"畏天命"即对自然生命、精神生命的敬畏，"畏大人"即对圣人君子、君王父兄的敬畏，"畏圣人之言"即为对圣人智慧、人格境界的敬畏。在他看来，只有"畏大人"与"畏圣人之言"，人才能抵达"畏天命"的境界，才能称之为君子。此外，《论语·子罕》载："子曰：'后生可畏，焉知来者之不如今也？'四十五十而无闻焉，斯亦不足畏也已！"④ 在孔子看来，后来的年轻人积学成德，其势可畏，那么人更应当在短暂的生命中修业养德。因此，这既是孔子对他者生命的敬畏，也凸显了孔子对自我有限生命的敬畏，这种敬畏是使人对个体生命臻于完满、整全的源泉。孟子也曾表明君子在对他人的敬重与关爱中收获他人对自我的敬重与关爱，诸如："仁者爱人，有礼者敬人。爱人者，人恒爱之；敬人者，人恒敬之。"⑤ 可见，个体生命的敬畏性彰显于对他人的关怀、尊敬之中。此外，孟子也在对万事万物的恻隐之心中彰显了对除人之外的自然生命的敬畏。诸如"君子之于禽兽也，见其生，不忍见其死，闻其声，不忍食其肉，是以君子远庖厨也"⑥。在他看来，君子有着对飞禽走兽等自然生命的敬畏之心，因此不愿意接近厨房。除此之外，儒家文化中关于

---

① 《礼记·玉藻》。
② 《论语·述而》。
③ 《论语·季氏》。
④ 《论语·子罕》。
⑤ 《孟子·离娄章句下》。
⑥ 《孟子·梁惠王上》。

个体生命敬畏性还体现在对人之生命价值的肯定中。荀子曾说道："水火有气而无生，草木有生而无知，禽兽有知而无义，人有气、有生、有知，亦且有义，故最为天下贵也。"① 荀子对人之生命神圣与珍贵的强调，实则就是对个体生命敬畏性的重申。

  道家文化则从道与德中谈及个体生命的敬畏性。老子的思想中充满着对道与德的敬畏，他认为万物的生命根源在于道，"道生一，一生二，二生三，三生万物"②，"道之尊，德之贵，夫莫之命，而常自然"③，因此，"圣人以辅万物之自然而不敢为"④。在他看来，对道要持有敬畏的态度，敬畏道便是敬畏一切生命。他强调："使我介然有知，行于大道，唯施是畏。"⑤ 在他看来，即便行于大道也应当时刻审视自己的言行，以敬畏之心面对一切事物，做到"豫兮若冬涉川，犹兮若畏四邻，俨兮其若客；涣兮若冰之将释，敦兮其若朴，旷兮其若谷；混兮其若浊"⑥。老子还曾说道："我有三宝，持而保之。一曰慈，二曰俭，三曰不敢为天下先。"⑦ 这里的"慈""俭""不敢"其实就是老子道法自然的体现，隐含着对芸芸众生的悲悯与关爱、对自然万物的节俭用度，以及反对唯我独尊的态度，这无不是对生命敬畏性思想的体现，这种敬畏性使老子以谦逊、怜爱的姿态处世。此外，老子"贵身"的思想中也彰显了个体对自身生命的敬畏。《道德经》中有曰："何谓贵大患若身？吾所以有大患者，为吾有身，及吾无身，吾有何患！故贵以身为天下，若可寄天下；爱以身为天下，若可托天下。"⑧ 可见，老子反对将身外的荣辱看得重于自身的生命，他主张唯有珍重自身的生命的人才能珍重他人的生命，才能担负天下重任，才能为万民所托付。所以，我们可以说，老子十分重视个体生命对自我生命的敬畏，在他看来，这是个体敬畏他者生命的基础，亦是个体抵达生命澄明之境的基础。庄子继承了老子道法自然的思想，强调对自然生

---

① 《荀子·王制》。
② 《道德经·第四十二章》。
③ 《道德经·第五十一章》。
④ 《道德经·第六十四章》。
⑤ 《道德经·第五十三章》。
⑥ 《老子·第十五章》。
⑦ 《老子·第六十七章》。
⑧ 《道德经·第十三章》。

命的敬畏。他认为："吾在于天地之间，犹如小石小木之在大山也。方存乎见少，又奚以自多！……号物之数谓之万，人处一焉。"① 他认为人不过是万事万物中渺小的一分子，不应当将自己视为至高无上的存在，并主张"天地与我并生，万物与我为一"②，人和万物是平等一体的，人应当在与自然平等和谐相处的关系中彰显对自然的仁爱之心、敬畏之心。

佛家将生命的本质归结为"缘起论"，主张世间一切事物都是因缘和合而生，人这一有情众生也正是因为与世间万事万物这些无情众生的种种因缘而存在，因此佛家主张"众生平等"，强调对除自身外的生命以及自然万物的尊重与敬畏。也正是基于众生平等的理念，佛家提倡"勿杀勿刑杖"③，将"不杀生"作为必须遵守的生活准则，这也体现了佛家文化中对世间一切生命的敬畏。本性禅师就曾说过："生命，不仅得到现世的肯定，而且，死后，亦得到尊崇。为此，我敬畏生命。我的敬畏，不仅于他人，也包括自己。"④

通过以上梳理，我们发现，中国传统文化中闪烁着诸多对生命敬畏性的思想，无论是顺应天命的"天择时代"中古人们对自然神的敬仰与尊奉或是对图腾的崇拜，还是儒家在仁德的坚守中、道家在"道"的践行中怜爱、善待自然生命与自我生命，抑或是佛家在"众生平等"中尊重世间一切生命，都彰显着人的生命存在离不开敬畏，敬畏是人之为人的根本。今天，我们开展生命教育，也应当继承中国传统文化中的精神财富，在个体生命敬畏性的涵养中实现个体生命向善、向美的发展。

2. 西方文化中对个体生命敬畏性的探寻

和中国"天人合一"的文化相同，西方文化中也不乏个体生命对自然、对自我生命的敬畏。古希腊人最初在面对无法解释的自然现象时，"往往产生一种敬畏感，认为是天神显灵。不断喷涌的泉水，风吹树叶的沙沙声，奇形怪状的岩石……通通被看作是与神有关的现象。有些地方常常能使人肃然起敬，又夹杂着一种畏惧感"⑤。可见，在最初的时代，由于人类认知水平的限制，人们对于未知的事物总是保有一种敬畏的情感。

---

① 《庄子·外篇·秋水》。
② 《庄子·齐物论》。
③ 林红梅：《生态伦理学概论》，中央编译出版社2008年版，第58页。
④ 本性禅师：《尘心洗尽》，中国人民大学出版社2015年版，第144页。
⑤ 张惠华：《神灵、图腾与信仰》，中国对外翻译出版公司2002年版，第119页。

这便是人这一个体生命敬畏性的体现。

当然，西方文化中个体生命的敬畏性也体现在对上帝的感情之中。基督教教义中曾多次出现"敬畏"一词。"敬畏耶和华是智慧的开端。"① "耶和华的圣民哪！你们应当敬畏他，敬畏他的一无所缺。"② 在西方人看来，上帝是全知全能的存在，敬畏上帝便能给自己的个体生命带去安康、幸福。但这种敬畏归根到底是出于信仰上帝的神圣而生发的敬畏，而非对自我生命本身的敬畏，甚至大多数人对自己的现实生命漠不关心。伊斯兰教的教义《古兰经》中曾多次出现"泰格瓦"一词，"泰格瓦"的意思就是"敬畏"。"敬畏"是信奉伊斯兰教的信士们必须具备的属性。在他们看来，信士们必须要敬畏真主，服从真主的禁令，听从真主的教诲。可见，在伊斯兰教中，个体对生命的敬畏体现在对真主的敬仰之中。世间一切生命，都系真主创造。"你的主对众天使说：'我将泥土造化一个人，我把他造成，并把我的灵吹入他的体内的时候，你们就向他倒身叩头。'"③ 在伊斯兰教中是真主赐予了人之生命，将"灵"赋予人，并给了人的生命存活延续的可能。所以，即便是"天使"也得向人"倒身叩头"。这既是对真主创造生命的惊异，又是对生命本身的敬畏。因此，伊斯兰教要求信士们要怜悯全世界的人，要至仁至慈，"将所爱的财产施济亲戚、孤儿、贫民、旅客、乞丐和赎取奴隶，并谨守拜功，完纳天课，履行约言，忍受穷困、患难和战争。这等人，确是忠贞的；这等人，确是敬畏的"④。克尔凯郭尔曾说道："要真正地爱上帝，要包括敬畏上帝，只有爱上帝，才会爱人、爱自然，这也是对他人敬畏，对自然和生命敬畏的一部分。"⑤

在文艺复兴时期，人道主义思想的提出强调对人这一个体生命的关心、呵护与敬重，唤醒了人们对生命的敬畏意识。其中，最早把人文主义教育理想付诸实践的教育家维多利诺主张教育的目的在于培养身体与精神和谐发展的人，因此，他反对通过对肉体的摧残来拯救灵魂的做法，强调通过体育锻炼来养成健康的体魄，他认为人拥有健康的自然生命是发展

---

① 转引自赵红梅《人的生命价值哲学探究》，硕士学位论文，上海大学，2014年。
② 转引自赵红梅《人的生命价值哲学探究》，硕士学位论文，上海大学，2014年。
③ 《古兰经》。
④ 《古兰经》。
⑤ 安希孟：《敬畏生命是智慧的开端》，《现代哲学》2007年第2期。

智、德、美的前提。同时，他也曾说道："我们并不希望每个儿童在心智方面都表现出同样的或同程度的兴趣。而不论我们自己的嗜好怎样，也得承认，我们必须服从自然的引导。"① 在他看来，教育应当遵循儿童的天性，遵循生命的发展规律。维多利诺的思想中折射出人文主义者对个体自然生命的敬畏，体现在敬畏自然生命的整全发展，尊重自然生命的个体差异。法国思想家、教育家卢梭充分肯定了个体生命的自然本性，主张教育应当遵循个体生命的自然本性。在他看来，人的自然本性是善的，人生来便有自爱之心与怜悯之心，自爱之心表现为"对于其自身所应有的关怀"②，确保自身生命的生存。怜悯之心表现为人克服自爱心理和极端利己主义，对他者生命施以关怀。因此，他主张抛弃人生来便有原罪的人性观，让个体生命在自然状态下自由发展。可见，卢梭将个体生命的敬畏性置于对自我自然生命与他者自然生命的敬畏之中。

在19世纪到20世纪之交，阿尔贝特·施韦泽提出了"敬畏生命"的伦理思想，充分肯定了个体生命的敬畏性。他曾说道："我们越是观察自然，我们就越是清楚地意识到，自然中充满了生命，每个生命都是一个秘密，我们与自然中的生命密切相关。人不再能仅仅只为自己活着。我们意识到，任何生命都有价值，我们和它不可分割。出于这种认识，产生了我们与宇宙的亲和关系。"③ 由此可见，阿尔贝特·施韦泽认为，人的生命不是孤立的存在，而是与其他生命联结在一起的，因此，人"必须像敬畏自己的生命意志一样敬畏所有生命意志"④，人必须敬畏自我生命与自我生命之外的所有生命体，肯定一切生命存在的客观价值和重要意义，促进一切生命更好的发展。在施韦泽看来，"人越是敬畏自然的生命，也就越敬畏精神的生命"⑤。因为敬畏所有的生命是人拥有道德的基础，"人

---

① 王俊英：《意大利文艺复兴时期人文主义教育学的实践》，《皖西学院学报》2004年第3期。

② [法] 让·雅克·卢梭：《卢梭文集·社会契约论》，何兆武译，红旗出版社1997年版，第13页。

③ 陈泽环、宋林：《天才博士与非洲丛林——诺贝尔和平奖获得者施韦泽》，江西人民出版社1995年版，第156页。

④ [德] 阿尔贝特·施韦泽：《敬畏生命》，陈泽环译，上海社会科学院出版社1992年版，第9页。

⑤ [德] 阿尔贝特·施韦泽：：《敬畏生命——五十年来的基本论述》，陈泽环译，上海社会科学院出版社2003年版，第132页。

必须要做的敬畏生命本身就包括所有这些能想象的德行：爱、奉献、同情、同乐和共同追求"①，人在同其他生命体的交往中感受到对一切生命体的责任，人在对所有生命的敬畏中使一切可发展的生命实现最高的价值。可见，施韦泽将个体生命的敬畏性视为人这一个体对所有生命体的关爱、尊重、怜悯，人正是通过对一切生命的敬畏来实现道德责任的升华、精神生命的成长。赫舍尔曾说道："世界以两种方式呈现在我的面前；世界既是为我所拥有的一个事物，也是我所面对的一个奥秘。我所拥有的是微不足道的，我所面对的是崇高的。我小心翼翼以免浪费我所拥有的事物，我也必须学会不要失去我所面对的奥秘。我们操纵着世界表面上可以利用的东西，我们也必须以敬畏的心情面对世界的奥秘。我们把存在本身当作客体，但我们也惊奇地、极度诧异地参与存在。面对着使我的感觉能力也束手无策的奥秘，我们只有敬畏感和极度的诧异……敬畏不只是一种感情；它也是一种理解方式，是对比我自身更伟大的意义的洞察。敬畏起源于惊奇，智慧起源于敬畏。"② 在赫舍尔看来，个体生命的敬畏性使人在微小的事物中看到无限的意义，使人认识到事物不仅仅是他现存的样子。

通过对中西文化中个体生命敬畏性思想的梳理，我们能够感悟到敬畏是个体生命存在的根基，人在敬畏中走出自我的一隅之地，在更大的存在中去寻找意义。人在敬畏中不断超越当前有限的生命存在和世俗的生活，人从敬畏中觉解生命的价值与意义，延展生命的宽度与深度。教育作为直面个体生命的事业，应当敬畏个体生命的独特存在，给予个体生命以敬畏，让个体生命认知自我存在的唯一和不可替代；应当涵养个体生命的敬畏性，让个体生命在敬畏中体认精神生命的丰富，让个体生命以虔敬、谦卑的姿态对待生命与生活。

（二）个体生命敬畏性的内涵界说

在古代汉语中，"敬""畏"二字最初是分开使用的。"敬"的左半边为"苟"（gǒu），其意为"自我告诫、自我反省"；右半边"攵"则由

---

① ［德］阿尔贝特·施韦泽：：《敬畏生命——五十年来的基本论述》，陈泽环译，上海社会科学院出版社2003年版，第2页。

② ［美］A. J. 赫舍尔：《人是谁》，隗仁莲、安希孟译，贵州人民出版社2019年版，第101页。

"攴"（pū）演变而来，其意为用棍棒、鞭子敲打。《说文解字》中对于"敬"的解释为"肃也"，即为端肃、恭敬。《释名·释言语》中对"敬"的阐释为："警也，恒自肃警也。"① 意即谨慎对待，不敢苟且。而"畏"字在甲骨文中的意思则为鬼手拿杖打人，使人害怕。《广雅·释诂二》中写道："畏，惧也。"② 明代文学家宗臣在《报刘一丈书》中写道"心畏相公"，这里的畏是敬重、敬服的意思。随着人类社会的发展，"敬""畏"二字被人们合并在一起作为复合词使用。《史记·鲁周公世家》中曰："乃命于帝庭，敷佑四方，用能定汝子孙于下地，四方之民罔不敬畏。"③ 韩愈在《贺太阳不亏状》中也有言："陛下敬畏天命，克己修身。"④《寅斋后记》中也有曰："公精白一心，上承休德，夙兴夜寐，敬畏弗懈。"⑤ 而敬畏作为词语，则出现在我国学者们对西方"awe"的翻译中。《韦伯大字典》中对"awe"的解释为："一种混杂着惧怕、尊敬和惊讶的情感和被某种神圣的或神秘的东西所激起的恐惧的尊敬。"⑥ 在现代汉语词典中，"敬畏"被解释为："既尊重又畏惧。"⑦ 有学者认为，"'敬'体现的是一种人生态度和价值追求，促使人类'自强不息'，有所作为；'畏'显发的是一条警示的界限、一种自省的智慧，告诫人类应'厚德载物'，有所不为。"⑧ 由此可见，敬畏不是畏惧，敬畏是对人或物持有的敬重、关怀、呵护、负责、谨慎的态度。敬畏是一种"处于信仰神圣与崇高而发自内心的虔敬、庄严、自觉的禁忌意识，是主导人性中至真至善的唯美表现，是一种他律性自律"⑨。

由此我们可以说，个体生命的敬畏性是立足于人这一个体生命本身的特性，是人之生命发展最基本和最本源性的要求。个体生命的敬畏性是人虔诚地、超功利地、负责地对待个体生命的态度，它指向人的内在生命与外在生命，指向人的内在生活与外在生活。它意味着人这一个体生命对自

---

① 《释名·释言语》。
② 《广雅·释诂二》。
③ 《史记·鲁周公世家》。
④ 《贺太阳不亏状》。
⑤ 《寅斋后记》。
⑥ 转引自赵红梅《人的生命价值哲学探究》，硕士学位论文，上海大学，2014年。
⑦ 李行健编：《现代汉语规范词典》，外语教学与研究出版社2004年版，第700页。
⑧ 郭淑新：《敬畏伦理研究》，安徽人民出版社2007年版，第2页。
⑨ 王长国：《精神窄门的焦虑——论敬畏之心》，《探索与争鸣》2008年第11期。

我自然生命的保存与发展、对他者自然生命的尊重与呵护、对自我精神生命的眷注、对自我价值生命的充盈、对自我智慧生命的省察，它是人这一个体生命特有的心理状态与生命境界。首先，个体生命的敬畏性促使人区别于仅仅为了满足自己的自然生命而存活的动物，促使人将自我"看作是更大的事物的一部分"，促使人"与更宏大更永久的东西相连"，促使人"感觉到渺小和谦卑"①，使人意识到自我生命与他者生命的联系，使人懂得对他者自然生命的敬重、对自我有限自然生命的保存。其次，个体生命的敬畏性促使人"将更多的注意力集中在自己的精神生活上，激发个体对生活的热爱与投入"②，使人这一个体生命在对精神生命的眷注中摆脱了动物性的存在，使人的自然生命有了理性的意蕴和诗性的光辉。再次，个体生命的敬畏性使人拥有不断超越当下的动力，它促使个体不断思索生命存在的价值，给予个体追求生命卓越的力量和动力。最后，个体生命的敬畏性使人之精神生命时刻对自我的行为与思想进行审视与反思，对与自我生命相关联的事物与现象进行洞察，对未知的问题进行形而上的思考，使有限的个体生命在偌大的宇宙中构筑了一个安身立命的心灵港湾、精神家园和灵魂归宿。

二 审视：现实教育中个体生命敬畏性缺失的表现

个体生命的敬畏性指导人的实践与生活，激发人对生命的崇敬与热爱，唤醒人对价值与意义的求索。教育是人之生命存在的需要，个体生命是教育得以存在的基础。因此，"生命化的教育，敬畏生命显然是其第一要义"③。然而，当前教育中，残害、践踏个体的自然生命、无视个体的精神生命、抛弃个体生命价值的现象屡见不鲜，个体生命的敬畏性正日渐走向衰落。

(一)"游戏的人生"：对自我自然生命的践踏

"一个弱小的生命从母腹中孕育成熟，独立地成为这世界上一个体的

---

① 董蕊、薛凯平、喻丰：《积极情绪之敬畏》，《心理科学进展》2013年第11期。
② 董蕊、薛凯平、喻丰：《积极情绪之敬畏》，《心理科学进展》2013年第11期。
③ 冯建军：《生命与教育》，教育科学出版社2004年版，第20页。

时候，成年人最先教他的应是对生命的敬畏，因敬畏而爱自己的生命，爱别人的生命。"① 从某种意义上我们可以说，个体生命的敬畏性内含着人对自我自然生命的敬畏，这是尊重、怜爱他者生命的前提，亦是关怀个体精神生命、追求个体生命价值的基础。然而，现实教育中部分学生以游戏的心态来漠视自我珍贵的自然生命，以自我生命生活中的一段征程来遮蔽生命生活的全部，"过把瘾就死""人间不值得"等游戏人生的话语在多数学生的世界中成为一种"流行"。于是，越来越多的学生轻待甚至以极端的方式来伤害、摧残自己的生命。其具体表现为：

其一，轻生、自杀现象时有发生。克尔凯郭尔曾指出，人类最大的"畏"莫过于死，而人对死亡的敬畏正是个体生命敬畏性的体现。施韦泽也曾指出，人对自我生命的保存、发展与完善便是敬畏生命的体现。然而，现实教育场域中，部分学生模糊了个体生命生与死的界限，将珍贵的个体生命视为俯首可拾的玩物，躲避自我对生命担负的责任，从而对自我的自然生命失去了最重要的敬畏。在《中国教育发展报告（2018）》中有数据显示，2011—2015 年城市居民与农村居民中 15—19 岁的自杀率最高，并明显呈现总自杀率上升的趋势。② 其中，2017 年的调查表明，约每 37 名中学生中就有一名采取过自杀行动，约每 14 名中学生中就有 1 名制订过自杀计划，约每 6 名学生中就有 1 名有过自杀意念。③ 不少学生因为和父母、老师之间的意见冲突或是受到批评等便生发自杀念头，缺少对自我生命的尊重、珍重与爱护。2019 年 12 月，河南省许昌市某高一女生赵某因抽烟被老师要求在办公室写出情况说明，在写完情况说明后，赵某以上厕所为由离开办公室，随后从走廊的阳台处自行跳下，最终抢救无效死亡。④ 2019 年 3 月，一名 9 岁的男孩，因为撞碎学校玻璃而写下遗书，跳楼自杀。遗书中男孩写道："nǎinǎi（奶奶），我前天 5 把学校的 bō 里（玻璃）zhuàng suì（撞碎）了，我之到（知道）要 chěn fá（惩罚），suǒ

---

① 李雅静：《论敬畏之心》，《长江大学学报》（社会科学版）2012 年第 5 期。
② 杨东平：《中国教育发展报告（2018）》，社会科学文献出版社 2018 年版，第 260 页。
③ 杨东平：《中国教育发展报告（2018）》，社会科学文献出版社 2018 年版，第 259 页。
④ 潘佳锟：《河南许昌高一女生吸烟被查后跳楼身亡，警方介入调查》，https：//news.sina.com.cn/c/2019-12-09/doc-iihnzahi6346439.shtml/2019-12-09/2019-05-22。

（所）以我跳 lóu（楼）了。"① 2018年3月，安徽省某高中学生因手机被老师没收而感到委屈，于是跑出教室越过护栏跳下，后被老师及时送往医院救治。经医院诊治，该同学被确定为十级伤残。② 这些现实中已然发生的轻生事件映射出当前学生对自我自然生命的不屑一顾、不懂怜惜甚或是恣意践踏，昭示着个体生命敬畏性在学生成长中的缺席。

其二，病态化的价值观。当前社会中病态的审美文化与享乐主义思想的盛行，使得新时代一些学生的价值观趋于单一化、功利化，"颜值"高低被视为决定自我生命价值的重要因素。久而久之，整容也呈现低龄化的趋势。学生的审美标准囿于外在的形象，审美价值观变得肤浅化、格式化。尽管"整容热"从表面上看是人对自我生命的热爱，但当人过于追求被格式化了的形体美，过度地关注自我，极易陷入"美丽的陷阱"，淡化甚至扼杀对自我生命的敬畏意识。2018年10月，央视财经《第一时间》中发布了一条关于高中某班32名同学几乎都接受过整形手术的新闻，引起社会的广泛关注。在采访中，大多数学生表示自己因为别人整容而选择跟风整容，这表明诸多学生难以对自我生命进行准确定位，欠缺健康的生命价值观。也有学者在对大学生整容的调查中发现，66.9%的学生认为"这是个看脸的社会"，28.8%的被调查者认为整容能够给自己在求职与找对象方面带来一定的积极影响。可以看出，许多整容学生深受社会中"看脸吃饭"思潮的影响，将外在的容貌作为个体生命重要甚至是唯一的追求。然而，个体生命敬畏性真正的指向是人对人性中善与美的追求而非外在的形体美。也有调查数据显示，当前中国有近2000万医疗美容消费群体，"90后"已是整容整形绝对主力，"00后"开启医疗美容消费的势头比"90后"更强。③ 然而，学生整容的日趋低龄化在一定程度上会对个体自然生命的健康成长产生不利影响，现实生活中整容事故也常有发生。有报道显示，2020年4月，27岁女子小薇（化名）在成都某医院

---

① 佚名：《9岁男孩跳楼自杀，只因打碎玻璃：我们的孩子到底怎么了？》，https：//www.sohu.com/a/301280291_120090041/2019-03-14/2020-06-17。

② 佚名：《淮南一名中学生因被老师没收手机跳楼！法院判决出来了》，https：//www.sohu.com/a/312876474_120052736?sec=wd/2019-05-09/2020-05-22。

③ 蒲晓磊：《全国人大代表建议立法禁止对未成年人进行整容手术》，https：//baijiahao.baidu.com/s?id=1622679774958552412/2019-01-15/2020-05-21。

做了四项整容手术,术后发现脑部受损,未能苏醒,转院救治四天后死亡。① 2019 年 8 月,南阳市一名 28 岁女子杨某在整形手术全身麻醉后的 2 小时 20 分钟后出现异常,最终身亡,其中杨某的麻醉师属违规执业,初步分析事故原因可能为麻醉失败。② 2019 年 1 月,贵阳大二女孩夏某在隆鼻手术中不幸身亡。③ 这些发生在我们身边的整容事故让人深感痛心,而对于那些正处于成长发展时期的青少年学生来说,他们的自然生命尚未发育成熟,过早进行整形手术也将会对他们生理与心理的健康成长造成难以挽救的危害。此外,更有不少学生将自我的自然生命作为换取形而下的物质享乐的筹码,盲目追求无底线的物质消费,从而将自我卷入校园贷款或是通过卖卵、卖肾来换取钱财的肉体与心理之痛中。据报道,2019 年 10 月,南京某 211 高校毕业生徐某,1 年前曾从金融机构贷款 36 次,最终因难以还清债务选择跳楼自杀,结束了年轻的生命。④ 2019 年 10 月,广州一名 18 岁女孩因多次"卖卵",导致自己出现了出血性休克症状和部分卵巢组织坏死等严重并发症,险些丧命。⑤ 2017 年 8 月,北京某高校学生范某因欠下校园贷款 13 万余元被多次催债,最终难以承受,选择跳河自杀。⑥ 2017 年 4 月,泉州大二女生如梦(化名),因卷入"校园贷",不堪还债压力和催债骚扰电话,选择烧炭自杀。⑦ 2011 年 4 月,湖南一名 17 岁的男孩因想买苹果手机和电脑,选择通过卖肾获得 2.2 万元,但术

---

① 逯望一:《4 项整容手术后没有醒来救治 4 天后女子去世》,https://baijiahao.baidu.com/s?id=1664456886628944241&wfr=spider&for=pc/2020-04-20/2020-06-24。

② 王晓易:《南阳女护士整形死亡尸检报告出炉:可能因麻醉失败》,https://news.163.com/19/1008/16/EQVQU8PV00019K82.html/2019-10-08/2020-06-24。

③ 张文泽:《隆鼻手术发生意外,贵州 19 岁大二女生不幸香消玉殒》,https://news.163.com/19/0104/15/E4MH157H000187VE.html/2019-01-04/2020-05-21。

④ 易望奇、易启江:《南京大学生跳楼自杀死前 1 年从金融机构贷款 36 次》,https://news.163.com/19/1013/08/ERBRNDN700018990.html/2019-10-13/2020-05-21。

⑤ 刘喻斯:《18 岁少女多次"捐卵"生命垂危卵巢被部分切除》,http://www.kankanews.com/a/2019-10-29/0039038766.shtml/2019-10-29/2020-05-21。

⑥ 张雅:《大学生陷校园贷溺亡:借 1100 元一周还 500 利息》,http://news.cnwest.com/content/2017-08/19/content_15294450.htm/2017-08-19/2020-05-21。

⑦ 李昌乾、黄晓蓉:《大二女生身陷校园贷自杀:仅一平台就借 57 万,家人收到裸照》,http://m.thepaper.cn/newsDetail_forward_1662339/2017-04-11/2020-05-21。

后该男孩身体状况越来越差，经检查被诊断为肾功能缺损、三级伤残。① 从这些现实的案例中，我们不难发现个体生命的珍贵、唯一在物质享乐、消费至上的潮流中黯然失色。然而，当一个人缺乏对自我自然生命的关怀、尊重与呵护时，又从何谈及对自我自然生命和他人生命的敬畏呢？

其三，虚拟网络世界的"疯狂"。互联网的普及拓展了当代青少年学生的视野，为追求自我、渴望独立、向往无拘无束的学生开拓了一方宣泄自我真情实感的自由天地。然而，他们对生命的敬畏性却日渐式微，一些学生沉浸在虚拟的网络世界中，迷失了本真的自我，忘却了对自我生命担负的责任，甚至将珍贵的生命作为游戏的资本和筹码，轻易地终结鲜活的生命。据报道，2017 年，湖南某小学学生小蔓，沉迷于网络自杀游戏"蓝鲸"②，经常凌晨 4 点 20 分起床玩游戏、深夜看恐怖电影、在腿上划出刀口、写遗书等，出现自杀倾向。③ "蓝鲸"等自杀游戏在青少年学生群体中的涌现，使得许多学生在自杀游戏中透支自我的自然生命，这是对自我自然生命的不敬与亵渎。此外，也有不少学生沉迷于网络游戏，因为贪图一时的快感而淡化了对自我生命的尊重与敬畏，轻易地将珍贵的生命埋葬在虚拟的游戏世界中。据报道，2019 年 11 月，中山市一名 17 岁的少年因沉迷网络游戏，经常向父母、同学借钱为游戏充值，不听父母劝说、与父母发生争吵，并以跳河相威胁，最终溺水身亡，酿成悲剧。④ 2018 年，重庆一名 19 岁男孩因沉迷于网络游戏，自己选择用一把水果刀切腹自杀，原因竟是因为他相信自己能像游戏中一样死后能够满血复活。⑤

---

① 韩茜：《湖南 17 岁高中生卖肾买 iPhone，致使其成三级伤残》，http：//district. ce. cn/newarea/roll/201204/06/t20120406_ 23218570. shtml/2012-04-06/2020-05-21。

② "蓝鲸"死亡游戏来自于俄罗斯，该游戏通过社交群传播，利用青少年追求刺激的心理，诱导青少年在 50 天内完成各种各样的自残任务，挑战自己的极限，最终完成自杀。

③ 史卫燕：《自杀游戏"蓝鲸"高危预警，生命教育如何阻截幽灵》，http：//media. people. com. cn/n1/2017/0526/c40606-29302755. html/2017-05-26/2020-06-25。

④ 林翎：《17 岁少年沉迷网路游戏终跳河轻生，救起时无生命迹象》，http：//gd. sina. com. cn/news/b/2019-11-27/detail-iihnzhfz1944182. shtml/2019-11-27/2020-05-21。

⑤ 佚名：《19 岁男孩切腹自杀，只因相信自己能满血复活》，https：//www. sohu. com/a/231575137_ 391516/2018-05-15/2020-05-20。

（二）"心灵的放逐"：对自我精神生命的罔顾

改革开放以来，我国社会经济飞速发展，物质文明凯歌高奏，人们在日益筑构的物质世界、科学世界、技术世界中追逐着形而下的享乐，物质至上、享乐至上的观念甚嚣尘上。身处其中的教育也未能坚守自己的本真，日渐沉湎于外在的功利，宣告着学习应试知识就是获取物质财富的工具，从而荒废了它在个体生命精神世界中导行的责任，罔顾了学生精神生命的成长与发展，学生在过度追求外在实利的教育中遗忘了对自我精神生命的关注，他们无暇顾及生命存在的内在价值，他们难以超越功利去思索生活的意义，于是越来越多的学生陷入空心病的旋涡，他们人生迷茫、信仰缺失、意义空虚，于是人之个体生命的敬畏性被放逐在心灵的空虚与迷茫之中。其表现为以下几个方面：

其一，不可承受的应试之重。当前我国的一些地方盛行"知识即教育，试卷即手段，分数即目的"的教育，身处其中的学生不得不埋头于沉重的学习任务之中，他们误以为接受教育就是"获取、再现知识，就是从一个学习科目转向下一个，就是从一个班级、年级和学位到下一个班级、年级和学位"[①]。久而久之，一些学生将教育视为了不可承受的生命之重。一位初中三年级学生元元的作业清单如下：

英语：24张试卷（平均半小时一张）。

数学：6张试卷（每两天可以完成一张），自己买一本习题书完成两章的习题。

科学：《亮剑》27页，寒假作业本；《世纪金榜》40页，复习1—4册书（《亮剑》和《世纪金榜》都是一种课外辅导作业）。

语文：30套试卷，默写、订正50首古诗，两篇话题作文。[②]

元元除了除夕夜和大年初一外都在为作业忙碌，寒假除了完成作业外，妈妈还为她安排了5天的家教。由此可见，现今学生的个体生命背负

---

① ［美］托宾·哈特：《从信息到转化：为了意识进展的教育》，彭正梅译，华东师范大学出版社2007年版，第3页。

② 叶玉跃、唐旭锋：《寒假作业写不完，女孩吞20颗泰诺自杀》，《钱江晚报》2010年2月23日第A4版。

着沉重的学业压力和家长期待,他们的精神世界、意义世界被繁重的学习任务占据,以至于失却了停下来叩问灵魂的机会与能力。然而,个体生命的敬畏性就在于人对自我精神生命、价值生命的审视、提升与丰富,当人的精神家园趋于崩塌、灵魂被放逐,那么,人便会变得放纵随意,漠视生命的神圣性,抛弃对自我生命的关怀与怜爱,将外在生活的苦或乐、艰难或轻松视为生命存在的幸福与不幸,将此刻的艰难与挫折视为生命的全部,将珍贵的生命视为发泄压力的工具。因此,现实中不少学生选择以了却生命的方式来摆脱学习的重负,终结生命此刻的苦难。

据报道,2019 年 2 月,一位 12 岁的女孩因为难以承受作业的压力而选择从 32 楼纵身跳下,当场身亡。警方在女孩跳楼的顶层平台发现了女孩的遗书,遗书中写道:"我恨你们,我要自杀,不要救我,天天作业作业的……把我的作业都撕了吧。"① 2010 年 2 月,一位 9 岁的女孩因为完不成作业,吞下了 20 粒泰诺(一种治疗感冒的药物)自杀,家长发现后将孩子送往医院,接受洗胃急救。② 正处如花似玉年纪的青少年却因为难以承受作业的压力便轻易地选择了结束自己的生命,抛弃自我所肩负的保存生命、发展生命、完善生命的责任,这不禁让人唏嘘生命的敬畏性到底飘落在何方?

其二,个体生命意义的迷失。现实中我们的教育尽管教会了人"何以为生"的知识,却遗忘了启发人对"为何而生""如何为生"的思考。于是,我们发现走出校园后的学生可能头脑中储蓄了庞杂的应试知识与答题技巧,却难以在单调枯燥的知识世界中体悟生命的意义,他们的心灵渐渐枯萎,他们难以感知个体生命的可爱与生活的美好,他们的个体"智慧生命"日渐枯萎,他们缺少了对个体精神生命的关注、对头上灿烂星空的恒久凝视。北京大学精神科医生徐凯文就曾在调查中发现,30.4%的北大新生厌恶学习,40.4%的学生认为人生没有意义。③ 可见,在当前为应试而教的教育中一些学生无法感受个体生命意义的充盈,他们放弃超越

---

① 佚名:《热点:中小学自杀事件频发背后》,https://www.yidianzixun.com/article/0LMAK4mZ? appid=oppobrowser/2019-02-24/2020-05-21。
② 叶玉跃、唐旭锋:《寒假作业写不完,女孩吞 20 颗泰诺自杀》,《钱江晚报》2010 年 2 月 23 日第 A4 版。
③ 王忠会:《"蓝鲸"诱导自杀,"自杀游戏"能控制人的心理?》,https://www.chinanews.com/sh/2017/05-25/8233405.shtml/2017-05-25/2020-05-21。

自我个体生命的有限与短暂，让心灵恣意放逐在浮躁繁华的物质世界之中。这是对自我个体生命的亵渎，是对个体生命之尊、贵、畏的漠视。有调查显示，当大学生被问到"你如何看待生命的真正价值是奉献而不是索取"这个问题时，只有32.59%的同学选择赞同，41.6%的同学认为这种价值观念正渐渐淡化，还有9.94%的同学表示追求自我满足才是最为重要的。[1] 这些数字告诉我们，大多数学生由于精神世界、价值世界的一片荒芜，导致他们的生命中充斥着自我物欲层面的索取，他们在教育中所获取的也大多是为了将来索取物质、财富、权利、资源的技能，他们对自我内在个体生命的敬畏消解在实用主义、个人主义、物质主义之中。

其三，个体生命信仰的淡薄。人离不开信仰，正因为有了信仰，人才能超越个体生命的短暂与有限，人才能摆脱世俗与物质的束缚，人才能将自我的个体生命活动变成自己意识与意志的对象。可以说，信仰是人对个体生命价值的定位与追求，是人这一个体生命处世与处事的终极依据。有了信仰的个体生命能够意识到生命内在的崇高与可贵，能够在物质世界的奔碌中关照自我的精神生命，坚守自我的敬畏天性。"如果一个个体失去了自己的精神家园，将人的生活降到动物的生存层次，那么，个体会因为生活失去了精神追求而失去对生命价值的最高性的体认，从而失去了对生命敬畏的依据。"[2] 因此，当个体拥有了坚定、正确的生命信仰，他便能永葆对生命的敬畏之心。然而，现实中大多数学生缺少生命信仰，甚至不知道什么是信仰。有学者在四所大学对大学生的信仰展开调查，调查结果显示，28%的大学生表示自己认真思考过信仰是什么，20%的大学生表示自己从来没有思考过信仰这个问题，52%的大学生表示思考过但不是很深入、明白。[3] 此外，学生群体中也曾风靡一种带有颓废色彩的"丧文化"，"废柴""人间不值得""我差不多是个废人了"等话语萦绕在学生的日常生活中，这亦映射出一些学生个体生命信仰的淡薄，他们缺乏对崇高生命价值的追求，忽视对内在精神的审视，放弃对自我灵魂的丰富，成为没有精神性的物一般的存在。他们疲于对人生理想的追求，以一种"得过且过""及时行乐""跟着感觉走""过把瘾就死""玩的就是心跳"的心态去生活，变得肆无忌惮、无所不为，意识不到生命的神圣与崇高，缺失

---

[1] 段善君：《大学生生命价值观教育研究》，博士学位论文，福建师范大学，2017年。
[2] 汤元军：《论生命教育的三个维度》，《湖北教育学院学报》2007年第2期。
[3] 余晗：《大学生信仰教育问题》，硕士学位论文，南京航空航天大学，2014年。

内心深处对生命的虔敬与敬畏、对真善美的追求。

（三）"有学识的屠夫"：对他者自然生命的漠视

阿尔贝特·施韦泽曾指出："正是通过对其他生命的同情与关切，人把自己对世界的自然关系提升为一种有教养的精神关系，从而才赋予自己的存在以意义。"① 人之生命存在的意义始终与他者生命联结在一起，人的个体生命正是在对他者生命的关怀、怜爱与敬畏中体味到自我生命所担负的责任，并由此体验到自我生命存在的价值，摆脱自我生命的无聊、虚无与荒诞。然而，现实教育时常过于关注知识、分数，将学生拘限于自我的狭隘空间，诸多学生沉迷于个人欲望的满足，本应超越于禽兽的人沦为了阴暗、自私、无情、冷漠的"衣冠禽兽"，残害同窗者有之，杀害教师者有之，心理畸变者有之。阿尔贝特·施韦泽曾说过："有思想的人体验到必须像敬畏自己的生命意志一样敬畏所有的生命意志。他在自己的生命中体验到其他生命。对他来说，善是保存生命，促进生命，使可发展的生命实现其最高的价值。恶则是毁灭生命，伤害生命，压制生命的发展。"② 因此，毁灭、伤害、压制他者生命是人之生命敬畏性缺失的表现，其在现实中具体表现为以下几个方面：

其一，校园霸凌事件的频发。当前教育的上空笼罩着暴戾之气，不少学生唯我独尊，将自我生命凌驾于其他一切生命之上，戕害除我之外的其他生命，失却了对他者生命的怜悯之心、同情之心、仁爱之心，更失却了尊重之心、敬畏之心。据报道，2019 年 4 月，甘肃陇西县初一男孩张某，在学校教室被 5 名同学强制拖进厕所殴打，导致张某头部血管破裂、双肺挫伤、左侧侧脑室积血、蛛网膜腔出血等，最终抢救无效死亡。③ 2018 年 11 月，宁波某高校学生董某、卢某、叶某、王某、韩某及校外人员陈某以同学小江人品不好、怀疑其勾引同学男友为由，在宿舍内对其采用口塞纸巾、绑皮带、脱衣拍视频发往微信群、灌酒、强迫抽烟、剪头发、身上

---

① ［德］阿尔贝特·施韦泽：：《敬畏生命——五十年来的基本论述》，陈泽环译，上海社会科学院出版社 2003 年版，第 89 页。

② ［德］阿尔贝特·施韦泽：：《对生命的敬畏——阿尔贝特·施韦泽自述》，陈泽环译，上海人民出版社 2015 年版，第 128—129 页。

③ 佚名：《一初中生遭同学殴打致死！校园暴力是如何毁掉一个人一生的？》，https://www.sohu.com/a/311449052_776988/2019-05-01/2020-05-23。

写侮辱性语言、殴打等方式进行持续数个小时的欺凌。① 2016 年 11 月，北京中关村二小四年级学生在学校被两名同学欺凌，同学将有厕纸、尿液的垃圾筐扣到孩子头上并嘲笑，之后被欺凌同学出现失眠、厌食、易怒、恐惧上学等应激性反应。② 2016 年 2 月，温州市发生了一起青少年集体欺凌案件。在这则案件中，七位施暴者为 16—19 岁的女青少年，他们在 2016 年 2 月 18 日凌晨 1：30 之后的 30 多个小时内先后对四位女孩进行集体施暴。其中，欺凌者蹇某、徐某、陈某、娄某等六位青少年因看不惯素不相识的郭某，便对郭某以打耳光、拳打脚踢、强制侮辱、脱衣录像等方式施暴持续近一小时。时隔数小时后，当日晚间 22：00，这六位青少年选择的第二位欺凌对象为年仅 15 岁的冰冰，他们将冰冰关在一家快捷酒店内进行殴打、强迫磕头等，之后，又选择冷热水交替将冰冰淋湿，并用扫把敲打其头部。原因仅因为施暴者小萌、徐某与冰冰之间有过一些私人矛盾。次日的凌晨 2：20，这六位女孩又殴打了第三位欺凌对象——19 岁的王某，理由是因为王某与欺凌者娄某的"男神"私下有过语言互动。凌晨 5 点，王某由最初的受害人转变为施暴者，她要求殴打自己的闺蜜小茵，并以此为条件来加入蹇某、徐某、娄某、陈某等六人组成的施暴团体——"伐木累微信群"内。最终，这七位青少年组成的欺凌团伙被判处有期徒刑六年六个月至八个月、缓刑一年不等。③ 2015 年 11 月，温州高一女生小琳因为与同学发生矛盾被殴打，该女生在道歉后被另外两名女生上前扇了两巴掌。接着，其中一名女生双手轮番扇小琳 40 个耳光，其旁有一名男生则在一旁计数。④ 在震惊社会的马加爵杀人案件中，当马加爵被记者问道："四个年轻同窗的生命在你的铁锤下消失了，你对生命有过敬畏感吗？"他却回答说："没有，没有特别感受。我对自己都不重视，所以对他人的生命也不重视。"⑤ 发生在现实中的这一件件的校园霸凌案

---

① 董小芳、吴旻：《严惩！5 名大学生因校园欺凌被判刑》，http：//news.sina.com.cn/o/2019-09-06/doc-iicezzrq3902409.shtml/2019-09-06/2020-05-23。

② 梁天韵、魏梦佳：《北京中关村二小"校园欺凌"事件追踪》，http：//edu.people.com.cn/n1/2016/1212/c1006-28940957.html/2016-12-12/2020-05-23。

③ 该案例源自 2017 年 1 月 14 日 CCTV13《新闻调查》《七个被刑罚的女孩》。

④ 佚名：《温州女生遭校园暴力：15 秒挨同学 40 多个耳光，男生在一旁报数》，http：//jiangsu.china.com.cn/html/jsnews/society/2828773_2.html/2015-11-14/2020-05-23。

⑤ 转引自刘芳《浅谈大学生生命敬畏感》，《中山大学研究生学刊》（社会科学版）2008 年第 2 期。

件,让我们看到这些施暴者的生命敬畏性的失落,他们抛弃心中的道德准则,以不负责任、无所畏惧的姿态随意作践他者的生命,以极端的方式去否定他者生命的可贵、可爱与可畏,这不仅仅是对他者生命的不敬与不畏,更是对自我生命的轻视与践踏。

其二,师生冲突时有发生。近年来,校园弑师案时有发生。所谓"一日为师终身为父"的传统思想正逐步瓦解,教师与学生之间洋溢着的本应当是温情脉脉、真诚纯粹、彼此敬重的情感,而如今在一些情况下教师以学生为升职加薪的工具,学生将教师理解为单纯知识授受层面的"教书匠",师生之间缺少心灵的沟通与精神的相遇,更难以寻见彼此间的景仰与怜爱。于是,我们的教育场域中教师与学生缺失对个体生命的尊重、关爱、虔敬、敬畏,教师与学生的个体生命情感变得淡漠,教师体罚伤害学生、学生杀害教师等惨剧不断上演。2020年5月,普宁一所民办学校教师检查一个班级学生的作业时,用圆规扎该班部分未完成作业的同学进行处罚。① 2020年1月,西安市某中学学生李某因手机被老师周某没收,便选择将老师杀害,最终周某抢救无效身亡。② 2017年11月,湖南一中学教师鲍某被学生罗某连刺26刀,送往医院途中,已经失去生命体征。而学生罗某杀害教师的起因竟是不满于老师布置的作业。③ 2015年12月,湖南一名中学教师滕某被学生龙某持水果刀连刺三刀致死。而龙某自己承认杀害教师的原因是"他阻挡我看小说"。④ 2013年9月,江西抚州高三班主任孙某备课时,被学生雷某割颈杀害。经审查,雷某杀害孙某的原因是自己多次上课玩手机、迟到等被班主任孙某批评而怀恨在心。⑤ 可见,现实教育中教师与学生之间似乎隔着一道难以逾越的鸿沟,他们彼此封闭、分离、孤立、对立,让自我生命的敬畏性放逐在自私与无

---

① 佚名:《老师用圆规扎未完成作业学生!官方通报来了》,https://www.thepaper.cn/newsDetail_forward_7620911/2020-05-29/2020-06-01。
② 李文滔、罗丹妮:《西安学生疑因手机被没收杀老师老师抢救无效死亡》,https://baijiahao.baidu.com/s?id=1654777934165630315&wfr=spider&for=pc/2020-01-04/2020-06-01。
③ 张岩:《湖南高中生弑师案细节:刺班主任26刀后试图跳楼》,http://news.sina.com.cn/s/wh/2017-11-14/doc-ifynstfh7766161.shtml/2017-11-14/2020-05-23。
④ 陈卓:《少年因看小说受阻杀死老师并称终获自由》,http://edu.sina.com.cn/zxx/2015-12-09/doc-ifxmnurf8459232.shtml/2015-12-09/2020-05-23。
⑤ 吴锺昊:《江西"超级中学"杀师案追踪:学生缘何变凶手?》,http://www.jyb.cn/basc/xw/201309/t20130916_552281.html/2013-09-16/2020-05-23。

情之中，让自我生命的敬畏性湮灭在对他人的残害与践踏之中。

其三，虐待狂式的冷漠。近年来，越来越多的大学生虐待动物事件被媒体曝光，这些学生对除人以外的生命体缺失敬畏，将小动物看成是无生命的玩偶，随意虐杀。2020年5月，烟台南山学院大一学生王某用牙签插满了小猫的四肢，并且在求助群中要求群友给70元便可以让猫一死，甚至在群中扬言自己一天内杀死了八只猫。① 2020年4月，山东理工大学大四学生范某拍摄虐猫视频，并通过社交平台宣传、贩卖，在视频中范某庆以剥皮、掏肠、挖眼、拔舌、开水烫身、火烧猫身、电击、电钻爆体与爆眼等各种残忍手段虐待流浪猫，并且仅用两个月的时间就将80只流浪猫虐死，后校方对范某做出退学处理。② 2002年1月25日、2月25日和23日，清华大学一名22岁的大学生刘某在北京动物园分别用氢氧化钠、硫酸溶液向园内的黑熊和棕熊进行投喂、倾倒，致使3只黑熊、2只棕熊（均为国家二级保护动物）受到不同程度的伤害。③ 从这种虐待狂式的冷漠可以看出这些学生的恻隐之心、怜悯之心、敬畏之心的消退，他们意识不到世间所有生命体是同等的可贵、同样的可畏。可以说，尽管动物与人不同，但动物也是一种生命，对动物的善待与呵护是人之生命敬畏性的体现，而从"低等生物的痛苦和毁灭中得到快乐的人，将不会乐于同情或友好地对待自己的同类"④。

三 反思：现实教育中个体生命敬畏性缺失的原因

针对个体生命敬畏性缺失的诸多表现，我们的教育应当审视自身，反思个体生命敬畏性缺失的深层原因，推动生命教育的有效开展，使学生在教育中形成敬畏的人生态度与价值追求，使学生在敬畏中"尚礼向善"、

---

① 向一帆：《网传山东一大学生用牙签插小猫四肢，烟台南山学院已同意该学生引咎退学》，http://www.ctdsb.net/html/2020/0517/hubei309492.html/2020-05-17/2020-05-23。

② 王雷涛：《山东理工大学虐猫学生范某庆被学校劝退》，http://www.jnnews.tv/guanzhu/p/2020-04/16/752147.html/2020-04-16/2020-05-23。

③ 佚名：《清华学生刘海洋"硫酸泼熊"事件》，http://news.sina.com.cn/c/2005-12-07/02527638706s.shtml/2005-12-07/2020-05-23。

④ [美] 汤姆·雷根：《动物权利研究》，李曦译，北京大学出版社2010年版，第197页。

追求卓越、整全发展。

（一）功利主义思潮的影响：弱化了部分学生个体生命的敬畏性

在当代社会物欲膨胀的浪潮裹挟之下，教育的目光时常停留在个体生命的自我生存层面，宣扬着生命的意义在于外在物质财富与权利资源的占为己有，似乎谁能拥有高分数、谁能赢得好名次、谁能考取好大学，谁便能够在社会中享有更优越的经济资源与享乐基础。正如尼采所说："利益——更确切地说，收入，尽量多地赚钱——成为教育的目的和目标。"[①] 从一定意义上说，这一狭隘功利思潮的涌动使个人利益、谋职就业、薪资地位等非教育因素牵制着教育的发展，教育在各种外在实利的考量与冲突中被异化了。一些学生深陷"物质的囹圄"，变得急功近利、心态浮躁、贪图享乐，甚至以极端的方式来追求高名次、高文凭、好学校、好工作。然而，尽管那些外在的物质与利益看似美好，但也难以掩盖一些学生个体生命精神的贫瘠、意义的虚无。一旦学生沉醉于教育带来的经济利益，那么他们也将陷入"物质与自我的牢笼，遗失了生命的本源和意义"[②]。

在现实的教育中，那些一手遮天的成年人将拥有考试知识与技能作为学生的首要甚至是唯一任务，学生的生命与生活中充斥着枯燥无味的灌输式教学、纷繁复杂的各类考试，他们无暇对自我生命意义去追问与反思。长此以往，功利化的教育成为了学生不可承受的生命之重，他们的"聪明要量化成智商，其知识要量化成考试成绩，其专业技能要量化成'文凭证书'"[③]，他们被告知这些冷冰冰的数字与文字量化出的结果就是物质与享乐的资本。然而，这样的教育缺失了生命的气息，灵动的生命被大大小小的考试和难以望见尽头的作业压制，学生体会不到生命的可爱与可贵，迷失了生命存在的意义与价值，他们极易以一次考试的好坏来定义人生的成败，他们极易视当前的苦难为生命的全部，因此，现实教育中因作业做不完、考试成绩不理想、学业压力大而选择自杀的现象层出不穷。我们不难想象，如果教育中缺失了生命的气息，学生在教与学中难以寻觅自

---

① [德] 弗里德里希·威廉·尼采：《教育何为》，周国平译，北京十月文艺出版社2019年版，第84页。

② 程红艳：《教育的起点是人的生命》，《教育理论与实践》2002年第8期。

③ 唐燕、高德胜：《论意义问题在教育中的遮蔽》，《教育科学研究》2010年第3期。

我生命的存在、难以收获生命存在的真义，那么，学生又如何能够意识到对自我生命的保存、对自然生命的超越、对精神生命的凝视、对个体生命的敬畏？

施韦泽曾明确指出："敬畏生命的信念提醒他们不要片面地只为摆脱物质困境而努力，而要求他们考虑，更多地把人性、内在自由和其现实生活状况统一起来。"① 因此，我们可以说，倘若教育不再被视为培养生命智慧、丰富精神世界、涵养完满人性、提升生命价值的殿堂，而是被视为关乎个人外在物质与利益的对象，那么，置身教育中的人这一个体生命的敬畏感也随之被日渐狭隘的功利思潮弱化，他们体验不到生命的神圣感与敬畏感，他们将那些外在于我的人与物作为满足自我需求的工具，将"一切与赚钱无关的事物视为'无用'而弃如敝屣。人们不仅失去了个性，也正在失去人性，成为被同样本能主宰的两足动物"②。因此，被物奴役的个体生命的崇高意义与价值便消解在形而下的物质享乐之中，他们在为功利竞相奔走的途中丢失了对自我精神生命的反省与升华，对自我道德意志的践行与坚守，对他人生命存在价值的尊重与肯定。而个体生命的敬畏性就显现于人对丰富精神生活的关照、对美好德性的追求、对他人生命的关怀之中。

（二）人类中心主义的张扬：消解了部分学生个体生命的敬畏性

公元前5世纪，希腊哲学家普罗泰戈拉曾说道："人是万物的尺度，是存在的事物存在的尺度，又是不存在的事物不存在的尺度。"③ 他认为一切事物都以人为尺度，人是一切事物存在的依据，这正是最早"人类中心主义"思想的显现。从一定意义上说，"人类中心主义"思想是人类文明发展、经济繁荣、社会进步的重要力量，在"人类中心主义"思想的鞭策下，人之个体生命的能动性得以发展，人将"自在自然"变成了"自为自然"，将"自然环境"变成了"环人之境"。1964年，德国哲学家海德格尔在《论人类中心论的信》中，对"人类中心主义"立场进行

---

① ［德］阿尔贝特·施韦泽：：《文化哲学》，陈泽环译，上海人民出版社2017年版，第326—327页。
② 张汝伦：《思考与批判》，上海三联书店1999年版，第105页。
③ 北京大学哲学系外国哲学史教研室编译：《古希腊罗马哲学》，商务印书馆1961年版，第138页。

了批判与反思。因为随着"人类中心主义"思想在经济繁荣发展的社会中被人们疯狂追捧,"人类中心主义"走入了歧途。此时的"人类中心主义"是被一己私欲粉饰的"人类中心主义",它并不是以"全人类"为中心,而是以单子式的"个人"为中心。由此,人类的一切活动仅仅满足于人自身的利益,服务于人的本我生命,人类漠视其他生命体的存在,视自我为唯一且最具价值的个体生命。

然而,霍尔姆斯·罗尔斯顿曾这样说道:"苔藓在阿巴拉契山的南段生长得极为繁茂,因为似乎别人都不怎么关心它们。但它们就在那里,不顾哲学家和神学家的话,也不给人带来什么好处,只是自己繁茂地生长着。的确,整个自然世界都是那样——森林和土壤、阳光和雨水、河流和山峰、循环的四季、野生花草和野生动物——所有这些从来就存在的自然事物,支撑着其他的一切。人类傲慢地认为'人是一切事物的尺度',可这些自然事物是在人类之前就已存在了。这个可贵的世界,这个人类能够评价的世界,不是没有价值的;正相反,是它产生了价值——在我们所能想象到的事物中,没有什么比它更接近终极存在。"① 可见,除了人之外的其他生命体同样是有价值的、不可替代的存在,"人类之外的所有生命与人类的命运休戚与共,当其他生命被杀戮殆尽之时,人类自身也就不复存在"②。当"人类中心主义"充斥着唯我独尊、狂妄自大的色彩时,人便会失去对其他生命的尊重与敬畏,人便会在"无他"的理念中迷失个体生命存在的本真意蕴。于是,在不断异化的"人类中心主义"思想熏染下,人类坚信"人定胜天",将自我视为唯一中心,将非人类之外的存在物拒斥在人的伦理关怀之外,将除我之外的自然生命视为被随意宰制的对象,以自我膨胀的一己私欲去践踏他们眼中那些微不足道的生命,从而缺失了原始时代的人们对自然生命所持有的崇敬与畏惧,漠视了非人类甚至是非我之外的生命存在的价值,同样也消解了人对自我生命的关照与善待,人成为"超人"的同时也异化为"非人"。因此,教育在畸变的"人类中心主义"影响下,也将个人层面的成就与收益、个人需求的满足与宣泄作为个体生命存在的意义,一些学生为了能够在各类竞赛、模拟考试中取得好名次不择手段,成为了"精致的利己主义者",借用培根的话来

---

① [美]霍尔姆斯·罗尔斯顿:《哲学走向荒野》,刘耳、叶平译,吉林人民出版社2000年版,第9页。

② 郭淑新:《敬畏伦理研究》,安徽人民出版社2007年版,第47页。

说，那些以自我利益为中心的人是"爱自己甚于任何旁人的人。他们身上的聪明其实是一种卑污的聪明——那种房屋倒塌之前迅速逃离的鼠辈的聪明，那种处心积虑抢占獾穴的狐辈的聪明，那种虚情假意吞噬他物时落下眼泪的鳄鱼的聪明"①。因此，教育在异化的"人类中心主义"中制造了一些钟情于自我，缺失恻隐之心、羞恶之心、敬畏之心的"物"。一些学生为了释放自己的情绪、满足自己的欲求将对他者生命的悲悯与怜爱抛之脑后，选择极为残忍的手段对他人施暴、虐杀小动物、破坏自然等。

（三）人文教育理念的遮蔽：迷失了部分学生个体生命的敬畏性

现代科学技术的发展为人类社会文明与经济的发展注入了源源不断的动力，科学方法的运用提升了社会发展的效率与质量，科学思想的形成使人善于逻辑辩证与理性思维，科学精神的涵养使人向学、求"真"。然而，"只有科学素养的人还不能达至完善的心智，只有科学文化的世界也不必然就会带来臻美的世界"②。科学尽管在一定程度上为人类带来了改造自然、发展自我的强大力量，但是科学也使个体生命渐渐失却了原始时期对外在于我的他者、自然的崇敬与畏惧。借用胡适的话来说，当科学主义大行其道时，"我们也许不轻易信仰上帝的万能了，我们却信仰科学的方法是万能的"③。可见，人之个体生命的敬畏性泯灭在对科学主义的极端崇拜之中，他们丢失了谦卑与敬畏的生存姿态，人性的光辉黯然失色，情感的原野一片贫瘠，精神的世界支离破碎。因此，横行其道的科学主义与人文关怀渐行渐远。这正印证了施韦泽曾说过的一句极具讽刺意味的话——"人们似乎普遍相信，我们不仅在发明和知识方面走在了前面，而且在精神和伦理领域也达到了一个前所未有和再也不会失去的高度。"④

那些崇拜科学的人们"往往不承认在科技之外有更重要的价值存在。例如，他们相信：'学好数理化，走遍天下都不怕。'为什么要走遍天下？不怕什么？学好数理化只是为了'不怕'吗，会不会就算学好数理化，

---

① ［英］弗朗西斯·培根：《培根论说文集》，东旭、肖昶译，海南出版社1995年版，第99页。
② 李林、赵云波：《严复论科学不能疏离人文之域》，《自然辩证法通讯》2020年第4期。
③ 欧阳哲生：《胡适文集》，北京大学出版社1998年版，第9页。
④ ［德］阿尔贝特·施韦泽::《对生命的敬畏——阿尔贝特·施韦泽自述》，陈泽环译，上海人民出版社2015年版，第124页。

还有一些可怕的东西？人是不是应该怕点什么？……这些问题不在他们反思的范围里。推广开去，他们的立场不再是'科技以人为本'，而是'人以科技为本'：越接近科技，就越接近人的理想"①。可见，教育在科学主义的洪流中也未能独善其身，本应最体现人文关怀的教育事业，如今在唯科学至上的理念下丢失了它的人文意义，压抑着个体生命的情感，遮蔽了个体生命的价值。教育的内容以注重逻辑与系统的科学知识为主，漠视了学生人文知识与道德品质的培养；教育的方法以单一僵化的班级教学为组织形式，以科学的教材、科技的产物——多媒体为媒介，忘却了独特、唯一、不可尽述的个体生命需要在彼此的情感交流、灵魂相遇、人格交汇中去成长。即便是学校的道德教育、价值观教育这些人文意蕴浓厚的教育活动也迷失了它们的人文价值。学校的教育以培养未来求职、就业必备的应试技巧与谋生技能为主，忽视了道德与精神的陶冶。我们可以说，这样的教育"只限于向我们提供能够使我们更多地控制事物的世界的知识，那么，它倒是很可以用来增长我们的物质财富，却丝毫不能影响我们的内在生活"②。如此一来，大多数接受教育的学生可以成为取得高分的考生，却无法体认生命的价值、充盈生命的意义、追求德性的完满、成就生命的整全，所以，教育中弑师案、室友投毒案、校园霸凌等频频发生。可见，现实中失落了人文性的教育丧失了它应有的深度，遗忘了对个体生命内在的生活世界、生存意义的关怀，罔顾了对个体生命精神境界、道德意志的点化与润泽。这样的教育所培养出的人仅仅学会了科学知识、科学方法，却缺失了对自我生命与他者生命的敬畏。他们无法在"认识你自己"中审视自己的灵魂，无法以积极的态度面对生活的苦难与挫折，无法坚定生命的理想与信仰，无法体悟活着的意义与价值，无法感受生命的美好与珍贵，无法抵达真善美的生命卓越之境。

---

① 苏德超：《技术冲击与人文底线——兼论新人文教育的迫切性》，《四川师范大学学报》（社会科学版）2019 年第 6 期。

② ［法］爱弥儿·涂尔干：《教育思想的演进》，李康译，上海人民出版社 2003 年版，第 470 页。

四 建构：重塑个体生命敬畏性的教育构想

现实教育中个体生命敬畏性的缺失，昭示着教育重塑个体生命敬畏性的迫切性与必要性，只有当教育培养的人是葆有对自我生命、他人生命、他物生命敬畏性的人，教育才是真正成人的事业，教育培养出的人才能感知生命的神圣与崇高、生命的可贵与可畏，才能在实践中坚守内心的道德底线，有所为又有所不为。

（一）开展生命教育：在人文关怀中彰显个体生命的敬畏性

1. 尊重个体生命，认知个体生命的神圣

生命教育是一切教育的基石，它立足于人的个体生命，它意味着教育在任何情况下都不能偏离个体生命这一基础。在生命教育的视野中，尊重对个体生命具有重要意义。对个体生命的尊重是教育得以存在的理由与依据，缺失了对个体生命的尊重，人不再需要教育，教育也没有了存在的必要。因此，"生命自身的本体地位、生命的珍视、生命的尊严，是学校教育应该尊重的。在任何时候，践踏生命的尊严、贬低生命的价值的'学校教育'，都会被人所唾弃、所痛恨"[①]。可以说，尊重个体生命是教育的使命所在，假若教育缺失了对个体生命的尊重，也便缺失了它的生命品性。尊重对于人来说昭示着被崇敬的、不容侵犯的身份、权利、地位，个体生命敬畏性就体现在尊重之中，"尊重某个对象就意味着赏识它，承认它具有不依赖于我们现在欲望和他人许诺的价值和重要性"[②]。缺失了对个体生命的尊重，必然缺失了对个体生命的敬畏。然而，当前唯科学至上、唯理性的教育忽视了对学生个体生命的尊重，习惯以"为你好"的名义剥夺个体生命的自由，以看似科学的学习规划强行规定学生的发展轨迹，以看似科学的教学制度监视学生的一言一行，这是对个体生命生长规律的违背，这种不尊重个体生命的行为漠视了人之生命的神圣，使学生难以感悟个体生命的尊贵与庄严、难以形成对生命的尊重与敬畏。因此，我

---

① 李家成：《论个体生命立场下的学校教育》，《教育理论与实践》2002年第5期。
② 刘丹：《价值、能力与体验：尊重的意蕴及教育实践》，《中小学德育》2019年第4期。

们也不难理解,这种不尊重学生的教育为何培养出了那些"有学识的屠夫""冷血的杀手""虐待狂"。这意味着,重塑个体生命敬畏性的教育亟须给予个体生命以尊重、以庄严、以敬畏,让个体生命在被尊重中学会尊重他者生命,在被尊重中更加尊重自己、肯定自我独一无二、不可替代的价值,从而在被敬畏中更加敬畏自我生命和他人生命,从而对自我与他者的生命持有虔敬、谦卑的敬畏态度。

这要求教育一方面要尊重学生这一个体生命,尊重个体生命的独特性与差异性,以长善救失、因材施教的教育理念来为每位学生传授知识、发展智慧、涵养品格;尊重个体生命的自主性与超越性,归还学生自主选择的权利,赋予学生自我创生的空间,从而让学生认同生命存在的意义与价值。由此,教育在尊重个体生命的过程中彰显了对个体生命的珍视与呵护,促进了个体生命敬畏性的保存与发展。另一方面,教育要引导学生对自我生命的尊重——自尊。正因为人保有对自我生命的敬畏性,人具有了物所不具备的自尊。自尊是"一个人对他自己的价值感、善的观念和实现自己生活信念能力的自信"①,它使人肯定自我生命价值,并督促着个体生命追求臻于卓越与完满的存在,从而唤醒个体对生命的虔诚与敬畏,使个体生命积极面对生活中的磨难与挫折,欣赏生命的成长与彩虹,享受生命的无限与美好。

2. 丰富教育之爱,涵养个体生命的情感

别林斯基曾说道:"爱应该是教育的工具,又是鉴别教育的尺度,而教育的目的就是人道。"② 在生命教育的视野中,教育应是充满爱的世界,爱是开展教育必然遵守的原则,"教育爱"体现了教育的人文意蕴。因为教育面对的是有情感需求、有思想意识、有庄重尊严的人这一个体生命,他们"首先是爱的存在,作为爱者被抛入世界,因此没有爱的先在与闪耀,世界必充满黑暗与迷茫"③。爱是个体生命的根本所在,爱促进了个体生命情感的充盈,爱使个体生命在爱自己与爱他人中体认生命的庄重性、敬畏性。因此,学生这一个体生命需要在教育中收获爱、享受爱、学会爱、扩展爱,在爱中超越个体生命的有限,提升个体生命的价值。正如

---

① [美] 约翰·罗尔斯:《正义论》,何怀宏译,中国社会科学出版社 1988 年版,第 427 页。

② 张焕庭编:《西方资产阶级教育论著选》,人民教育出版社 1979 年版,第 412 页。

③ 马进:《教育爱的优位及其价值》,《基础教育》2020 年第 1 期。

舍勒所说，人的真正价值和本质在于人"向上超越的动姿"，"这一超越的意向动姿就是爱、永不止息的爱"①。他认为，爱是生命洪流的动姿，"在人成为思维的存在或意志之前，就已是 ensamans（爱的存在）"②。然而，崇尚功利、科学至上的教育漠视了对学生这一个体生命情感的涵养，教育世界变得"机械、冷冰、僵死"③，教育培养出了那些知识富足却残酷无情的"冷面杀手"，无爱的他们丧失了个体生命的敬畏天性，失却了对道德的敬畏、精神的审视、价值的关怀、心灵的充盈。所以，我们可以认为，个体生命敬畏性内含于个体生命之爱中，重塑个体生命敬畏性的教育理应是充满爱的教育，只有彰显教育之爱的教育才是关怀生命、呵护生命的教育，才能使教育摆脱单一僵化的技术与功利层面，凸显教育的人文关怀，弘扬教育对个体生命的敬畏情怀。

一方面，彰显教育之爱需要教师给所有学生同样的关怀。"爱是对我们所爱的生命和人或物成长的主动关注。"④ 这意味着教师应当主动关爱学生，敏锐地感受学生的一言一行，走进学生的情感世界，将温暖、包容、真诚、质朴的爱施与每一位学生，让学生在被关注中拥有"他爱"，在"他爱"中感受自我生命的珍贵，收获生命存在的美好，由此涵养个体生命对自我生命、他者生命的敬畏与珍爱。然而，在当前教育之爱匮乏的教育场域中，师生之间冲突不断，教师体罚学生、学生杀害教师的事件时有发生。多数情况下，教师对学生的爱是压抑的，他们包办着学生的学习、操劳着学生的学业，将内在的情感关怀湮灭在繁重的考试与作业之中。同时，教师对学生的爱是需要附加条件的，似乎只有较好地完成作业、遵守课堂纪律、取得考试高分才能拥有被爱的可能。这样的教育之爱是对个体生命的压制、伤害、无视甚至是毁灭。因此，教师应当在与学生的交往中保持仁爱的生命姿态，爱一切学生而不是爱部分学生，关心学生内在的情感生命而不仅仅是外在的成绩与名次，走进学生的内心世界而不

---

① ［德］马克斯·舍勒：《人在宇宙中的地位》，李伯杰译，贵州人民出版社1989年版，第8页。
② ［德］马克斯·舍勒：《人在宇宙中的地位》，李伯杰译，贵州人民出版社1989年版，第12页。
③ ［德］卡尔·雅斯贝尔斯：《什么是教育》，邹进译，生活·读书·新知三联书店1991年版，第1页。
④ ［美］埃利希·弗洛姆：《爱的艺术》，孙依依译，工人出版社1995年版，第22页。

仅仅停留于书本世界。如此一来，学生在教育之爱的濡化下认同了个体生命的内在价值，充盈了个体生命的情感世界，实现了个体生命的人性丰富，师生的对立与冲突也将逐渐消解。

另一方面，彰显教育之爱需要教师与学生学会"自爱"。"自爱"是个体对自我生命的认可、热爱、恭敬、敬畏，这是个体生命敬畏性的首要体现，亦是个体生命尊重、呵护、关怀、理解、敬畏其他生命的基础。弗洛姆曾指出："人对自身完整性和唯一性的尊重、对自我的热爱和理解，与对另一个人的尊重、热爱和理解是不可分割的。爱自己和爱其他任何人不可分割地联系在一起。"① 卢梭也曾说道："为了保持我们的生存，我们必须要爱自己，我们爱自己要胜过爱其他一切的东西；从这种情感中将直接产生这样一个结果：我们也同时爱保持我们生存的人。"② 因此，教师应在传授知识的同时，适时启发学生对爱的思考，引导学生学会健康地自爱，让学生在自爱中保存自然生命、提升精神生命、追求价值生命，让学生在对自我的肯定、理解、尊重与敬畏中转向对他人的热爱、尊重与敬畏。

（二）强化信仰教育：从精神关照中体认个体生命的敬畏性

1. 摒弃狭隘个人主义，在"类我化"的人生观中升华生命价值

在远古那个茹毛饮血的洪荒年代，懵懂的人类对自然心怀敬重与畏惧，也正因为人抱有对自然的敬畏，人类社会产生了宗教信仰。同时，人不仅要保存自己的自然生命，人也追求精神生命的升华，实现灵魂的皈依。在这一意义上，我们可以说，人对信仰的追求是人丰富精神、关照灵魂、摆脱虚无的路径所在，"在内在坚定性的信仰中，人的存在超越了存在的荒谬性，赋予存在本身以真正的勇气，人的存在由此获得了敢于面对一切的力量"③。人能够在信仰世界中感受个体生命的神圣与无限，明确个体生命存在的根据与价值，生发内心的虔敬与庄严。因此，"信仰的一个重要特征就是具有敬畏意识。这种敬畏意识来自于对确认的最高价值的虔敬和崇奉"④。信仰使人时刻仰望"头顶的星空"，使人不断探问生命的

---

① ［美］埃利希·弗洛姆：《爱的艺术》，孙依依译，工人出版社1995年版，第53页。

② ［法］让·雅克·卢梭：《爱弥儿——论教育》（上卷），李平沤译，商务印书馆1978年版，第289页。

③ 王艳华：《信仰的人学价值意蕴》，博士学位论文，吉林大学，2004年。

④ 王艳华：《信仰的人学价值意蕴》，博士学位论文，吉林大学，2004年。

最高价值，使人追求生命的至真、至善、至美，使人拥有超越与前进的动力，使人敬服生命的神圣与高贵。从一定意义上讲，一个没有信仰的人，"仍然可以是一个正直善良的人，一个拥有理想人格的人。然而，倘若一个人完全丧失了信仰，不相信人世间有任何美好和神圣的东西存在，这样的人就会丧失人性中最珍贵的东西而导致人格残缺。人们可以不信神，但绝不可以没有信仰"[①]。

然而，如今在异化的"人类中心主义"思想影响下，人将自我视为宇宙的中心，从自我的利益出发去从事实践活动，从而陷入了极端个人主义的窠臼，人的信仰也呈现功利化、庸俗化的趋势，人的自我中心遮蔽了仁爱之心、敬畏之心，人的骄傲与放纵泯灭了虔诚与谦卑。因此，人的心中丧失了对自然、对自我、对他人、对外物的敬畏，人固守着自己的牢笼，沉迷于自我层面的满足。教育强调的是个人知识学习的好与坏、个人考试成绩的高与低、个人考取学校的优与劣，大多数学生也误以为个人占有资源与竞争优势的多少便是个体生命的追求与价值所在，因此，教育培养出了一些缺失了健康坚定的生命信仰的学生，他们在敌对的应试竞争中轻视甚至伤害他者生命，他们在个人实利的追逐中遗忘了对自我精神生命的关怀与敬畏。这意味着重塑个体生命敬畏性的教育应当积极开展信仰教育，引导学生摆脱狭隘个人主义对信仰养成的消极影响，让学生的个体生命在信仰支撑中体悟生命的崇高意义。

这要求教育一方面要引导学生形成"类我化"的人生观。当前应试教育培养出了诸多利己主义者，他们认为"生活的内容及过程都是'我'的而非'他'的；是我拥有的东西就不是'你'的，是'他'所拥有的东西就不是'我'的"[②]。如此一来，学生将自我的生命价值仅仅圈囿在个人层面，形成了"个我化"的人生观。而"类我化"的人生观是指人"意识到自我的生命与亲人、他人，乃至整个人类的生命都息息相关。所以，在为人处事的过程中，不仅仅关注自我的利益，亦把他人的存在与发展纳入考量的范围"[③]。可见，当学生拥有了"类我化"的人生观，他便能避免陷入个人至上的利己主义，意识到除我之外的他者生命存在的意义与价值，拥有健康向善的个体生命信仰，促使自我的人性价值从绝对个我

---

① 郭淑新：《敬畏伦理研究》，安徽人民出版社2007年版，第245页。
② 郑晓江：《论生活与生命》，《江西师范大学学报》（哲学社会科学版）2001年第3期。
③ 郑晓江：《生命忧思录》，福建教育出版社2012年版，第11页。

转向"个我与类我"的和谐统一，由此学生个体生命的敬畏性也将在"类我化"的人生观的引领下得以彰显。另一方面，教师也应当以身作则，以"类我化"的人生观来影响学生人生信仰的树立。学生生命信仰的树立离不开教师的影响，教师的一言一行都在潜移默化中影响着学生的信仰选择。因此，教师应当审视自我的生命信仰，不再将自己视为应试教育的"雇佣工"，而是以关怀他人、甘于奉献的教育情怀感染学生，使自己成为学生追求生命信仰的一盏长明灯。教师也应当不再仅仅关注个人的职称与业绩，而是力求超越坚硬的现实，在"大我"的精神追求中实现自我生命的升华，成为真正意义上的"人类灵魂的工程师"。

2. 摆脱庸俗功利主义，在崇高的个体生命追求中丰富精神世界

改革开放以来，市场经济的迅速发展使人们卷入商品化的浪潮之中，"作为商品而存在的'物'成为人与人之间联系的现实纽带。物质利益的追求在市场经济中获得了正当性与合理性"①。人们盲目追捧物质与金钱，人将物视为目的，将物的追求视为生命的追求，个体生命的信仰内容也由神圣走向庸俗，由庸俗走向迷失，而一旦"信仰崩塌了，敬畏的堤坝变低了或者破坝了，欲望的河流就会泛滥成灾"②。在这种情况下，人将变得麻木不仁，为了金钱与名利可以不择手段，人的虔敬与谦卑淹没在贪婪与冷漠中，人的精神世界一片荒芜，这样的人难以拥有对生命的虔诚与敬畏。教育世界也在物质主义的滥觞中异化为"物化的世界"，它将目光聚焦在外在的实利，将物这一世俗层面的"成功"视为教育的成功。比如，"中国校友会网发布的《大学杰出校友排行榜》榜单之首的往往是政界和商界的杰出人才，最后才是知名学者；其他备受追捧的排行榜是'中国大学创业富豪榜''中国高校富豪校友排行榜'"③。教育本应是高尚道德、涵养精神、丰富灵魂的场所，如今却追捧富豪、高官的培养。然而，个体生命在功利化、工具化的教育中难以感知超越物之上的精神愉悦，难以体悟生命的高贵，难以感知生命的崇高，他们的信仰迷失、精神焦虑，成为了寻不见归途的流浪者，他们的生命存在一片虚无，这种虚无感与漂泊感使个体生命成为叔本华所说的在无聊与痛苦间来回摆动的钟摆。也正因为一些学生在物质追求中迷失了信仰，所以，现实教育场域中学生自杀

---

① 王艳华：《信仰的人学价值意蕴》，博士学位论文，吉林大学，2004年。
② 叶存洪：《信仰·敬畏·自律》，《江西教育》2015年第16期。
③ 肖维：《论大学教育与信仰关照》，博士学位论文，湖南师范大学，2014年。

轻生、残害他人的事件屡屡发生。那么，这意味着重塑个体生命敬畏性的教育应当引导学生摆脱物质主义，在崇高追求中重获高尚道德、重塑生命信仰、重归精神之乡。

这要求教育一方面要引导学生追求崇高。黑格尔曾说过："人应尊敬他自己，并应自视能够配得上最高尚的东西。"① 个体生命对崇高的追求就是对信仰的追求，人在崇高的追求中得以拨开存在的迷雾，走出物化的牢笼钳制，敞开高尚的内在精神境界，体验人之所以为人的崇高与可敬，从而让人之生命的敬畏性深深扎根于对崇高生命意义的追求之中。因此，教育不仅要教给学生为未来物质生活做准备的谋生知识，也应当为价值和意义留一方空间，关注学生的生命追求，在课堂教学中适时引导学生在学习知识的同时体认精神的高尚与灵魂的高贵，帮助学生厘清何为崇高、何为敬畏、何为庸俗、何为功利，由此使学生养成美善的德行、远大的理想、高尚的道德、丰富的精神、坚定的信仰，从而使学生体认生命的无限可能、无限可敬、无限可畏。另一方面，教育应当培养学生进行信仰选择的能力。只有当学生具备了甄别、选择正确信仰的能力，他们的敬畏性才不至于淹没在物质至上、享乐主义盛行的浪潮之中。这要求教育要注重传授有关信仰认知的理论知识，并为学生创设信仰选择的教育情境，使学生参透信仰的真义、建构集精神指引、实践动力为一体的信仰体系，促使学生的实践选择合乎规则，从而使学生在信仰的关照中丰富内在的精神世界，保持向善的生命姿态，彰显自我生命的崇高意义与无限可能，葆有对生命的无限尊重、爱戴与敬畏之心。

（三）增设死亡教育：在领悟生死中感悟个体生命的敬畏性

1. 培养悲剧意识，感知生命之贵

"死亡使人生成为悲剧总是由于死亡意识导致了人生的悲剧意识。"② 而回避死亡话题的教育在一定程度上也导致了个体生命悲剧意识的缺失。因为死亡是个体生命的悲剧所在，从人之生命诞生的那一刻起便意味着他的生命正走向死亡的途中，死亡是每个个体生命必须承受、无法躲避的事情。因此，死亡教育离不开个体生命悲剧意识的培养。悲剧意识

---

① ［德］格奥尔格·威廉·弗里德里希·黑格尔：《小逻辑》，贺麟译，商务印书馆1995年版，第36页。

② 黄应全：《生死之间》，作家出版社1998年版，第194—195页。

是个体生命对现实困境的认知、抗争、改变、超越,"人类的伟大之处正是在于能够面对人的生存困境,以一己微薄的力量去对抗人类永恒的悲剧"①。悲剧意识使个体生命得以体认自我生命之贵,使个体生命在不断地超越中延展无限的精神生命,使个体生命追求自然生命的发展与精神生命的升华。正是人拥有悲剧意识,人才敢于面对存在的虚无与生命的短暂,敢于面对不可避免的死亡宿命。人正是在悲剧意识的引领下确证了自我生命存在的意义与价值,意识到生命的可畏与可贵、可悲与可爱。因此,我们可以说悲剧意识使个体生命怀有敬畏、谦卑、虔诚的存在姿态,人的个体生命敬畏性显现在人的悲剧意识中,人正因为能够意识到生命的悲剧才会越发珍惜有限的自然生命,才会使短暂的生命更具美善的人性、丰盈的价值、丰富的精神、高贵的灵魂。这意味着重塑个体生命敬畏性的教育,应当培养学生个体生命的悲剧意识。

一方面,教育要引导学生正确面对生命中的挫折与磨难。当前一些学生因为难以忍受当下的学业负担或生活中的不顺心就选择自杀来终结自己的生命。因此,教师应当从生命的角度启发学生,让学生从生活的角度深入到生命的角度,站在生命的视角认识到人之生命的悲剧色彩正体现在人总会不可避免地遭遇不幸、苦痛、伤害,这些不幸、苦痛与伤害并不是生命、生活的全部,它们不过是生活中必然经历的过程,是个体生命存在的重要组成部分,也是人之生命悲怆而伟大的原因所在。教师要启发学生认识到人正是在正视并敢于超越当下的挫折与磨难中,实现了精神生命的升华,靠近了可能的幸福生活。那么,当学生不再选择以死亡来躲避挫折和磨难,而是选择勇敢地直面一切,他便会明晰生命的珍贵所在,成为自我生命与他者生命的守护者与成就者,成为彰显个体生命敬畏性的、本真的人。

另一方面,教育要善于发现、利用培养学生悲剧意识的素材。教师应当在传授学科知识的同时,挖掘教学中蕴含着悲剧意识教育的资源,让学生在悲剧作品、悲剧人物的学习中感知生命肩负的重任与苦难,唤醒学生对生命的敬畏心与责任感,从而让教育摆脱庸俗的功利主义与冷冰冰的科学至上,让教育培养出的人"不是学会了某种轻盈的滑翔姿态,而是进入生命的重负之中,在体味和担当中成为一个人,一个满怀激情、耐心和技

---

① 刘济良、王定功:《提升生命——生命教育的温情守望》,中国社会科学出版社 2017 年版,第 82 页。

巧，勇于承担各种重负的人。这样的人，学会了与艰难的事物交往，学会了与沉重的事物打交道。因而，他被培养成为那种双脚扎在大地上的人，而不是试图插上鸟的翅膀时刻梦想着逃离地面，在空中飞翔逍遥的人"①。

2. 强化死亡意识，体认生命之畏

"思考死亡，会让人生发出对生命的敬畏之心与亲和之情。从未思考过或不敢去思考死亡的人，其灵魂是怯懦的、其思想是苍白的，是不会真正领悟生命的真谛的。"② 对死亡的思索是人这一智慧生命所特有的，人在思考死亡的过程中才能意识到个体生命的有限与可贵，才能敬畏自我和他人短暂的自然生命存在，才能敬畏自我精神生命的永生。然而，在中国传统文化讳谈生死的影响下，人们趋向于"乐生避死"，很少去思考"死"的问题。家长和教师对于死亡的问题更多的是持有一种回避的态度，这也使得中国学生欠缺对死亡的认知，以至于他们意识不到生命的可尊重与可敬畏，他们不懂得保持自然生命、发展智慧生命、提升精神生命、坚定信仰生命。那些不断发生的学生自杀或是杀害他人的现实案例就意味着死亡教育的势在必行。因此，重塑个体生命敬畏性亟须学校开展死亡教育，引导学生形成正确的死亡意识。所谓死亡意识就是指人"关于死亡的感觉、思维等各种心理活动的总和，既包括个体关于死亡的感觉、情感、愿望、意志、思想，也包括社会关于死亡的观念、心理及思想体系"③。当学生拥有了正确的死亡意识，便能够正确认识死亡的意义，个体生命对死亡觉知的越深刻，那么对生命所持有的态度越积极，个体生命深处的敬畏意识也越发坚定。当学生拥有了正确的死亡意识，他便能够自觉珍重当下的生命存在，能够认识到"生的价值正是因为有死亡的存在才得以显现的"④。

这要求教育一方面要引导学生认知死亡，让学生在对死亡的正确认知中树立健康的死亡意识。教育可以通过开设死亡教育课程，使学生认识到何为生？何为死？如何生？死与生之间的关系是什么？什么叫死得其所？

---

① 李政涛：《做有生命感的教育者》，北京师范大学出版社2010年版，第4页。
② 郭淑新：《敬畏伦理研究》，安徽人民出版社2007年版，第185页。
③ 阎顺利：《超越死亡的智慧——〈死亡意识〉透视》，《燕山大学学报》（社会科学版）2002年第2期。
④ 刘济良、王定功：《提升生命——生命教育的诗情守望》，中国社会科学出版社2017年版，第258页。

只有当学生对死亡拥有了正确的认知,他才能积极地去思考死与生的意义,这时他们对死亡的思考不再是消极、随意的,他们能够在对死亡的思考中敞开对人生的思索,为个体生命的存在寻找超越其本身的根据与意义。各科教师也应当在教学中挖掘有关死亡的知识与案例,激发学生对死亡的思考,让学生在对死亡的思考中主动自觉地珍视自我生命与他者生命,让学生清晰体认生命的有限与死亡的价值,从而提升学生对死亡品质的认知,引导学生追求有意义、有价值的死。另一方面,教育要注重培养学生对生与死的敬畏。个体生命的敬畏性扎根于"敬生畏死"的意识中。当前受学校教育中不恰当的"英雄大无畏"思想及虚拟网络暴力游戏的影响,一些学生对"死"持有一种无所畏惧的态度。他们模糊了生与死的界限,对死亡无所畏惧,为了自己的一己私欲而轻贱自我或是他人的生命。因此,教育应当为学生创设"濒死体验情境"、开展"临终关怀"教育,让学生模拟体验死亡、感知死亡,让学生通过对个体生命"死"的体认来确定生的方式、方向、意义与价值。从而,让学生厘清生与死的界限,觉解对生与死的敬重与敬畏,保留人性中美好的悲悯情怀与仁爱之心。

(四) 加强道德教育:在道德内化中坚守个体生命的敬畏性

1. 改变重智轻德的教育观念,增强学校道德教育的实效性

当前唯科学至上的教育过于强调科学知识的识记、科学方法的运用、科学评价体系的实施,导致教育中人文意蕴的缺失,教育高呼"知识就是力量",却忽略了"知识就是德性"。即便是旨在培养德性的思想品德课也大多是照本宣科,学生记忆着考试重点和答题模板,至于内含于知识中的德育价值较少被人问津,学生所学的道德知识很难内化为学生的道德意志、道德情感,并于现实中体现为道德行为。因此,我们发现"今天的人类和古代人比起来,文明得多,聪慧得多,通过学习获得的本领与知识也多,但是却在自然面前丧失了基本的德性,丢弃了在世生存者应有的敬畏、谦卑的生存姿态"[①]。因此,教育尽管培养出了许多"学霸""考霸",却失却了本真的育人使命,应试知识的授受凌驾于德性的培养之

---

① 吴芳:《敬畏、谦卑的生存伦理准则——构建人与自然和谐的智慧》,《中国自然辩证法研究会会议论文集》,2008年。

上，学生的个体生命缺失了对真善美的追求。然而，"敬畏是道德的本体存在，是道德可能性的本质"①。阿伦特曾明确指出，"我只能敬畏所有生命，我只能与所有生命共同感受：这是所有道德的基础和开端。谁体验到了这一点，并继续体验到这一点；谁体验到这一点，并始终体验到这一点，这就是道德。这样的人心中不可失去地拥有道德，道德在其心中开花结果"②。可以说，道德与敬畏密不可分，"人要为善，必须有所敬畏。要人为善，必须使其有所敬畏；有所敬畏，才会有所善举"③。因此，当学生的个体生命缺失美善的德性，那么，个体生命的敬畏性也将走向泯灭，而缺失敬畏的人从某种意义上说是一种"非人"的存在，他极易将自我欲求的满足凌驾于他者生命之上，对法律和规则熟视无睹。因此，重塑个体生命敬畏性的教育应当转变重智轻德的教育观念，积极有效地实施道德教育，促进学生个体生命完满德性的养成。

一方面，教育要将教书与育人结合在一起，以育人引领教学。赫尔巴特曾指出，"道德普遍地被认为是人类的最高目的，因此也是教育的最高目的"④。教师应当将育人作为教学的首要目的，利用、创设教学中的道德教育资源与契机，使学生在学习知识与技能的同时也形成健康向上的情感态度与价值观。

另一方面，道德教育应当改进传统的教学方法，提升道德教育的吸引力和时效性。当前在功利至上与工具理性的驱使下，道德教育充斥着知识的记忆、考试重难点的划分，导致学生的道德认知、道德情感、道德意志、道德行为难以协调发展。因此，许多学生尽管记住了德育课本中的知识点，却在道德实践中做出了违背真、善、美的道德行为。这意味着道德教育在通过开设专门的德育课向学生传授道德知识和道德理论的同时，也要开拓多样化的道德教育形式。比如，通过创设道德冲突的情境吸引学生的兴趣、引发学生的道德思考、深化学生的道德认知、坚定学生的道德意志，等等。

2. 强化"慎独"意识，在道德自律中"有所不为而又有所为"

"评价一个人人格的健康甚至完善与否，不仅要根据他在有他人在场

---

① 薛晓阳：《论虚无、敬畏与教化》，《现代大学教育》2008 年第 5 期。
② [德] 阿尔贝特·施韦泽：：《对生命的敬畏》，陈泽环译，上海人民出版社 2007 年版，第 157—158 页。
③ 郭淑新：《敬畏伦理研究》，安徽人民出版社 2007 年版，第 243 页。
④ 张焕庭：《西方资产阶级教育论著选》，人民教育出版社 1964 年版，第 260 页。

所时所表现出的道德行为,更要根据他一个人独处时所表现出的道德行为。"① 只有当个体生命在没有外在的规则约束与监督时,依旧能够时刻按照道德标准自觉约束自己的一言一行,人才算具有了完满的德性。而这一道德行为上的高度自觉与自律便是人的生命独具的"慎独"意识。然而,"这种偏重于行为表现的'慎独',自然不可能是一种天生之物,而是与某种精神意识密切相连,这种精神意识当主要是'敬畏'"②。当人拥有了"慎独"意识,人便有所敬畏,人便能够行有所止、有所为而又有所不为。从某种意义上,我们可以说,人之个体生命的敬畏性便体现在个体生命对道德情感的追求及道德自律中。而人的"慎独"意识能够使人摆脱动物的自然本能,能够使个体的自我生命抵达"从心所欲不逾矩"的至高之境。现实中,许多学生因为缺乏"慎独"意识,而导致其道德意志不够坚定,道德主体意识淡薄,自我道德约束能力差,追求及时行乐,缺失对内在美善德性的敬畏。这意味着学校道德教育应当注重学生"慎独"意识的培养,让个体生命德性在慎独中臻于卓越,让个体生命的敬畏性在内化的道德意志中得以坚守。

这要求教育一方面要培养学生的主体性道德人格。所谓主体性道德人格,"即独立、理性、自为、自由的道德人格。用描述性语言来说,就是处变不惊、清醒从容、有所执着、敢于担待、'立于天地之间'的道德人格……在一定意义上可以说,主体性道德人格是基于内心的自由,即为理性所控制的自由,它是我们向某种最高的善归依的自由"③。因此,拥有慎独意识的人一定是拥有主体性道德人格的人。拥有主体性道德人格的人不再单纯依托外在的约束,他成为了道德认知、道德判断、道德选择的主体,它能够自主、自觉、自由地按照自身的价值标准审慎行事。因此,当个体生命拥有了主体性的道德人格,他便摆脱了外在权威与规则的钳制,在向内自省中形成道德内化、完善自身德性,在自我抉择中严于律己,从而提升个体生命的道德修养境界,使得个体生命的敬畏性得以坚守。另一方面,教师也要注重自身"慎独"意识的培养。"慎独是教师'为人师表'特殊使命的要求,也是教师自我发展的内在需要。"④ 教师应当时刻

---

① 涂文娟:《论慎独与大学生道德人格成长》,《道德与文明》2008 年第 2 期。
② 朱彦体:《为师之"慎独"与"敬畏"》,《中国德育》2010 年第 11 期。
③ 肖川:《主体性道德人格教育》,北京师范大学出版社 2002 年版,第 30 页。
④ 罗刚淮:《为师当慎独》,《浙江教育科学》2015 年第 2 期。

牢记育人使命，省察自身行为是否合乎道义，培养自我对教育事业兢兢业业、乐在其中的态度，坚守博爱宽容、尊重信任的职业道德，从而在潜移默化中熏陶学生的一言一行。因此，当教师自身拥有了"慎独"意识，他便能以崇敬与虔诚的心态来敬畏教育、敬畏教育中的个体生命，他所培养出的学生也将在慎独中养成道德自律，在道德自律中敬畏一切生命。

第二章

个体生命的生成性与教育

一 识读个体生命的生成性

个体的生命存在本质上就是一个不断生成、发展和完成的过程,生命的一切都处于无限的生成过程之中,生成性是个体生命本身所具有的根本属性。

(一) 个体生命生成性的概念厘定

1. 生命

生命概念本身的内涵是非常丰富的,《辞海》中关于生命的定义是:"由高分子的核酸、蛋白体和其他物质组成的生物体所具有的特有现象。能利用外界的物质形成自己的身体和繁殖后代,按照遗传的特点生长、发育、运动,在环境变化时常表现出适应环境的能力。"① 这是对所有生命高度概括的定义,这种生物学上的定义影响着几乎所有的现代生命研究。它将生命看作是生物的存在形式,是生物有机体的存活状态,蛋白质、核酸等物质是构成生命的成分,自我更新、变异与选择、新陈代谢等过程是生命的存在特征。恩格斯对生命的定义彰显出其唯物论的特点:"生命是蛋白体的存在方式,这种存在方式本质上就在于这些蛋白体的化学成分的不断自我更新。"② 通过这个定义,我们看到的是一个被纯粹科学化了的、物化了的生命体。然而人的生命是不能简单地由其生物性来规定的。西方生命哲学为反对科学主义对生命解释的生物学化,提出对人的生命理

---

① 夏正农:《辞海》,上海辞书出版社1999年版,第2085页。
② [德] 恩格斯:《反杜林论》,人民出版社1999年版,第78页。

解更应该从直觉和体验来把握,而不能仅仅借助生物科学及逻辑思维来认识。叔本华的"生命意志"、尼采的"强力意志"、柏格森的"生命冲动"等生命哲学观点就是致力于对人的生命价值和意义的追寻。对个体的生命的认识,无论是从生物学的角度,还是从哲学、心理学、教育学的角度,都不能完整地予以把握。我国学者郑晓江将个体的生命称为是自觉的生命,"个体的生命层面包括实体性生理生命、血源性亲缘生命、人际性社会生命和超越性精神生命,这四重生命层面共同构成完整的人的生命"①。人的个体生命存在不仅包括生物学意义上的生命,即自然生命有机体的健康发展,又包含这个"生命体"的主观存在意义,即人的社会生命和精神生命。

而生命之于个体,最本质的地方在于其精神,对个体生命的本质认识、生命存在的意义价值、生命发展过程的意识等是人的生命研究中不可或缺的部分。如果说动物的生命是上天定制的成品,那么,人的生命则是一个半成品,人在自然生命的基础上发展了更高层面的主观体验、自由意识和无限精神,作为"宇宙之菁华、万物之灵长"的人之生命学会思考代表科学精神的"真"、代表道德精神的"善"和代表审美精神的"美",人的个体生命通过追问生命的意义与价值,用精神生命的无限来超越自然生命的有限。

2. 生成

许慎《说文解字·生部》云:"生,进也,象草木出土上。"②《康熙字典》中,对"生"解释为,"生,起也;生,尤动出也,又养也;生,尤造也"③。"生成"的"成"在《说文解字》中解释为:"成,就也。从戊丁声,古文成从午。"④《庄子》中认为,"其分也,成也;其成也,毁也。凡物无成与毁,复通为一"⑤。"生成"在《辞海》中的意思为"发展和变化"⑥,在《汉语大词典》中解释为"自然形成""生就"。⑦ 由此

---

① 郑晓江:《生命教育》,开明出版社2012年版,第47页。
② 许慎:《说文解字》,徐铉校订,中华书局2004年版,第127页。
③ 凌绍受:《康熙字典》,中华书局1962年版,第754页。
④ 许慎:《说文解字》,徐铉校订,中华书局2004年版,第309页。
⑤ 曹础基:《庄子浅释》,中华书局2002年版,第25页。
⑥ 辞海编辑委员会编:《辞海》(下),上海辞书出版社1979年版,第3955页。
⑦ 罗竹风:《汉语大词典》(第7卷),汉语大词典出版社2001年版,第1494页。

可见,"生成"强调事物发展的自然性。从词源学上分析,生者,生生不息也,生生不息谓之"易",易者,不断变化也,即变通;成者即发展也,生为动力,成为目标。"生成"既是名词更是动词,既是结果更是过程。

"生成"意味着某种事物或现象发生和发展的动态过程,生成趋向未来、不断更新,在发生之中,并经历发生。它是自然发生的但又完全不同于随意、纯粹偶发的行为,它是连续性更新、有中生有的过程。

3. 个体生命生成性

个体生命的生成是基于个体生命教育的延伸,它既要关注生命的世俗存在,学会生存;也要关注生命的精神意义,学会生活。个体的生命不只是一个需要遵循生物规律的自在的生物存在,它更是一种自觉的有意识的存在。生命是自然的、世俗的世界,要活着就要得到口腹的满足;但生命又是一个意义的世界,一个精神的世界,具有精神的理想性与超越性。个体的生命本身是一个生生不息的前进过程,是一个不断推陈出新的涌流,是一个不断超越自身局限的旅程。个体生命正是在这一过程中走向成熟与完善的。

"人啊!模仿大自然的活动吧!大自然使一棵大树的种子首先生出看不见的幼芽,然后,幼芽同样也是不知不觉地分阶段发展,每日每时地,首先长出最小的茎,后来长出树干,长出树枝,又长出末端细节,细枝末梢挂满细嫩的叶子。用心思考大自然的这种活动——每个部分一生长出来,她是如何照料的,如何使之完善的,如何把每个新的部分与原有的持续生长的部分结合起来的。"① 世间万物,潜移默化,循序渐进,生生不息,其自然生成的神圣力量给了我们最及时的启示,即个体生命存在本质上就是一个不断生成、发展和完善的过程。个体生命的生成性追求的是通过个体生命的不断生成来促使个体生命在知识、道德、身体、审美、信仰等方面的不断提高、不断发展、不断完善,最终达到追求生命的意义和实现生命的价值。

(二)个体生命生成性的特征

生命是思想家、教育家们探讨的主题之一,亘古而常新。古今中外

---

① [瑞士]约翰尼斯·海因里希·裴斯泰洛齐:《裴斯泰洛齐教育论著选》,夏之莲等译,人民教育出版社2001年版,第78—79页。

的思想家、哲学家从不同角度揭示了生命的特征，试图为生命下一个人人认同的定义，但由于生命现象错综复杂，始终未能如愿。不过，在错综复杂的生命现象中，生命有其共同的属性。"实际存在物是如何生成的构成了这个实际存在物是什么；因而实际存在物的这两种描述方式并不是相互独立的。它的'存在'是由它的'生成'所构成的。"① 作为一种生命存在，人的个体的生命历程是一个动态的生成变化过程，个体生命的生成性决定了个体生命具有无限的发展可能性，它创生出独特的个体生命历程，演绎出个体生命生成的历史持续性、整体统一性与批判否定性。

1. 历史持续性

个体的生命是一个历时性的存在，也是一个历史性的过程，生命生成自然处于这一过程之中。人的个体生命生成意味着过去通过现在的一种实在连续，意味着像省略符号一样的绵延。"在某个瞬间，在某个空间点上，已经涌现出了一种可见的流动：这生命之流，穿过它连接组织起来的那些实体，从这一代流到下一代，它已经分散于各个物种中，散布于一个一个的个体里，不但没有丧失自身的半点力量，其力量反而不断强化，与它的前进成为正比。"② 正是按照祖辈传给后代共同保存的基因与规则，每一个个体生命才能带有其人类特有的生命遗传因素和种系特征，这成为个体生命生成的物质前提，为其后的生命在生成中发展完善提供了可能性。此外，个体的生命生成发生于一定的历史活动之中，存在于个体的成长发展中，这是自发的、客观的，生命生成不可能脱离个体活动而存在，个体是生命生成的载体，同时也是它的受益对象。同时在生命生成的过程中，它也赋予个体的社会历史活动以目的、目标和意义。"我们的个性在萌发着，生长着，成熟着，没有片刻停息。我们的个性的每个瞬间都是增添了某种新东西的前一个瞬间。……我们的每一状态就是如此，我们将它视为逐步展开的历史中的瞬间。"③ 由此，个体生命生成就是在特定的历史阶段中，在具体的、历史的情境中，在一定的现实生活世界中生成、发展和完善的。

---

① ［英］阿尔弗莱德·诺思·怀特海：《过程与实在：宇宙论研究》，杨富斌译，中国城市出版社2003年版，第40页。
② ［法］亨利·柏格森：《创造进化论》，肖聿译，华夏出版社2000年版，第28页。
③ ［法］亨利·柏格森：《创造进化论》，肖聿译，华夏出版社2000年版，第12页。

2. 整体统一性

个体生命生成系统具有整体性、层次性。人是一个具有自身完整性的个体，也是自然、社会的一部分。个体的生命生成不仅包括自身整体的生成，也是与自然、社会环境协调、统一的生成。

个体生命是形体与精神的结合与统一，形体寓含精神，精神御驭形体，身心协调，相互渗透。个体生命生成的整体性首先表现在自身整体的生成，人从呱呱落地起，身体就开始了生长，经历了婴儿期、幼儿期、童年期、少年期，直到青春期身体才发育完成，成为一个"已完成"的个体，与此同时，他的精神层面诸如知识、道德、审美等也处于生成过程中，和身体一起经历了个体生命的各个时期，不断完善，最终达到成熟的状态。

人与自然界是统一的、彼此有密切的联系。"天地氤氲，万物化醇。"① 人类是宇宙万物之一，与天地万物有着共同的生成本源，同样受到自然的规定和影响。个体的生命是长期在自然界的制约下进化、发展而来的，对外部环境和周围事物具有依赖性。但个体生命对生存环境的适应不是消极的、被动的，而是积极的、主动的。在主动适应自然中，实现人的生命系统对外部环境的"同化"与"顺应"的统一，取得人与自然的协调。个体生命作为自然的存在，在其生长发展的历程中，逐步形成和发展着维持其生命的一般能力，这种能力的发展是一个自然的、有规律的过程。个体生命只有在适宜的自然环境中，才能与外部进行物质、能量与信息交换，实现个体生命的生成、发展与完善。

个体生命的生成性亦受社会环境的影响，没有人可以活成一座孤岛，个体生命在社会互动中生成着，体现人与社会环境的统一性。不同的社会环境直接影响着个体生命生成，古语"丹之所藏者赤，漆之所藏者黑""入芝兰之室，久而不闻其香；入鲍鱼之肆，久而不闻其臭"② 就是社会环境对个体生命品德生成的影响的有力写照。

3. 批判否定性

个体生命生成性不满足于当下的"存在"，不把眼前的存在物设定为终极对象，而是要以批判否定的态度代替之。在对个体生命的当下理解与

---

① 柯继民：《四书五经·易经·系辞传上》，黑龙江人民出版社2003年版，第491页。
② 《孔子家语·六本》。

评价中，永远包含着对其的批判性、否定性理解，包含着对未来可能性的无限希冀与向往。"它永恒指向相对于主体的有利、合理、好、更好，等等，追求对于现存世界的否定、超越，试图在人类实践包括科学发展的基础上，讨论主体与客体间的各种可能关系和应然关系，寻求恰当的变革世界的方式，希望通过对现实世界的反思、批判、解构、治疗，创造性地建设一个'人为的'和'为人的'的理想世界。因此，它是批判的、否定的，它怀疑、否定任何超时空的权威和秩序，反对任何经久不变的价值原则和规范。在这种彻底的无止境的怀疑、否定、批判和解构中，它也就不断地超越自我，不断达到新的历史高度，不断向着更加合乎人性，合乎人的目的的价值理想推进。"① 个体生命生成的过程是螺旋式的上升而非直线式的前进，因此，在某一时刻的生成并非尽善尽美，需要在其后的活动中不断校正，在批判否定中不断完善。

个体生命的生成是历史的联系生成，是和谐的整体生成，是在批判否定中前进的生成。其连续生成是一个不容辩驳的事实，整体生成是生命的健康状态，生成穷尽自身发展可能的生命才是有尊严的、自然的生命。

（三）个体生命生成性思想的历史探寻

1. 中国文化中的个体生命生成性思想

中国的传统文化向来被认为是关于人生的学问和关于生命的学问。在中国哲学史中，个体的生命是其活水源头，关于个体生命生成的内容更是如繁星般耀眼。中国古代思想家们对生命生成进行了深入的探讨，自春秋末期的"百家争鸣"伊始，到董仲舒、朱熹、王守仁、蔡元培等，他们上下求索，充分显现了中国先哲们的睿智。

在道家思想中，老庄以"道"作为生成意义上的绝对存在，以"无"为生活的基本信念。道家认为"道"既是个体生命的本源，又是个体生命运动变化的动力，也是个体生命追求的境界。老子的"道"分为"常道"和"变道"，前者是指万物的共同之道，即万物的所出和复归者，具有形而上的普遍意义，"道可道，非常道。"② 这种"常道"是不可言的。

---

① 孙伟平：《论价值思维》，《哲学研究》2005年第8期。
② 《道德经》。

后者是指万物的具体之道，即形而上的本体之"道"在形而下的具体体现，随着物性的变化而变化，也就是说，"变道"没有具体的形态，万物殊异则万物之道有别，就变道而言，"道"又是能言的，是可道之道。这其中体现的个体生命生成性思想不言而喻。"常道"寓于"变道"之中，无论是自然界的变化还是社会人事的流转，无不处在变化之中，"天地尚不能久，而况于人乎?"① "常道"即为变，整个世界都是永恒变化着的，万物都处于变化之中，唯有变化才是永恒不变的"常道"，即"惟变是常"，这种"变"的实质就是老子所说的"自然"。老子的"自然"既不是西方哲学中的自然界，也不是一种实体性存在，而是一种性质的概括，这种性质就是自然而然，顺遂变化，"道"的最大特性就是随物而变。

老子重"道"之"常"，而庄子重"道"之"通"。庄子在万物的运演变化中高扬"道"，认为正是在物物间的转化和流变中，"道"才得以完成和实现。在庄子看来，人的生命变化只是无穷无尽的宇宙大化之一环，"万物皆种也，以不同性相禅，始卒若环"②。宇宙的变化是无休止的，而人的生命的变化却是有时间限制的，如何解决这个矛盾呢？庄子以"化"为方，倡议通过对宇宙变化的认识来转化个体生命，把个体小生命融于宇宙大化之中，将二者融为一体，突破个体自身生命的有限，在宇宙大生命的流动变化中实现永恒。庄子启发人们用精神超越去面对人的有限存在，这样，个体生命就能保持永远的不间断的生成，从而不断接近完美状态。

如果说道家的生命生成思想体现在对宇宙、对人类的思考中，那么儒家的个体生命生成思想则体现在其人性观中。孔子第一个提出"性相近也，习相远也"③。孔子认为，人的本质属性是相差无几的，人与人的本性是相近的，只是由于后天的环境和教育的影响不同，造成人与人之间道德品质上的差别。换言之，"人性"并不是一开始就固定的，而是在后期随着教育、环境等的变化而生成的。"生而知之者，上也；学而知之者，次也；困而学者，又其次也。困而不学者，民斯为下矣!"④ 由于个体生命在后天的主观努力和学习不同，其生成的程度也不一样。

---

① 《道德经》。
② 《庄子·寓言》。
③ 《论语·阳货》。
④ 《论语·季氏》。

孔子之后，关于人性问题曾发生过激烈的争论，其中颇具代表性的当属世硕的人性有善有恶论和告子的性无善无不善论。世硕认为，人生来就有善恶本性，但想要使它们表现出来，关键在于"养"，即后天的教育培养。"人性有善有恶，举人之善性，养而致之则善长；性恶，养而致之则恶长，如此，则性各有阴阳善恶，在所养焉。"① 告子提出"生之谓性"和"食色，性也"的观点，认为先天生来的本能为性，后天学习养成的习惯为非性。他主张性无善无恶论，"性，犹湍水也，决诸东方则东流，决诸西方则西流，人性之无分与善不善也，犹水之无分于东西也"②。人性如同流水，生来并无属性，需要人为的引导才能实现个体生命的发展完善。这些人性论思想无不闪烁着个体生命生成的光辉。

汉代独尊儒术，董仲舒把个人"义礼"变成政治化的社会道德标准，使儒家个体生命价值取向泛化为社会生命价值标准。他认为，人有善质，需继天为教以成善。在此基础上，他将人性分为三种：一是"圣人之性"，不教自善；二是"斗筲之性"，难教为善；三是可为善亦可为恶的"中民之性"。他主张教育要尊重人的内在发展需要，关注个体生命的自然成长，遵循人性的自然发展，为其提供有利的外部条件。到了宋代，学者们吸收了佛、道的思辨方法，从宇宙万物生成的理和气的关系的哲学思辨出发，将善恶同时合理地归并为个体生命的本性。

作为儒家学派的集大成者，朱熹思想中个体生命生成主要体现在他的人性观与教育观中。他认为，人禀受天理为性，万物的性理是禀受太极而来。就人的个体生命而言，性善则每个个体生命必然表现为相同程度的纯粹的善。同时，他认为气质之性是指现实的人性，即"合理与气"，这是基于理气不离的观点。通过教育，个体就能在生命生成中"变化气质""明明德"，最终达到"存天理、灭人欲"，即精神上的完美状态的目的。宋儒对个体生命生成中的精神的发展完善尤为重视，但将道德理性与自然感性对立起来，认为恶的根源是气质之性，因此人的气质之性、人的感性欲望就没有了自身的积极意义，这与个体生命生成性的整体统一性特征相悖，明清学者对此进行了修正。他们大都肯定"气质之性"的积极意义，主要表现为反对将义理之性与气质之性对立，在一定程度上肯定个体生命

---

① 《论衡·本性》。
② 《孟子·告子上》。

的自然秉性,理与欲非对立,而是统一的。如王夫之主张"理欲合性","盖性者,生之理也。均是人也,则此与生俱有之理,未尝或异;故仁义礼智之理,下愚所不能灭,而声色臭味之欲,上智所不能废,俱可谓之为性"①。到了近代,蔡元培先生提出"五育并举"的理念,这对个体生命在身体、道德等多方面的完善大有裨益。

总之,我国传统文化中的个体生命生成性思想从单一到多样,从零碎的点点想法到严密的具体论证,个体生命生成性的巨轮驶过历史的长河愈加坚固,朝向更宽广的流域前进。

2. 西方文化中的个体生命生成性思想

西方文化中的"生命生成"多见于哲学,从根本上看,哲学所追问的对象只有两种:一种为现成的对象,另一种为非现成的对象。②所谓现成的,就是已完成的,所有一切可能完成的存在都是已完成的,都可能变成现成的;所谓非现成的,一切不可能完成的存在都是未完成的。一切事物的未完成性都意味着永远处于生成、发展、变化的过程之中。

西方哲学起源于泰勒斯的"水是万物的始基"的命题,这一命题直击时代命脉:世界到底是由什么构成的?自此,哲学作为一门独特的学问出现在人类思想史中。自泰勒斯之后,希腊哲学家对始基作了各种各样的回答,例如,阿那克西美尼的"气"、赫拉克利特的"火"、毕达哥拉斯的"数"等思想。对于赫拉克利特,我们更耳熟能详的是他的著名论断:人不能两次踏进同一条河流。其实原句是这样的:我们既踏进又不踏进同样的河流,我们既存在又不存在。这句话的根本在于变、事物更替,人在不断衰老死亡,无物长驻,个体生命在生成的过程中不断变化、不断发展。即"我们实存的统一性在于不断地变化。或者用柏拉图后来创造的语言表达,我们的存在在于不断地形成"③。从这个意义上讲,赫拉克利特是具有"生命生成性"思想的第一人。

伟大的无产阶级导师马克思提出著名论断:自然以及人的本质都是不断生成变化的过程。自然不仅是历史的产物,同时它也是历史的过程,是

---

① 王夫之:《张子正蒙注》,中华书局 1975 年版,第 108 页。
② 邹广文、崔唯航:《从现成到生成——论哲学思维方式的现代转换》,《清华大学学报》(哲学社会科学版) 2003 年第 2 期。
③ [英]伯特兰·罗素:《西方的智慧——从苏格拉底到维特根斯坦》,翟铁鹏等译,上海人民出版社 2017 年版,第 22 页。

不断生成变化的过程。人的本质是社会关系的总和,而社会关系是在生产过程中产生的。马克思认为:"生产是生成的,社会关系是生成的,所以人的本质也是生成的,这就意味着人并没有一个现成的、固定不变的抽象本质,而只有现实的、具体的、历史的本质。"① 在这一思想中,一切存在都是生生不息、时刻变动的生成性存在,个体生命同样如此。在生命生成的过程中,个体的身体、道德、信仰、审美等逐渐趋于发展、成熟与完善。

海德格尔继承并发展了马克思的个体生命生成思想,他提出了"Dasein",在德文中这个词为"存在""生存"之意,海德格尔认为它是指人及其存在方式。海德格尔认为:"'存在者'的本质在于它'去存在',也即是趋向于存在,作为一种可能性而存在,可能性意味着未完成性,因此,'去存在'本质上是一种生成活动,Dasein 正是在这一生成活动中成为自己的。这样,以去存在为本质的 Dasein 就不再作为现成意义上的主体而存在,而是作为不断超越当前状态的'尚未'而存在"。② 个体生命就是世界的存在,存在是一种生成性的存在。存在不能就其自身而得到探究,而应该被看作以存在之意义的方式给予人类生命的东西。

维特根斯坦在他后期的"语言游戏说"中提到"作为一种游戏的语言,既不存在不变的本质,也不存在不变的含义。因为'一个词的含义是它在语言中的用法。'在用法之外并不存在一种叫作含义的东西,即意义并非预先设定,而是在使用过程中不断生成的。进一步言,不仅含义、不仅语言、也不仅游戏,而是一切存在,都是在'使用'过程中不断生成的"③。总而言之,任何事物包括人的个体生命都没有一个固定的、预成的"本质",所有的"本质"都是在它前进的过程中生成、发展与完善的,并且这个生成永远具有动态性,颇有"生命不息,生成不止"的意味。

在西方哲学发展的历程中,马克思提出自然及人的本质都是不断生成

---

① 转引自邹广文、崔唯航《从现成到生成——论哲学思维方式的现代转换》,《清华大学学报》(哲学社会科学版) 2003 年第 2 期。

② 邹广文、崔唯航:《从现成到生成——论哲学思维方式的现代转换》,《清华大学学报》(哲学社会科学版) 2003 年第 2 期。

③ 邹广文、崔唯航:《从现成到生成——论哲学思维方式的现代转换》,《清华大学学报》(哲学社会科学版) 2003 年第 2 期。

变化的过程；海德格尔论述存在即为一种生成性的存在；维特根斯坦提出一切存在都是在使用过程中不断生成的。他们的思想有一个共同的特点，即个体生命是一个生成性的过程！个体生命生成性追求的是通过个体生命的生成促进个体生命在各个方面的发展，最终实现个体生命幸福！

通过对中西文化中个体生命生成思想进行的梳理，我们可以感受到历史上的哲学家、思想家、教育家对人——这棵"能思考的苇草"——孱弱的自然躯体内蓬勃的生命意识、精神力量所给予的巨大关注。在东方文化中，无论是老庄的"道"，还是孔子的人性观，他们所强调的都是在人的有限的生命中通过身体、道德、精神、信仰等的升华去不断生成个体生命，不断提升个体生命的质量。而在西方文化中，思想家、哲学家们则主要从个体生命的理性与非理性的对立与统一中来探讨生命的意义和价值。无论是海德格尔的"存在主义"，还是维特根斯坦的"语言游戏说"，它们都将个体生命生成性置于世界的生成本质中进行探讨，对人的个体生命的意义和本质做出了各个方面的思索。

二 生成性视域下的个体生命及其教育

个体的生命从本质上讲是一个可能性的存在，我们不能把人看作石头式的固定静止的东西，人总是处于发展、变化、生成之中，人生就是无穷无尽的可能性。人的可能性不仅仅是已知的潜能的展开趋势，更是人在各种内外因素作用下不断动态生成的发展趋势，是自己不断追求、实现和开拓的发展可能性。这是一个没有止境的人的生命进化发展过程。因为个体的生命是处于不断生成过程之中，才使得教育有了用武之地。多年来，我国的"教育之花"虽然在广大教育工作者的努力之下尽情绽放，但仍然存在着一些问题使这朵花开得不那么娇艳。从个体生命生成性的视野去思考教育，无疑是对教育内涵进一步探索的有益尝试。个体生命的生成性客观存在于我们每一个人的各个人生阶段之中，完整的教育应该聚焦于个体生命的生成而非预成。在教育活动中，个体生命的生成性应该得以尽情地外显和确认，使人切身领悟自身存在的生命意义，将个体生命生成引入教育中，以发展的和动态的个体生命来反对预设的和静止的个体生命，这样做无疑具有积极的意义。

(一) 生成性视域下个体生命的特性

"人不是只具有知性、理性的片面的人,而是不仅有知性而且有情感性的整体的人;不是只具有同一性的抽象的人,而是具有个性和差异的具体的人;不是确定不变的、已有定论的人,而是总在变化发展过程中的人;不是过去、未来的人,而是实实在在的现世中的人。"① 人没有一个固定的、永恒不变的本质,它作为一种现世存在,在时间的长河中延续着自己、发展着自己、生成着自己、完善着自己,如苏子在《前赤壁赋》中所言:"盖将自其变者而观之,则天地曾不能以一瞬;自其不变者而观之,而物与我皆无尽也。"② 人不是一成不变的既成之物,而是一种像天地一样的不断创造着、生成着的存在。"'生命'本身就意味着人的感觉、享受、激情以及酸甜苦辣、悲喜爱恨、束缚舒展、自在自由。生命的能动中有受动,衰败中有新生,释放中有实现,一切都在矛盾中、在张力中展开。这就是生命之'生',同时也是生命之'命'。"③ "生命的存在方式就是合目的的生成、摄取、同化、顺应、再生、繁衍的过程。对人的生命来说,这个过程就是人的自我表现和自我体验所构成的生存、生活活动。"④

人作为"万物之灵长,宇宙之菁华"与动物有着本质的区别,动物的生命是单一的、固化的,千百年来,猫还是猫,取得猫的生命时它就已经是猫;狗还是狗,对狗来说并不存在"为狗之道"的问题。人则不同,人从粗鲁野蛮的原始时代,由猿类进化成了能够直立行走的人。人的生命是一个不断生成的过程,"仅仅有了自然给予的生命还不能算作完成的人,必须再次获得人的第二生命他才能够成为真正的人"⑤。这主要表现在三个方面:生物器官的未特定化、人性本质的无"前定本性"以及精神世界的未完成性。

其一是人的生命的生成性在生物学意义上的表现,"个体生命的未特定化是一种不完善,可以说,自然把未完成的人放在世界之中,它没有对

---

① 辛继湘:《生成性思维:当代教学论研究的思维走向》,《教育评价》2003 年第 5 期。
② 《前赤壁赋》。
③ 张曙光:《生存哲学——走向本真的存在》,云南人民出版社 2001 年版,第 190 页。
④ 张曙光:《生存哲学——走向本真的存在》,云南人民出版社 2001 年版,第 189 页。
⑤ 高清海:《人就是"人"》,辽宁人民出版社 2001 年版,第 220 页。

人作最后的限定,在一定程度上给他留下了未确定性"①。即人在出生之时,生物器官是发育不完全的,他要经过相当长的时间各个器官才能逐渐完善。正因如此,"未特定化"给人的个体生命留下巨大的发展空间,使人的未来发展有了无限可能。这同时也要求人要不断通过劳动去塑造和完善自己。

其二是指人的本性并不是先天就决定好的。人一出生就如同一张白纸,后期的一系列生命活动都充当画笔,在这张白纸上,一笔一笔,画出属于每个个体生命的独一无二的色彩。"人的世界绝不是现成给予的,而是永远处在开放和生成之中的……人拒绝接受既定'事实',他总是生活在'远方',生活在'未在之乡',生活在'未来'的牵引之中。正是这种对理想世界的绝对指向性,变成了人类超拔自身的强大动力,引导人走上了不断解放自身的历程。没有这种超越现存世界的对价值理想的追求精神,人类就失去了希望的召唤,而这一切的丧失,将是人性的彻底沦丧。"②

其三是精神世界的未完成性,人之为人就在于人的精神性,是精神给予个体生命以崇高的价值和意义。但人的精神性不是与生俱来的而是在后天的个体生命实践活动中形成和发展起来的。正如雅斯贝尔斯所说:"人永远超乎他对自身的了解之外,他不是一次性地所是的东西,他是一个过程,他不仅仅是被确定的现有的生命,而且在这生命中有自由的可能性,并从而在他的实际行动中做出决定:他是什么。人并不是已完成了的一代一代的人,并不只是不断重复的生命,也不是那种清楚地向自身展示其本质的生命。他'突破'了在同一个永远周而复始的被动性,依靠他自身的主动性,把运动导向未知的目标。"③

个体生命的生成性为人的后续发展提供了众多可能性,个体生命的"类生命"本质为人的发展留下了巨大的空间,人在"自由自觉"的活动中塑造自己、发展自己、完善自己。"人不甘愿于人以外的力量主宰和摆布,人要自己规划自己的人生、安排自己的生活、支配自己的行为、掌握

---

① [德]米切尔·兰曼德:《哲学人类学》,张乐天译,上海译文出版社1988年版,第228页。

② 贺来:《现实生活世界——乌托邦精神的真实根基》,吉林教育出版社1998年版,第13页。

③ [德]卡尔·雅斯贝尔斯:《现时代的人》,周晓亮译,社会科学文献出版社1992年版,第90页。

自己的命运,以便发挥和实现人自身的创造价值,这才使他成为了人。"① 生成性视域下的个体生命具有以下特征:

1. 个体生命生成的能动性

动物的生命具有先在性、单一性和绝对性。动物的生命发展和变化在根本上讲是本能的展开。它们同人不一样,人的生命发展是自我控制的,人与动物生命发展之所以有截然不同的区别,其根本原因在于人有意识。"人的意识和自我意识已经成为人的生命的特殊存在,体现出高于其他生命存在的复杂性。"② 人是有意识的,意识使人能动地走出本能的钳制,成为"我命由我不由天"的最佳代言者。马克思说:"动物和它的生命活动是直接同一的,动物不把自己同自己的生命活动区别开来,它就是这种生命活动。人则使自己的生命活动本身变成自己意志和意识的对象,他的生命活动是有意识的。"③

个体生命在发展过程中面临着繁多和复杂的可能性,人的行为的能动性使个体生命必须有所选择。个体生命对外部世界的能动性就表现为能够进行自主选择。在生命生成过程中,个体生命的每一次能动的选择对他本身来说都是一种机遇,他一旦拥有了这些机遇,他就算具有了把握自己人生发展的能力,就有可能按照理想的自我规划自己的未来,为未来创造条件,实现自身的价值。这是个体生命生成性的最高表现。"人是有意识的,意识使人走出本能的枷锁,发挥自主能动性,因此,人又是能动的存在物,人是自我的主人,人创造了自己,是自我生成的。"④

2. 个体生命生成的生活性

个体生命的生成过程以现实生活世界为背景,生成源于个体生命对其所处的现实世界的体验和感悟,现实生活世界是鲜活的生命世界,是"诗意栖居"着的人的世界,是人通过自身的生命活动而生成的世界。人的生活世界是流动的,人的每一种生活经历都是新鲜和独特的。在这多姿多彩的生活经历中,个体生命的生成也变得多姿多彩、丰富绚丽、妙趣横生。"生活就是生命的亲历性和实践性。生活不仅在于它的意义,更在于它是生命的冲动,充满着生机和活力。充满活力的生命是创造的,生命应

---

① 高清海:《人就是"人"》,辽宁人民出版社2001年版,第220页。
② 冯建军:《生命与教育》,教育科学出版社2004年版,第148页。
③ 《马克思恩格斯选集》(第42卷),人民出版社1972年版,第96页。
④ 冯建军:《生命与教育》,教育科学出版社2004年版,第148页。

该在无拘无束、自由自在中感受自然,亲历生命体验生活的本真,享受生活的乐趣。"① 生活是个体生命生成的前提条件,个体生命的生成、发展与完善必须在生活中完成,只有植根于现实生活,个体生命的生成才具有意义。离开了"有人的"生活,个体生命生成将变得毫无意义,甚至我们无法断定它究竟是不是"生成"。正如"狼孩"故事中的主人公一样,离开了人的生活环境,"狼孩"虽然在生理特征上仍然是一个自然人,他虽然也会长大也会成熟,可精神上的"兽性"已无法改变,无法正常融入到人的生活之中。个体生命的生成是全面的,这就意味着他需要全面的社会实践活动去促进。"生成不是把社会实践的任何一个方面抽象化、形式化,而是通过突破'观念的王国'来真正面对活生生的现实世界。人正是通过自己的生活世界在改造客观世界的同时,也改造着自己的主观世界;在否定自己已获得发展的同时,也创造着新的生机。"②

3. 个体生命生成的关系性

人自诞生起,就会与周围的事物产生各种各样的联系,在这个日新月异的社会中,没有人能活成"一座孤岛",千百年前,老子的"小国寡民"的理想终究是庄周梦蝶罢了。个体生命生活在与自然、与社会、与他人的错综复杂的关系网之中,而这些关系总是处于不断发展变化之中的,没有一种关系是固定而永恒的。"当我们深思熟虑的考察自然界或人类历史或我们的精神活动的时候,首先呈现在我们眼前的,是一幅由种种联系和相互作用无穷无尽交织起来的画面。"③ 个体在成为一个具有各种属性的自足的生命过程中,最大的依靠就是后天的各种关系,也就是说,个体生命是在后天的各种形式的关系中生成自己的属性与人格的。人是自然中的人,同时也是社会中的人,人与人之间不仅是一种物的外在的派生的关系,更多的是精神关系和情感关系。"个体与其躯体的关系、他(她)与较广阔的自然环境的关系、与其家庭的关系、与文化的关系等等,都是个人身份的构成性的东西。"④

---

① 陶慧敏:《走向生成——生成性思维视阈下的当代教育反思》,硕士学位论文,河南大学,2006年。

② 陶慧敏:《走向生成——生成性思维视阈下的当代教育反思》,硕士学位论文,河南大学,2006年。

③ 《马克思恩格斯选集》(第3卷),人民出版社1972年版,第417页。

④ [美]大卫·格里芬:《后现代精神》,王成兵译,中央编译出版社1998年版,第22页。

个体生命就是在现实生活中体验着自己的存在，在变化多端的关系中不断生成，一旦离开外物，便很难实现个体生命的展示与绽放。因此，个体生命生成的关系性就内在地决定了人在生成过程中对话和交往的必要性。

4. 个体生命生成的创造性

人总是不满足当下的，此时的"我"通过自我否定的形式，努力追求理想中、未来的"我"，渴望体现自我的自由意志，生成新的自我。"人不断地在超越和否定中来实现自我的生成，通过对自我、对现实世界的否定，重构着新的自我和新的世界，这就是人的创造性。"① 人所生活的世界是一股绵延不绝的涌流，它不像河流有始有终，这股涌流没有固定的发源地，也不知道在何处停止，它是流变的、奔腾的、不断生成与更新的。个体的生命存在就是在这一不断生成和发展的过程中显现人生意义，实现生命价值，从有限走向无限，从现实走向超越的。马克思说："世界不是一成不变的事物的集合体，而是过程的集合体。"② "一切被当作永久存在的特殊东西变成了转瞬即逝的东西，整个自然界被证明是在永恒的流动和循环中运动着。"③

后现代思想家格里芬提出："从根本上说，我们是'创造性'的存在物，每个人都体现了这种创造性的能量，人类作为整体显然最大限度地体现了这种创造性的能量（至少在这个星球上如此）。"④ 个体生命就是在不断释放这种创造性能量的过程中生成、发展和完善的。创造是个体生命所具有的内在特征，生成意味着创造，没有生成就无所谓创造。个体生命存在的本质就在于打破桎梏，突破"不可能"，在于不断地创造、生成、开拓，更新个体生命极限。"其实，人的生命存在的本质也是从不满足于自己已有的经验、已获得的发展和已实现的生命，而是不断地寻求更高、更大、更深远的发展和新生。"⑤

---

① 陶慧敏：《走向生成——生成性思维视阈下的当代教育反思》，硕士学位论文，河南大学，2006年。

② 《马克思恩格斯选集》（第4卷），人民出版社1972年版，第240页。

③ 《马克思恩格斯选集》（第3卷），人民出版社1972年版，第454页。

④ ［美］大卫·格里芬：《后现代精神》，王成兵译，中央编译出版社1998年版，第223页。

⑤ 刘济良：《生命教育论》，中国社会科学出版社2004年版，第243页。

（二）个体生命的生成性：教育存在的前提

生成性视域下的个体生命具有能动性、创造性、生活性、关系性等特点，这就决定了个体生命的生成不是凭空的、虚拟的，它需要以环境为依托，以这些特性为基础，在教育中得以实现。教育作为一种培养人的活动，是引导个体生命自我完善、丰满人性的过程。任何人的生命、本性都不是先天就"计算"好的，像编程一样不容许出现一丝一毫的误差，人的生命存在是一个可能性、生成性的存在，是他自己生活、实践的产物。每一个个体生命都是独一无二、不可替代的。只有当个体生命处于生成状态之中的时候，教育才有存在的必要。如果一个人在他出生的那一刻，他的人生已经定型，人生之路的每一步都有章可循，那么他只需要像完成任务一样沿着特定的路线走下去就皆大欢喜了，在这种情况下，教育还有什么用处呢？人生还有什么意思呢？美国哲学家、教育家杜威指出："如果人性是不变的，那么，就根本不要教育了，一切教育的努力就注定要失败了。因为教育的意义的本身就在改变人性以形成那些异于朴质的人性的思维、情感、欲望和信仰的新方式。如果人性是不可变的，我们可能有训练，但不可能有教育。因为训练与教育不同，仅是某些技能的获得。本性上的才能可训练到一个更高效率的程度，而并无新的态度和倾向的发展，但后者正是教育的目标。"①

"所谓教育，不过是人对人的主体间灵肉交流活动（尤其是老一代对年轻一代），包括知识内容的传授、生命内涵的领悟、意志行为的规范，并通过文化传递功能将文化遗产教给年轻一代，使他们自由地生成，并启迪其自由天性。"② 教育以个体生命的未完成状态为起点，以人的向善倾向和人类已有的发展状态为依托，以人性的完善为终点。它是一个引导个体生命自我发展、自我生成、自我完善、人性丰满的过程。"人永远不会变成一个成人，他的生存是一个无止境的完善过程和学习过程。人和其他生物的不同点主要就是他的未完成性，事实上，他必须从他的环境中不断地学习那些自然和本能所没有赋予他的生存技术。为了求生存和发展，他

---

① ［美］约翰·杜威：《人的问题》，傅统先、邱椿译，上海人民出版社1965年版，第155页。

② ［德］卡尔·雅斯贝尔斯：《什么是教育》，邹进译，生活·读书·新知三联书店1991年版，第3页。

不得不继续学习。"① 正是由于人在生理上的未特定化和精神上的未完成性，人才要接受教育，不断学习，故而个体生命的生成性是教育存在的前提条件。

三 个体生命生成性在教育中的缺失及其归因分析

教育是一种充满生机与希望的事业，它承载着人类最美好的期许与愿望，并引领个体生命走向美好生活。学生是等待绽放光彩的神秘而奇特的种子，在每个生命种子自然而奇特盛开的同时，我们关注着教育的可为，更要警惕教育的界限——教育所不为。正如存在主义哲学家雅斯贝尔斯所言："全部教育的关键在于选择完美的教育内容和尽可能使学生之'思'不误入歧途，而是导向事物的本源……通过教育使具有天资的人，自己选择决定成为什么样的人以及自己把握安身立命之根。"②

然而随着科学技术的迅猛发展、工具理性的日益膨胀，人类对实用知识和技术的追求与膜拜已经达到了前所未有的程度，"知识就是力量""知识就是金钱"的观念也早已深入人心。在这种社会背景下人们追求更多的是实用、物质和功利化的享受，注重的是知识的获取与日后创造经济效益的技能，学校追求的是"培养市场急需人才"、是"产销对路"、是学校的企业化和教育的产业化。在这样的背景下，教育虽然使人获得知识与技术、使人得以生存，却将一个个鲜活的生命塑造成一个个具体的模型。不可否认它使人们的生活获得更多的物质保障，但是却使人的精神生命迷失在对物质的不断追逐之中，由此导致个体生命生成性在现代教育中出现了缺失性危机。

（一）个体生命生成性在教育中缺失的表现

1. 工具化的教育理念：对个体生命生成能动性的异化

在教育理念上我们的教育特别强调工具人对社会的归属和对集体的服

---

① 联合国教科文组织国际教育发展委员会：《学会生存——教育世界的今天和明天》，教育科学出版社1996年版，第196页。

② ［德］卡尔·雅斯贝尔斯：《什么是教育》，邹进译，生活·读书·新知三联书店1991年版，第4页。

从，从而忽视了独立个体生命在教育中的主体地位和个人独特的生活价值的自我实现，忽视了对个体权利、人性与生命价值的尊重。教育理念与实践并没有把培养个体生命的独立人格及个体生命通过教育而实现美好生活的权利作为教育的内在利益和价值，并没有把个体生命的自由、自主、自我实现作为根本的教育前提，反而显在或隐蔽地抑制受教育者的自由、自主，否认受教育者的选择自由与选择能力，这与个体生命生成的能动性背道而驰。郭元祥教授对当前基础教育的现实状况有一段描述："这里没有教育，只有训练；没有学校，只有作坊；没有生活的乐园，只有'集中营'；没有人的教育，只有'物化的教育'；没有生活，只有知识；没有丰富多彩的世界，只有白纸黑字的书本；没有理解、体验、感悟和启迪，只有灌输、劝导、威胁和训斥。总之，没有了本该属于儿童的那片湛蓝的天空，没有了儿童的完整和人的生活。"① 这段描述深刻揭示了当前教育的病态，发人深思，读之心痛。

在这一工具化教育理念导向之下，个体生命仅仅是社会生产流程中的小螺丝钉，他们没有权力为自我生命发展创造机会，一切必须按照社会预定的程序接受塑造。"把人和社会对立起来，以社会的需要来压制个性的发展，片面强调个体的社会化过程，而不言个体的个性化过程，把个人培养成没有个性的社会需要的工具。"② 螺丝钉式教育使个体生命没有任何的能动性和自由，他必须绝对服从社会的运转。这种教育就是把具有独立性的生命个体塑造成毫无个性和自主性的、模式化和标准化的、仅仅具备某种使用功能的社会零件。这种"螺丝钉"式的个体生命只具有工具性和被驯化的"奴性"。"今天，我们却不问怎样使一个孩子成为一个完整的人；而是问我们应当教他们什么技术，使他成为只关心生产物质财富的世界中的一颗光滑耐用的齿轮牙。"③ 这种教育否定了个体生命自主、能动选择生成的权利与机会，否定了个体生命的自我生成的尊严与价值，摧毁了教育中的人文精神与人文关怀。"将人的教育按照机器的生产方式标准化、成批量地进行，强迫所有儿童接受同样的文化知识模式，而不考虑

---

① 郭元祥：《生活与教育——回归生活世界的教育论纲》，华中师范大学出版社2003年版，第3页。

② 冯建军：《工具性教育及其反思》，《江苏高教》1999年第2期。

③ ［英］伊丽莎白·劳伦斯：《现代教育的起源与发展》，纪晓林译，北京语言出版社1992年版，"序言"。

个人才能的多样性。"① 笼罩在这种教育理念的迷雾中，个体生命生成的完整性、能动性消失了，生命的想象力和创造精神被无情地扼杀，丰富多彩的教育被异化为赤裸裸的"动物式"生存。我们曾无数次嘲笑童话故事中那些高呼着"皇帝的衣服真漂亮"的大臣与街民，殊不知，如果一味地奉行这样的教育理念，每个人都会成为故事中的大臣与街民，丧失独立思考与判断的能力。

2. 充斥着预设的教育内容：对个体生命生成生活性的异化

古时候有个渔夫，是出海打鱼的好手，可他却有一个不好的习惯，就是爱立誓言，即使誓言不切实际，一次次碰壁，也将错就错，死不回头。这年春天，他听说市面上墨鱼的价格最高，于是立下誓言：这次出海只捕捞墨鱼。但此次鱼汛，渔夫遇到的全是螃蟹，他只能空手而归。上岸后，他才得知，现在市面上的螃蟹价格最高。渔夫后悔不已，发誓下次出海一定只打螃蟹。第二次出海，他把注意力全放到了螃蟹上，可这一次遇到的却全都是墨鱼。他只好又空手而归。晚上，渔夫躺在床上，十分懊悔。于是，他又发誓：明天无论是遇到螃蟹还是墨鱼，他都捕捞。可第三次出海，墨鱼和螃蟹渔夫都没有遇到，他遇到的只是马鲛鱼，他再一次空手而归。渔夫没有赶上第四次出海，就在自己的誓言中饥寒交迫地离开了人世。②

看完这则故事，我们可能会嘲笑这个渔夫的愚蠢：人怎么能被虚无的誓言牵着鼻子走呢？可是在实际教育教学中，这样"愚蠢的农夫"可不少，对很多教师尤其是对课堂的把控力不尽如人意的新手教师来说，教学过程就是执行教案的过程，一堂课的最终目标就是完成预定的教案。"预成性教育理论排除了教育活动中的主动性、历史性等非客观的因素，抛弃了具体多样的教育实践生活，用抽象理性来要求现实的教育活动。"③ 我们所熟知的目前在教育界争议性较大的应试教育就是预成性教育理论的产物，在应试教育的影响下，教育过程就是一个单纯地机械地执行计划的过程，教育内容是完全可以预期、可以重复的。教师的教育机智完全成了摆

---

① 刘慧、朱小蔓：《多元社会中学校道德教育：关注学生个体的生命世界》，《教育研究》2001 年第 9 期。
② 百度百科：https://zhidao.baidu.com/question/617710492420657732.html。
③ 王倩：《预设到生成——教育理论的前提分析》，硕士学位论文，东北师范大学，2015 年。

设，毫无用武之地。教育教学无视个体在发展中作为主体的精神与可能产生的自我创造，而只是塑造具有标准化的知识与技能的单面人。这样个体生命的人格精神被窒息成为标准化的可用的"职能人"。"预设"无孔不入，充斥在教育内容之中，对个体生命生成的生活性形成了巨大的阻碍。

"曾经听过一位青年教师的语文课，教的是小学语文第九册的《小珊迪》。教师在讲完课文之后，照例问同学们：'你们最喜欢课文的哪一段或者哪一句？'话音刚落，七八只小手就举了起来，一个学生说喜欢最后一段，因为结尾很感动；另一个学生说喜欢中间的几句对话，理由是对话写出小珊迪的特点。两个学生发言后，教师又问一个小个子男生，他却不想回答，在教师的再三追问下，他终于说了句：'我都不喜欢。'这位青年教师也许第一次遭遇这样的回答，一时找不到恰当的处理方法，过了好一会儿，他终于找到了词：'这么好的课文你不喜欢，那你喜欢什么？你的作文在班上还是可以的，但你要知道，这可是著名作家写的，难道你能比他写的还要好？'那个小个子男生一声不吭地坐下了，但看得出他心里不服气。教师又点名让别的同学说，当然，大家都乖乖地说喜欢这段或那段，至于理由或说生动、或说感动，五花八门都有。下课后，我悄悄地找到那个小个子男生，问他为什么都不喜欢。他说：'小珊迪人都快要死了，还记着那一点点钱，我不相信。'"①

个体生命是一种生成性的存在，要在长期的生活实践中不断生成，生成的手段及生成的空间都要具有一定的生活性。特别是在教育教学过程中，学生要生成自己的知识体系、情感态度和价值观，就要求课堂教学中所呈现给学生的教学内容是学生懂得而且是符合学生生活实际的。然而，长期以来，教育中存在着这样一个问题，即教育与生活相脱离，教育的内容与个体生命生活性相脱离，缺乏生活气息，使教育丧失了生命的活力。一旦我们在教育中以唯一的尺度，或者以某种崇高的尺度，来剪裁学生的时候，他们的个体生命就不在生活之中了。充满着预设的教育内容就失去了个体生命生成的生活基础。

3. 标准化控制的教育活动：对个体生命生成关系性的异化

在教育活动中，个体生命生成的疏离与缺席主要体现在教育的标准化控制上。我国教育在教育教学过程中一直追求着统一性和标准化。教育的

---

① 朱华硕：《学生可以不喜欢作文吗》，《文汇报》2002年7月29日。

规范化和标准化把一种设计好的标准的人的形象及其社会职能当作教育的培养目标,学生的发展是按照社会要求预先设计好、计划好和预定好的。教育无视个体生命在发展中作为主体的精神与可能产生的自我创造,而只是塑造具有标准化的知识与技能的"单面人"。以学科为本位的教育把生动的、复杂的教育活动囿于固定、狭窄的认知主义的框框之中,只注重学生对学科知识的记忆、理解和掌握,而不关注学生在教育活动中的情绪生活和情感体验。它把教书和育人割裂开来,忽视学生在教育活动中的道德生活和人格养成,没有帮助学生规划自己人生的发展与职业,使学生生命生成意识淡漠,对生命意义感到迷失。

教育中的学生是一种生长着的个体生命,生命的本质是自由地生长,生成的应是自由的个体生命。教育的对象是一个个鲜活的个体生命,他们是处于不断的生成和不断的建构中的。正是个体生命生成的关系性使教育对个体生命的干预成为可能,但在当前这种标准化控制的教育教学活动中,教育者专注于个体生命学习成绩的提升,忽视了个体生命在生成过程中与外界必要的对话与交往。个体生命是一个言说者,赤裸裸的孤独个体毫无意义,即使他不愿向人言说,他也必须对自己言说,人正是在生命对话中成为人的,自我与他人的对话关系构成了我们真正的生命存在。"没有了对话,就没有交流;没有了交流,也就没有真正的教育。"[①]

4. 精英主义取向的教育管理:对个体生命生成创造性的异化

在教育管理上,我们的教育是以精英主义为取向的。选拔少数"能行大人之事"的精英是这种教育管理的运行原则。它忽视大多数人的发展而仅仅重视那些学习上的"尖子",认为这些少数人才能够成为国家的精英。所以,在分配教育资源和教育机会中偏向少数人,而大多数人的发展权利被剥夺。缺乏完善教育的基础引导,他们能动的个体生命生成受到压制、生命价值受到贬损。这种教育管理是缺乏正义的,它本身缺乏人性的关怀,缺乏以人为目的的基本原则。在这样的教育管理中,虽然不排除个别人能够自发地通过自我教育而获得个体生命的生成与拓展,但是大多数人难以在这样的管理环境中得到道德的发展、精神的丰富、人性的提高和信仰的坚定。

---

① [巴西] 保罗·弗莱雷:《被压迫者教育学》,顾建新等译,华东师范大学出版社2001年版,第41页。

在精英主义的教育管理中，不论是知识传授还是课程设计，不论是考试体制还是分数等级，都不是根据受教育者作为一个在教育中生成的个体生命的需要、兴趣、目的所安排的，不是以受教育者自身的生成、发展与完善为目的的。这种教育所考虑的仅仅是教育如何实现选拔、考试如何达到控制，将本应追求个体生命生成创造性的目标抛于九霄云外！个体生命在求得教育的生活中遭受考试无情的控制，思想和想象的自由受到压制，多数学生在一次次考试失败中认命而失去生成的创造性。这种教育是疏远人的，是缺乏人文关怀与生活关怀的，是对个体生命创造的生成无益的教育。漠视生命存在和创造生成的重要原因是教育中没有重视个体生命，没有重视个体生命生成意义的追寻。教育本应为学生的个体生命生成服务，促进个体生命在知识、道德、精神、人性、审美等方面的提高与完善，但目前这种以精英主义为取向的教育管理与教育的初衷相背离，在这种管理下，作为个体生命的学生只是被动地听从指挥，丧失了对自身生命生成主观能动的把握，更失去了自我生命生成的创造性。

（二）个体生命生成性在教育中缺失之归因分析

1. 科学理性的僭越和价值理性的迷失对个体生命生成的异化

人类的现代化征程始于近代的启蒙运动，在启蒙运动之后，人类社会发展就走上了凯歌高奏、一日千里的现代化征程。启蒙运动如同一个开关按键，按下此键后，科学技术的发展突飞猛进、一日千里、凯歌高奏。在科学技术的指导下，人类拥有了无限的自信与无穷的财富：自动化的工业生产，流水线式的经济运行，智能化的日常生活，"科学至上"的文化光环笼罩在我们身边。我们对科学充满着自信和乐观，"科学既是知识合理性的典范，也是推动人类进步的工具。人类自豪地发现，从自己心灵中闪射出来的理性光芒普照万物，使人类成为世界的真正造物主，没有人怀疑理性至高无上的意义。人们对自然科学的乐观和迷信，把它推到带领人们进入'尘世天堂'的新的上帝的位置上，使它重新成为一个新的宗教"①。诚然，科学技术的发展大大提高了生产效率，极大地创造了物质财富，极大地丰富了人的物质生活，但却同时也造成了个体生命精神世界的异化与荒芜。人们沉迷于科学技术所造就的繁荣

---

① 冯建军：《生命与教育》，教育科学出版社2004年版，第69页。

中不可自拔，漫不经心地抹去了那些真正对人至关重要的问题：个体生命追求的是什么，如何在个体生命生成的过程中实现生命幸福，个体生命生成性的价值意蕴逐渐迷失。

"现代性的历史轨迹是从人类的解放走向了自我奴役。"① 科学技术本身无错，但人类对科学技术的迷信与崇拜，导致人的眼中只有科学技术和物质光环，而不见了"人性"。个体生命丢失了人文性，"在科学理性的僭越中，现代人成为只有'理性'而无'人性'的专家，成为技术的工具……现代性把科学理性作为唯一的理性，甚至代替了人性，导致了理性自身的危机和片面，人的完整性日益丧失，人的精神世界、价值理性缺失了"②。人变成了理性的附庸与工具，丧失了自己生命存在的意义追求和价值向度，遮蔽了自己的道德光辉和人性诗意，迷失了自己的精神家园和灵魂港湾。人们在逐步建起一个理想中的科学技术世界的时候，也在一点一点地破坏着自己赖以生存的、终极的人文世界。其结果是"我们所经历的社会是一个比较富裕但是无论如何却不能算是幸福的社会，我们所经历的是一个整天忙碌却不知道为何忙碌的生活，我们所获得的是越来越孤独、越来越寂寞却因此越来越冒险甚至疯狂的感觉"③。臣服于科学技术理性的"温柔乡"中，我们不再关注生命的生成、成长与充实，不再对个体生命的自我创造殷勤追求而试图一劳永逸，个体生命生成的目标与价值成了一纸空文。

在这种背景下，教育也不可避免地"沦陷"了。"理性不仅成为判断知识的合法性的基本准则，甚至也是矫正人的是非曲直的唯一尺度，它在塑造教育者作为园丁角色的同时，也把教育对象化约为具有普遍人性、受动的、单一的知识人，从此在荒野文化下人的多样性、复杂性、由自然的冲动所引起的混乱无序及创造的活力不复存在，进而衍生出现代教育中的一系列无法消弭的悖论：针对'人'而展开的教育样式与人的失落、工具理性下的教育效率获求与人的创造活动的枯竭、用知识建构起来的一个

---

① ［奥］埃德蒙德·胡塞尔：《现象学与哲学的危机》，吕祥译，国际文化出版公司1988年版，第174页。
② 冯建军：《生命与教育》，教育科学出版社2004年版，第71页。
③ 石中英：《人文世界、人文知识与人文教育》，《教育理论与实践》2001年第6期。

不失精致而抽象的教育世界与真实的生活世界被遮蔽……"① 这使得教育的目标只局限于追求纯粹理性的东西，否定了个体生命的非理性的一面，而这些非理性正是个体生命生成的依仗。这样，本来多姿多彩、绚丽美好的生活被抽象变得枯燥单一，本来拥有无限生成可能性的个体生命被抽象成没有差异、整齐划一的"团体"，这无疑给教育带来了极大的戕害。生命哲学家柏格森对此提出了批评，"教育学的历史给了我们许多教训。……我们会惊异于错误的愚蠢，尤其会惊异于错误的难以消除。我们很容易发现这些错误的根源在于我们天性中的固执。我们以这种固执态度，将有生命对象当作无生命对象去处理，并且用界限分明的固体形式去思考全部现实（不管它是如何流动）。只有处理非连续性的、静止的和死去的对象时，我们的智力才感到应付裕如。智力天生就不能理解生命，这就是智力的特征"②。

现代社会是一个功利化的社会，是一个工具理性遮蔽、价值理性迷失的社会。人们追求的仅仅是实用、功利和物质享受，是知识能创造多少价值、技术能带来多少效益，是智力的经济化、能力的商品化、人才的市场化和学校的企业化。这种迷失使得个体生命生成性在现代教育中被忽视，个体生命生成所追求的情感、知识、道德、人性等的全面发展无所依靠。而科学理性和技术理性在试图为个体生命描绘一幅绚烂的物质蓝图外，忽视了个体生命生成过程中对其他非理性特质的追求，致使生成中的个体生命失去生机与活力，进而使个体生命失去了广阔发展的舞台与空间。

2. 应试教育的局限和传统教育观对个体生命生成的压抑

生命作为一个人存在和发展的基础与前提，理应受到最基本的尊重，并应得到格外的重视。但是，审视我们当下的教育可以发现，在片面追求升学率的应试教育背景下，无论是社会层面的媒体舆论，还是学校教育中的教学活动，抑或是家庭教育中父母的教育观念多多少少都不同程度地存在着分数统领一切、漠视学生个体生命这样一种现象，致使本应该活泼开朗、意气风发的青少年失去了生命应有的光彩和意蕴。"所谓应试教育，

---

① 闫光才：《教育的生命意识——由荒野文化与园艺文化的悖论谈起》，《清华大学教育研究》2002年第2期。

② [法]亨利·柏格森：《创造进化论》，肖聿译，华夏出版社2000年版，第141页。

即一切围绕考试要求，为应付考试而进行的教育。系中国教育史上影响深刻，涉及全社会的一种教育思潮和教育行为。始于隋代创立的科举制度，其后千余年间，随着科举制度的变化而发展，使学校教育变成科举的附庸。清代末年后，科举制度虽废，但由于社会、心理和文化教育传统等因素的综合作用，应试教育思潮一直影响中国教育，特别是基础教育的发展。……20 世纪 80 年代初，典型地表现为基础教育片面追求升学率，忽视德育、体育和能力的培养，导致学生负担过重、片面发展，严重不适应社会发展需要，并影响学生就业。"[①] 应试教育在中国教育历史中的渊源颇为深远，自隋初创科举制以来，它就已经"崭露头角"，至明的八股文时期发展到顶峰。应试教育在中国教育界纵横多年，实乃一颗"毒瘤"。终于在 1993 年，《中国教育改革与发展纲要》明确提出中小学要由应试教育走向全面提高国民素质的教育，变应试教育为素质教育的改革距今已有 27 年，其间我们进行了许多诸如中考改革中将体育和物理、化学实验纳入总成绩的尝试，然而收效甚微，应试教育并没有得到根本改观。

中国学生自幼儿园到硕士、博士，几乎一直在受应试教育的毒害。从幼儿园到小学阶段是孩子人生早期最重要的非功利教育的阶段，这个时期孩子们应习得的是知识获得、习惯养成、兴趣发展、能力提升、情感丰富、个性张扬等，但应试教育把这些价值目标大打折扣。逼孩子参加钢琴比赛表面上是披着素质教育的外衣，但实际上是为了拿大奖，刷"积分"，以便考入更好的学校。到了高中阶段应试教育达到了前所未有的程度，对学生的动员和逼迫更是无所不用其极：史上最振奋人心动员高考大会、最牛誓师大会的新闻和视频不绝于网络。"只要学不死，就往死里学""生前何必久睡，死后必定长眠"，一些看似豪情满志的誓词，背后隐藏的是对个体生命生成性的压抑。教育的本质在于促进个体生命的生成、发展与完善，教育的真谛是既要给学生在社会中生存的基本的知识、技能，更要引导他们去完善自我、创造生命存在的意义和价值，应试教育填鸭般地用那些形而下之"器"的东西塞满学生的头脑，而对本真存在之"道"却一再置之不顾，这无疑阻挡了学生通向自由生成、自由发展、自由创造之通衢。由于这种"单向度"的教育用知识的灌输代替了对个体生命的养育和陶冶，用技术的培养遮蔽了对个体生命生成意义的追求，

---

① 顾明远主编：《教育大辞典》（增订合编本），上海教育出版社 1998 年版，第 1902 页。

难以给学生提供德行的支持、精神的补给和生命意义的养护，其结果必然是对学生个体生命的疏离，必然造成学生个体生命生成性的缺席。

3. 教育工作者生成性素养不高对个体生命生成的忽视

首先，教师自我存在状态中缺乏自我个体生命的生成意识。个体生命生成是伴随着个体的生命长期存在的，"生命不息，生成不止"，教师自然也不例外。但长期以来，我国教师被定位为知识的传递者和各种教育要求的执行者。人们对教师职业的认识存在着很大的偏差，即过于强调其工具价值，而忽视该职业的内在价值。教师的形象都是"照亮别人燃烧自己的蜡烛""春蚕到死丝方尽""培养祖国花朵的园丁""无声的铺路石"。诚然，这些优美的辞藻确实能够表达教师的工作特点和基本生存状态，但是这些歌颂却不能涉及教师的职业劳动对教师本人的现实生命质量所应有的意义，更未涉及教师能否在日常职业工作中感受到对自己的智慧与人格的挑战、对自己生命发展和生命力展现的价值。教师被束缚在既定体制和各种条条框框之下，其生命个性也难以得到张扬，生命生成更是难以得到实现。对教师职业社会功能的过分强调常常使教师背负着沉重的社会使命前行，社会总是从外部力量约束着教师权利的行使，导致教师权利与义务的严重失衡。忽视了教师作为生命存在的内在形式，同时也导致了教师自我存在状态中自我生命生成意识的缺席。

其次，教育工作者对学生"生命生成性"思想的忽视。现代教育之困境乃在于教育的功利性和工具性。这种困境根源于近代以来人们对教育的工具性理解。近代受西方文化影响，人们偏颇地将教育的目的理解为"将人培养成为有用的人才"，从而教育被作为满足社会政治经济发展之工具、国家竞争之根基。教师在大众观念的影响下也把自己看作"培养祖国花朵的园丁"，学生便成为可以被"园丁"修剪、塑造的"花草"。在这种价值观的引导下，教师对学生的教育便只注重知识的传授和技能的训练，而忽略了对学生精神世界的培育和人文精神的丰富，只注意了对学生的占有和改造，而忽视了学生作为一个"个体生命"的整体生成性。在这种教育中，只有"人理"，没有"人性"，教育也就疏远了"人的世界"和"现实的人"，远离了个体生命的整体生成。

最后，由于中考、高考改革始终没有打破只以分数选拔人才的框架，在中考、高考"指挥棒"的影响下，加上教育部门评价导向不当及管理措施不力，以及家长"望子成龙""望女成凤"心切和招生市场的残酷，教育主管部门对学校的评价、学校领导对教师的评价都离不开学生的学业成绩。换句话说，学校的命运、教育工作者的命运都与学生的成绩息息相关，这就导致了学校校长、教师往往不敢也不愿意冒险去实施新的教学方法、实验新的教学改革，于是就导致办学思想陈旧、教学方法落后、教材内容太多太难，相应地，对学生个体"生命生成性"的引导就会欠缺。

四 促进个体生命生成的理想教育建构

生命生成性的最终目的是促进个体生命在各个方面的成熟完善，使个体由有限的生命进入无限的精神幸福之中，在历史的存在中敞开自身，进入无蔽之境。因此，个体生命的生成性需要教育的呵护和指引。"教育不仅仅是为经济界提供人才：它不是把人作为经济工具而是作为发展的目的加以对待的。使每个人潜在的才干和能力得到充分发展，这既符合教育的从根本上来说的人道主义的使命，又符合应成为任何教育政策指导原则的公正的需要，也符合既尊重人文环境和自然环境又尊重传统和文化多样性的内涵发展的真正需要。"[①] 教育的存在不是为了限定人的发展，而是时刻关注个体生命的生成性，关注个体生命的价值和生活意义，拆掉个体生命发展的阻碍，营造适合个体生命发展的良好氛围，为个体生命的生成保驾护航。

（一）树立以个体生命生成为本的教育观

教育是一门艺术，在这一过程中要让学生体验到美感，而非单纯机械的训练。"教育是人的灵魂的教育，而非理智知识和认识的堆积……谁要是把自己单纯地局限在学习和认知上，即便他的学习能力非常强，那他的灵魂也是匮乏而不健全的。"[②] 教育本身就意味着："一棵树摇动另一棵树，一朵云推动另一朵云，一个灵魂唤醒另一个灵魂。如果一种教育未能

[①] 联合国教科文组织国际教育发展委员会：《教育——财富蕴藏其中》，教育科学出版社1996年版，第70页。

[②] ［德］卡尔·雅斯贝尔斯：《什么是教育》，邹进译，生活·读书·新知三联书店1991年版，第26页。

触及到人的灵魂,未能引起人的灵魂深处的激荡,它就不能称为教育。"① 教育在某种程度上就是一个个体生命对另一个个体生命的积极的影响,只有那些渗透着趣味性与想象力的教育,那些能够唤起学生惊喜的教育,那些给学生足够的自主空间的教育才是灵动的促进人的真正发展的教育。"把个体从日常生活的琐屑与平庸中提升到精神的、超越的层面,从而赋予生命因为遐思冥想和憧憬而有的灵动舒展与充盈,这就是教育应该为个体的发展铺就的现实之路。"② 教育观即对教育本身的观点和看法,教育者所持有的教育观引导着他们所开展的教育活动,当代教育要注重形成以"个体生命"为本的教育观,实践促进个体生命发展的"生成教育"。"生成教育,是以追求个性与社会性的统一及真善美为本的统一为基本的价值取向,在主体的、对称的、和谐的关系中,通过真实的实践、交往、体验与理解的机制,让学生充满生命活力、懂得生活意义、实现文化生成的教育。"③

1. 教育目的观:在追求全面发展中促进个体生命生成

西方有位哲人这样认识教育:教育就是你学过的知识在过了很多年淡忘之后所剩下的东西。如此看来,教育不单单是一时获得的知识,因为知识可以遗忘,只有通过知识而融化在生命之中能够为人所用的才是永远的、终身的。我国学者黄克剑先生在 1993 年接受《教育评论》采访时第一次把教育的使命归为授受知识、开启智慧、点化或润泽生命。点化和润泽生命是教育的核心,是教育之本。教育是人的生命的主要历程,它基于个体的自然生命,在现实的生命之中追求生命质量的提升。促进个体生命生成是教育的原点,也是教育的终点。

教育对于人的生命具有奠基性的、生成性的和转化性的价值。基于这种思考,教育的目的就不仅仅是知识,而应是人的整个生命。教育过程不仅仅是占有知识的过程,更应注重教育形式中非计划与非连续的形式。教育的过程是个体生命意义逐渐显现的过程,教育的目的就在于促进个体生命的不断生长与生成,使人从生存状态走向澄明的存在状态。存在的状态是开放、自由、创造及人我合一与物我合一的和谐状态。杜威认为教育的

---

① 冯建军:《生命与教育》,教育科学出版社 2004 年版,"前言"第 6 页。

② 刘济良、王定功:《关注生命——生命教育的多维审视》,中国社会科学出版社 2017 年版,第 302 页。

③ 张广军、孙琳等:《论生成教育》,《中国教育学刊》2008 年第 2 期。

目的就是生长，除此之外，没有别的目的。教育是一种生活需要，是帮助个体生命持续不断生长的过程。杜威认为："学校教育的目的在于组织保证生长的各种力量，以保证教育得以顺利进行。"①《学会生存》中认为："把一个人在体力、智力、情绪、伦理各方面的因素综合起来，使他成为一个完善的人，这就是对教育基本目的的一个广义的界说。"② 这些阐述对教育目的、目标的说明均涉及学生个体生命的整体生成，深入到学生的情感体验和内心感悟等非理性成分之中，比单纯的知识目标要宽泛得多。这意味着我们不仅要教给学生生存的知识与技能，更要培养他们积极的生命情感、丰富的精神世界、高尚的道德品质和坚定的人生信仰。

教育是具有鲜明价值取向的个体生命潜能的唤醒，是浸润着文化的精神创生。我们的教育是要为社会发展和人的终身学习与发展奠基的教育，理应对人的生命历程予以动态的把握，关照个体生命的过去、现在和未来，为个体生命的发展奠定最基本的知识基础、能力基础和道德基础，让他们学会学习、学会做事、学会做人、学会共同生活，最终达到生命的整体生成。

2. 教育过程观：在交往与创造中促使个体生命生成

促进个体生命生成的教育强调教育的过程而非结果，人类任何活动都是在过程中完成的，事物也是在过程中求得变化和发展的。恩格斯曾指出，"世界不是一成不变的事物的集合体，而是过程的集合体，其中各个似乎稳定的事物以及它们在我们头脑中的思想映像及概念，都处在生成和灭亡的不断变化中"③。事物内部要素之间的相互联系和相互作用都是在鲜活的、客观的过程中发生的，事物的变化和发展是在过程中实现的。"过程是事物变化与发展并走向目的的必经环节和途径，离开了过程中的变化、价值延伸和价值拓展，任何事物发展目标的实现都只能是空谈。"④

毫无疑问，以培养人为目的的教育是在活动过程中完成的，离开过程

---

① ［美］约翰·杜威：《民主主义与教育》，王承绪译，人民教育出版社1990年版，第55页。

② 联合国教科文组织国际教育发展委员会编：《学会生存——教育世界的今天和明天》，教育科学出版社1996年版，第213页。

③ 《马克思恩格斯选集》（第4卷），人民出版社1972年版，第240页。

④ 郭元祥：《论教育的过程属性和过程价值——生成性思维视域中的教育》，《教育研究》2005年第9期。

谈教育，就像"无源之水，无本之木"。德国教育家布列钦卡认为："教育是一种影响；一种传递人类文化财富的过程。"① 教育的过程不仅是一种活动进程，而且是教师和学生围绕着一定的主题，在特定的情境中，通过合作、互动进行的建构性实践活动的结构，是教育要素之间相互作用之后的变化发展过程，在某种意义上，教育的过程就是学生个体生命生成的过程，这一过程具有双重属性：预设和生成。"预设"突出的是过程的计划性、预期性和规范性，但真实的教育活动由于主题及情境的因素，以及互动式交往活动的深化，教育的过程充满着变数，充满着无法预知的"附加价值"和有意义的"衍生物"，未来的不可预知性就意味着过程的创造性，这正是过程的魅力、意义和发展性之所在。

创造是生成的核心，促进人的发展与完善是教育的目的。"对于有意识的生命来说，要存在就是要变化，要变化就是要成熟，而要成熟，就是要连续不断地进行无尽的自我创造。"② 个体生命生成无疑就是一种变化，一种创造活动。人是主体，创新是主体的特征，是人的自然表现。"如果说主体性是人的普遍性，是人之为人的基本规定，那么个性则是人的具体性，是主体在每一个体身上的独特表现。"③ "每个人之间有所不同，即都有其自我独特性，具有不可重复和不可取代的唯一性，这种自我独特性或唯一性是每个人得以存在的根据和理由，因而每个人有其个人价值的理由和根据。"④ 个体是独一无二的，因此，生成性教育应该关注到每一个学生，明确创造是人性发展中最明亮的闪光点。创新不是知识的简单叠加，而是以知识为原料产生的比较深层次的变化，这种变化摆脱了简单的识记和回忆，是个体生命能动探究的结果。这种教育要求教师给学生营造创新的氛围，鼓励和支持学生的好奇心和探索精神，注重学生非智力因素的发展，培养具有创造力的学生而不是强求过分的统一。教育过程的创造性意味着对预设的一系列流程的超越、补充、延伸和具体化，意味着个体生命

---

① ［德］沃尔夫冈·布列钦卡：《教育科学的基本概念——分析、批判和建议》，胡劲松译，华东师范大学出版社2001年版，第40页。

② ［法］亨利·柏格森：《创造进化论》，肖聿译，华夏出版社2000年版，第13页。

③ 刘济良、王定功：《关注生命——生命教育的多维审视》，中国社会科学出版社2017年版，第46页。

④ 韩庆祥、邹诗鹏：《人学——人的问题的当代阐释》，云南人民出版社2001年版，第290页。

的生成。学生在知识与能力、过程与方法、情感态度与价值观等方面的成熟与完善都包含其中，过程的创造性不单单指知识和技术的创新，更重要的是学生真正参与到教学过程中去，并在这个过程中逐步生成。可以说，教育过程中的创造是为生成而"造"，杜威的"教育即生长"理论凸显的便是过程的生成价值。因此，教育过程中与学生的发展相关联的创造性价值，就是个体生命生成价值意蕴之所在。

注重个体生命生成性的教育观强调教育过程中的交往。后现代知识观认为，知识不是绝对的真理，是历史的、关系性的，而非一成不变的。据此，我们可以理解为：知识是生成性的。学生通过对话与交往活动不断地形成对知识的见解与认识。知识的生成性证实了"交往教育观"的合理性，"文化知识作为师生交往过程的中介，凝聚着人的生命力量，是生命体验的结果，教育过程就是这种生命力量交往的过程"[①]。注重个体生命生成的教育过程观认为教育的各个方面都是通过交往、对话实现的，交往无论是对学生还是对教师发展都有着重要意义。师生间的交往是真理的敞亮和思想本身的碰撞与升华，交往以人和环境为内容，在交往中，可以发现所思之物的逻辑及存在意义。强调交往的教育观反对学生在学习中一味地听从教师，要求学生自己去思考与探索。师生双方在交往中的地位是平等的，教师可以指导学生，学生也可以对教师表示质疑，提出建议。这样，教育就由一个凝固的、教师独白的授受过程转变为师生共享知识盛宴的交往与对话过程。交往的过程不是为了达到某种共识而泯灭个性的过程，交往的空间是一个充满自由、民主和活力的公共领域。故而，交往式教育过程所实现的不是去复述一个标准答案，而是学生创意思想的生成。它"关注的是人的潜力如何最大限度被调动起来并加以实现，以及人的内部灵性与可能性如何充分生成"[②]。

3. 后现代知识观：用动态、境遇的知识引领个体生命生成

所谓知识观，即人们对知识本质、类型、属性、价值、习得等问题的基本认识和看法，它是教学观的基础和前提，影响、制约着教育教学活动的展开方式和走向。由此可见，在教育过程中，知识的价值能否体现或有

---

① 王北生：《生命的畅想——生命教育视域拓展》，中国社会科学出版社2004年版，第230页。

② ［德］卡尔·雅斯贝尔斯：《什么是教育》，邹进译，生活·读书·新知三联书店1991年版，第2—3页。

多大程度的体现与人们的知识观是息息相关、密不可分的。知识观不同，教育的价值取向也会迥然有别。

传统的科学主义知识观认为知识的本质是唯一的、确定的、普遍的。"知识的获得是一个冷静客观、排除感情的过程，只有用科学理性的方法才能获得知识，即科学知识。"① 例如，以深刻的唯理论为哲学基础的理性主义知识观就认为知识的普遍本质就是理性。不可否认，这在当时确实起到了一定的启蒙和解放作用。但到近代以后，这种被异化的理性成为束缚人们思想的缰绳，尤其是伴随着后现代主义哲学在知识研究领域中的兴起和传播，更加速了科学主义知识观主导地位的瓦解。

后现代主义知识观是建立在对传统的科学主义知识观批判的基础之上的，为我们提出了一个有限度的、动态的、多层次的知识本质观。首先，科学主义知识观认为不彻底摒弃个人主观意识和相关经验就无法使知识得以精确呈现，而后现代主义知识观则认为知识是主客体之间相互作用的结果，它一直处于变化之中，任何绝对客观和普遍适用的纯粹的知识都是不存在的，因为它将人与其自身所处的价值观念、生活方式、语言符号乃至人生信仰割裂开来，剥夺人的社会属性，使主体的认识行为丧失目标，陷入了无的放矢的境界。其次，后现代主义知识观认为知识是境域性的。因为认知知识的主体是人，众所周知，人是一定条件下的社会历史文化的反映，其对知识的认知不能也无须回避所处的特定的人文环境，那么，通过这种认识过程所得到的知识我们无法称它具有普遍性。"任何知识都是存在于一定的时间、空间、理论范式、价值体系、语言符号等文化因素之中。"② 离开了一定的境域，"既不存在任何的知识，也不存在任何的主体和认识行为"③。最后，随着知识认知过程中的主体作用逐渐得到认可，知识的中立观开始消解，其价值特性开始显现并被人们接受，特别是在20世纪60年代以后，现实发展和经济诉求已经基本取代了对于自启蒙时代对于知识本身的渴望。所有的知识都开始受到价值的牵引，并体现一定

---

① 江新、郑兰琴、黄荣怀：《关于隐形知识的分类研究》，《开放教育研究》2005年第10期。

② 陈克现、王世忠：《一种后现代的逻辑：知识观与大学课程》，《现代教育科学》2009年第11期。

③ 陈克现、王世忠：《一种后现代的逻辑：知识观与大学课程》，《现代教育科学》2009年第11期。

的价值要求。尤其是在人文和社会认知领域，其对于知识的认知就是在一定的历史文化背景下，研究者用自身价值观对事实进行概念方面的建构。对知识追求的过程已经转变为对价值追求的过程。

从传统的科学知识观到后现代主义知识观的转变，从以往既定的普遍的知识观到动态的、生成的知识观，新的知识观给教育过程带来了勃勃生机，教育"不在于传授那些既定的已有认识成果，而在于创设一些特定的生活化情境，使主体在与客体以及与其他主体的互动中建构带有主观体验、意识、心理和情感等痕迹的个体知识"[①]。正是因为知识观的转变，我们才进一步意识到教育走向个体生命生成的必要性与可行性。

（二）建构符合个体生命生成的课程体系

如果说教育观是教育理念的直接体现，那么，课程则是教育理念走向教育实践的中介。在传统二元论思维方式的作用下，我们习惯于将目的与手段分离。教育中课程就是各门适应社会发展要求的知识内容，课程的实施就是使学生占有知识的过程，甚至仅仅是书本上的客观知识或间接经验。课程被异化为承载知识的工具，被视作与目的、意义、价值无涉的且独立于学生个体生命之外的东西。正如怀海特所说："一个人可以理解所有关于太阳的知识，所有关于空气的知识和所有关于地球旋转的知识，但却看不到日落的光辉。"[②] 个体生命的世界被外在的"知识片段"所占据，被外在的权威、功利所引导，而无法完成个体生命的生成、发展与完善。教育的真正使命是引领个体生命生成、实现个体生命幸福、提升个体生命境界、走向个体生命辉煌。我们的教育不仅要关注学生日后为了职业所需要的知识与技能的获得，更要关注的是学生个体生命力量的绽放、个体生命情感的养育、个体生命信仰的确立。因此，我们在改革传统课程的基础上，应该充分考虑到与其相关联的各个环节，从课程设置到课程内容、教育方法、课程评价，使课程实施由一味追求成绩转向关注学生个体生命，促进学生个体生命的成熟、发展、完善与幸福。

---

① 李森、王银飞：《生活化教学的基本理念与实践策略》，《教育理论与实践》2005年第7期。

② [美]小威廉姆·E.多尔：《后现代课程观》，王红宇译，教育科学出版社2000年版，第212页。

1. 课程设置：以促进个体生命的生成为目标

课程作为实现教育目标的一种手段，从根本上说还是为了关怀个体生命的成长。从课程设计的生命意义来看，培养德、智、体、美、劳全面发展的人是生命意义得以展示的体现。因此，课程目标应以对个体生命关怀为基础，以促进个体生命的生成为目标。课程应该关注学生的认知、情感、道德、意志、人性、信仰、审美等有关个体生命的方方面面。但是，这并不意味着要在原有的各类课程之外再增加多少新科目，而是要构成一种旨在改善个体生命质量的综合性视角，改革原有课程，使相关的内容融入已有的课程中，从而促进学生在认知、情感、意志、信仰等方面协调发展与完善，最终达到个体生命的全面而和谐的生成。"以往的教育太看重生命以外的东西，忽视了生命的需要，忽视了生命的激情和冲动，淡漠了对人的心灵和智慧的开发、对人的情感和人格的陶冶，使人成为被功利所驱动的'工具'，放弃了对生命的感悟、对幸福的追求。因此，它是用一种机械的、冷冰冰的、僵死的方式去进行的'训练'和'控制'。"①

课程是学生展开学校生活、认识现实世界、体验生命感受的媒介。课程设计得合理与否、内容与结构和生活联系得紧密与否都直接影响到学校教育生活的展开。促进个体生命生成的课程应该在教材内容上把联系生活、贴近生活、富有时代气息和适应社会现实需要、符合学生生活特点的内容选进来，寻求课程内容的基础性与发展性、学术性与生活性、知识性与实践性、科学性与人文性融合，为学生基本素质的获得和个体生命的全面生成奠定坚实的基础。

课程设置要突出个性化和多样化以满足不同个性学生的生成与发展。2001年教育部颁发《基础教育课程改革纲要（试行）》，将课程结构改革作为基础教育课程改革的六大目标之一，注重课程的综合性、均衡性和选择性，提出"小学阶段以综合课程为主，初中阶段注重分科与综合相结合，积极倡导各地选择综合课程，学校应努力创造条件开设选修课程"②。并在此基础上提出了一系列旨在使课程设置多样化、个性化的建议。新课程应该包含尊重学生人格、关注个体差异、满足不同学生学习需求的内容，同时要求设置综合实践课程，以适应不同地区和学生发展的要求。这

---

① 冯建军：《生命与教育》，教育科学出版社2004年版，第185页。
② 教育部：《基础教育课程改革纲要（试行）》，人民教育出版社2001年版，第9页。

样学生就能作为一个个独特的个体主动参与到课程的学习中去，从而使课程真正实现多样化和个性化。而把学生作为一个独特的个体生命存在加以重视本身就是对个体生命自由生成的理解和尊重。

注重个体生命生成的课程设置在对知识理解的基础上致力于寻求个体生命的"自由精神"，促进学生在意志锻炼、合作能力、行为习惯及人际交往等多方面的发展，使课程淋漓地展现人性的魅力和对个体生命生成的关怀，从而实现丰富生命的情感、体验生命的意义、确立生命的信仰、追求生命的幸福、走向"类生命"的自由境界。

2. 课程内容：融个体生命生成于其中

课程内容应融合有关"生命生成"的知识。学校教育走向生命生成，其课程内容不仅要体现个体的自然生命生成，也要关注他们的精神生命生成。自然生命是精神生命的载体和前提，我们有必要先从健康教育开始进行有关人的生命生成的教育。所谓健康教育，就是要教给学生保护和锻炼身体的知识、方法和技能，并使他们树立起正确的健康观念。在基础教育课程中设置有关"生命生成"的知识，是对学生进行有关生命生成教育的一条直接而有效的途径，最终使其形成重视健康、顺应个体生命生成的习惯与意识。

生命教育的内容应源于学生的生活实际。由于生命生成教育是一种生活课程，是一个人从生命诞生开始就要去面对的一个重要议题。因此，无论是媒体每天所报道的社会事件或是学生在家庭及学校中所遇到的生命课题，都应是个体生命生成教育课程的内容。在此需要注意的是，源于生活并不是说要等于生活。源于学生的生活实际是指促进个体生命生成的课程内容要与学生的日常生活相联系，应该是每个学生在日常生活中能够切实感受到的问题、切实经历过的事情，但它不是每个学生经历的具体生活事件，而是经过加工的"生活实际"，具有一种普遍性。此外，在进行个体生命生成教育时，应当加强对我国传统文化和西方文化的学习和了解，坚持多元文化并存，充分了解中西方文化的特点、优势和劣势，从而深刻地理解不同文化对教育和个体生命发展的不同影响，自觉地综合运用东西方文化的优点，促进个体生命更好的发展。

总之，个体生命生成是一种理解、一种尊重、一种关爱、一种审美，个体生命生成离不开人与人的交往、离不开人与人思想和情感的交流、离不开人与人生命的宽容、理解、关爱、欣赏。致力于促进个体生命发展的课程内容应努力促进学生在身体、智力、敏感性、个人责任感、精神价值、审美意识、人生信仰等方面的发展，帮助学生形成既能独立自主，又擅长与人沟通交往的能力，为其终身幸福奠定基础。

3. 教育方法：创造性的引领个体生命生成

教育方法包括教师教的方法和学生学的方法两部分，在考虑"教法"时也要注重"学法"。存在主义者认为，教的方法从道德和教育学的角度来讲必须是可以接受的。首先，强调教育者必须认识到学习是学习者的活动，是任何其他人所不能代替的，而且应该是学习者自觉自愿的活动。因此，教育不是操练、训练和灌输。其次，教育不是一个人对另一个人的强迫，而是一种施教者和受教者之间相互作用、相互交流的活动。对每个人来说，生命都是独特的，因此也是有差异的。这些差异，有的隐晦，有的明显；有的是永久性的，也有的是暂时性的。这些不同类型的差异决定了每个个体生命特有的价值标准和行为方式。"社会实践证明，越是高度个性化的社会，它的整体力量就越强；越是缺乏个性的社会，其整体力量就越弱。人们逐渐认识并尊重不同群体之间的差异与多样性，发展这些差异与多样性，从而使人类社会不断进步和发展。"① 同样，教育要尊重这种差异性，谋求适合差异的教育方法。美国教育家拉斯卡将教育方法分为四大类，分别是"呈现方法""实践方法""发现方法"及"强化方法"。其中，"呈现方法"具体包括讲授、谈话、示范、考查等，即用确定的形式将要学习的内容呈现给学生，这也是我国实际课堂教育教学中最常使用的方法。这种类型的方法的优劣势都比较明显，优势在于学生在感知刺激的过程中体现在编码、组织、储存信息等方面时身心处在积极活跃的状态，劣势在于学生在学习中起主要作用的心理功能仅表现在注意和记忆能力上，其余的则处于相对被动消极的地位。长期以来，我们的教育采取的是"一刀切""一锅煮"的做法，学生在按照年龄分班后开始实行统一的教学内容、统一的教学进度及统一的教学方法，这些"统一"犹如普洛格拉斯蒂斯的"铁床"，严重忽视了学生的不同的自身条件和个性差异，使得教育教学死板僵化，长期维持"教师讲、学生听"的常态。

个性化教育方法的首要理念是适应性，即让教育方法适应学生，通过教育方法的使用促进学生个体生命的完善丰富，而不是让学生被固定的不合适的方法奴役。学生的自由、自觉的个体生命发展是第一位的，教育只

---

① 程向阳、华国栋：《学生差异资源的教育教学价值初探》，《教育研究》2006 年第 2 期。

是为学生的发展提供机会、创造条件。可以说，有什么样的学生，就需要提供什么样的教育教学方法。教育方法对学生来说应该是特色化的、个性化的，而不是老生常谈、拾人牙慧，人为地使学生"统一"。此外，对于学生学的方法来说，要允许学生自己对知识进行理解，提倡自主建构和探究探讨式的学习方法。对于学生而言，学会学习是他们应该掌握的技能，也是当代教育所要追求的目标。常言道："师傅领进门，修行在个人。"教师只需要做个协助者，必要时甚至可以成为"旁观者"，给学生自由和空间，使其在法律道德的界限之内任意发挥，尽情遨游于知识的海洋之中。"教育不能仅仅满足于教给学生什么，而是要创设一种'海阔凭鱼跃，天高任鸟飞'的发展空间，放飞个体的思维，让他们自由自在地思考问题，使教育活动成为探索和发现的过程，成为发展个体智慧、感悟自由精神的过程。"①

简言之，关注个体生命生成的教育方法是以"生命"为核心，关照生命、发展生命的，是旨在促进受教育个体生命的整体生成的。

（三）运用促进个体生命生成的教育策略

促进个体生命生成的教育与人的本质意义一样，充满着无限可能性。因此，教育者应努力挖掘教育过程中的生成资源，灵活掌握运用教育机智，创新对学生的评价方式，使师生共享教育给个体生命带来的生成、发展与完善。

1. 充分发掘教育中的个体生命生成资源

"生成性教育资源"一词由叶澜教授首次提出："课堂教学要真正成为实现新的教学目标的过程，不但要使师生的生命活力在课堂上得到积极发挥，还要使过程本身具有生成新因素的能力。教学过程生成的'新因素'，就是'生成性资源'。"② "所谓课堂动态生成资源就是指教师与学生、学生与学生在一定的情境中，围绕多元目标，在开展合作、对话、探究、交流的课堂教学中，即时生成的、超出教师预设方案之外的新问题、新情况。"③ 换言之，教育中的生成资源是在教育者预设之外的，它具有

---

① 冯建军：《教育：为了生命的事业》，《教师之友》2004 年第 5 期。
② 叶澜：《让课堂焕发出生命活力——论中小学教学改革的深化》，《教育研究》1997 年第 9 期。
③ 朱志平：《教师在课堂动态生成资源中的作用发挥》，《教育发展研究》2006 年第 20 期。

明显的不确定性和偶发性,这使得教育者在教育教学的实际情境中能够随机应变,应变的过程也是教育者教育智慧的展示过程。教育作为培养人的一种社会活动,应该唤醒学生内心深处埋藏的对个体生命生成意义与价值进行探索和追寻的意识,使他们能够早日找到人生的意义与价值之所在,促使每一个生命个体都能够活出生命的意蕴、绽放生命的光彩、追寻生命的完善,进而能够幸福地度过一生。

"在讲授柳宗元的《江雪》这首诗时,浙江省杭州市西湖小学的郑雪琴老师就做得很好。她首先富于感情的把全诗读给了学生,读完之后停顿了片刻,问'同学们,听完之后你们有疑问吗?'同学们争先发言,有的学生说:天这么冷这个老翁为什么还在钓鱼?难道他很耐冷吗?郑老师抓住了这个闪光点,引导学生继续思考:这是一个好问题,大家可以两个人一组互相讨论一下,设想一下老翁'独钓寒江雪'的原因。学生的回答角度各异:老翁家里很穷,即使天冷也必须钓鱼,来补贴家用;或许认为天冷就不会有鸟儿过来和自己抢食了(郑老师给予回答:也许老翁在享受这份宁静);或许老翁是遇到了伤心事,想一个人静静;也许老翁是一名钓鱼爱好者,不会顾及天气状况(也有这种可能);也许是老翁得罪了权贵,被迫害了,被放逐了……郑老师继续引导,看来大家看问题的角度各有不同,但是同学们的哪一种理解才更贴近作者的真实境况呢?刚才也有同学提出,诗人所处的时代背景对了解诗人的心境是重要的,那大家再反过头来看看柳宗元的生平简介,看完之后,大家有什么新的体会呢?这时大家不约而同的认为诗人是在借寒江独钓的渔翁表达自己被贬永州时孤独无助的心情。"[①]

在冷天钓鱼,这在同处于课堂的教师心里毫不起眼,但学生却发现了这一事件的独特之处,提出疑惑,而有一双"慧眼"的郑老师及时捕捉到了课堂中的可利用的生成资源,把学生们提出的问题当作再生资源加以利用,通过环环相扣的问题带学生深入思考,促进学生生命情感、道德的生成,为学生创设了一个自由发挥的平台,营造了精彩的生命课堂。在教育教学过程中,诸如此类的适合个体生命生成的资源俯拾皆是,教育者要善于发现,合理利用,营造合适的教育契机,在绽放教育教学精彩的同时适时引导学生进行生命思考。通过教育中生成资源的发掘来促进学生的个体生命生成,使学生的个体生命生成更丰富多彩,培养并完善学生的共情

---

① 转引自王姗姗《论教育的生成性》,硕士学位论文,山西大学,2012年。

能力，有利于兼顾个体生命情感、生命智慧等各个方面的成熟发展，以此助力学生个体生命的生成。

2. 深度激发师生的个体生命生成智慧

"教育智慧是教师在具体的情境中所体现出的教学行为的内在品质，教学中的生成决定了教育活动不是一个简单的经验性观察和描述的归纳过程，也不是一个简单地按照总的规范和原则来确定和规定学生如何发展的演绎过程，它必须要教师体悟、反思，最终形成应对教学生成的教育智慧。教育智慧体悟以理性认识为基础，通过体验、分析、理解、领会、顿悟、重建内部认知结构，形成关于事物本质的个性化的观念。"[①] 教师应该重视个体生命内在的理解、体验和感悟，多为学生提供思维空间，多引导学生情感的体验和心灵的收获，进行生命化教学。把单纯的知识传递性教学变成生命的对话，让课堂焕发生命的活力，激发师生的生成智慧是教育教学必不可少的一环。但生成智慧作为教师教育智慧的一个方面，其深度激发对师生的挑战不可小觑。对教师而言，丰富的知识、对教学内容的深刻体悟、对学生的爱与责任等都是成功激发生成智慧不可或缺的因素。首先，教师要具备丰富的知识，这是形成生成智慧的基础。这些知识可以分为三大类：本体性的知识、条件性的知识和实践性的知识。教师从业前在师范院校中所习得的知识称为本体性知识，它是教师从教的必要条件；条件性知识是指教育学、心理学等方面的知识，这种类型的知识最初来源于系统的学习，但更需要教师在实践中不断发展和加深，它随着从教时间和教育经验的累积而处于动态变化之中；实践性知识属于经验层面的知识，它是指教师在实际的教学操作过程中所具备的处理客观问题的知识。对教师而言，这三方面的知识相辅相成、不可分割，它们共同助力于一位优秀教师的养成。其次，教师对教育内容的深刻领悟，准确把握重难点知识，随时应对学生的"突然袭击"，是促进课堂充满智慧灵光的催化剂。"这样的课堂，教师以智启智，以情唤情，课堂在师生心灵交汇的平台上生成旁逸斜出，呼之欲出。"[②] 教师只有先掌握教程、通透教材，才能在教学过程中有余力去注意学生的反应，完成与学生的"心灵交汇"。最后，当一名教师心中始终充满着对个体生命的爱与责任时，他就能始终保

[①] 魏宏聚：《教学生成事件与教师教育智慧》，《湖南师范大学教育科学学报》2018 年第 2 期。

[②] 郑百苗：《反思生成：让课堂充满智慧的灵光》，《语文教学通讯》2004 年第 13 期。

持对教育工作的热情和进取心,并能用自己的聪明才智和创造力使工作充满活力和情趣,时刻陶醉于教育工作中出现的惊喜和感动,这样的教师就具备了发掘教育过程中生成资源的能力,只有具备了生成智慧的教师才会去关注他的学生的生命生成。

当然,我们在肯定教师的生成智慧的同时,也不能否定受教育者——学生在这一过程中的作用。教师和学生对某一具体问题的思考和探讨,是"教"和"育"的基础,若是失去这个基础,教育过程中的个体生命生成也只会走向异化。对于学生自身来说,掌握丰富的知识,不断发现学习的意义,才能使个体生命在教育中的生成得以实现。

3. 运用促进个体生命发展的教育评价

制度保障教育的顺利开展,教育生活的进行是在管理的保障下实现的。对于教育管理而言,目前需要的是变革僵化、刻板的管理方式与制度安排,避免教育被制度、管理手段限制住活力,恢复教育管理的保障、激励价值。应鼓励多种形式的创造,激励师生为自身的生命成长、教育生活的优化而不断创造新的形式。而在具体的教育管理中,就需要给予教育工作者与学生更多的自主权、更大的自主空间,为他们提供积极的物质性的、精神性的支持,鼓励教育工作者和学生的创造性的发挥,从而在面对个体生命成长本身,面对富有挑战性、创造性的教育实践工作中感受个体生命生成之美。在学校管理中,与学生的利益密切相关的莫过于课业评价。在课业评价方面,教育管理部门对学校、学校对教育工作者和学生的业绩、成绩要给予恰当的评价,充分体现教育的本真追求,以促进学生个体生命的整体生成。

个体生命是不断完善的,促进个体生命生成的教育也是不断发展的。因此,教师对学生的评价也处于变化和相互协调之中,其评价的标准应该是相对和开放的。促进个体生命生成的教育评价着力强调评价的发展性,强调教育评价要从学生个体生命全程的需要出发规划学生的发展目标,打破以往僵化、固定、静态的评价模式,重视与发掘个体生命发展的巨大潜能。

首先,致力于个体生命生成的评价要注重评价的多元化。促进个体生命生成的教育是一个生命与生命交流,心灵与心灵碰撞的过程。它所涉及的主体是多元的,每一个生命、每一个个体都是发展的主体,也是评价的主体。传统的教育评价角度单一、方法简单,不能有效促进学生的发展。

生成性评价把全体学生作为评价的主体，兼顾每一位学生的发展，使每一位学生都能主动地参与到教学过程中来。评价的对象不再是少数成绩优秀的学生，而是要充分调动全体学生参与评价活动。在评价内容上也要尽可能地全面，特别是学生的思想品质、思考过程等，教师不仅要注意到学生回答问题的正确与否，还要重视学生在得出正确答案的过程中所表现出来的推理能力和创新能力。在评价标准方面，不存在唯一正确的一元理解，允许多元理解的存在。要设置多重标准，对不同学习能力的学生设置不同的评价标准，标准可以梯度化处理，没有固定的模式，做到"因材施评"、因人而异。并且，教师不能用成人的思维代替学生的思维，只要学生理解得合情合理，就应该给予认可，而不应随意压制与扼杀。这样才能真正促进学生的个体生命发展与提升，促进学生个体生命的整体生成。

其次，评价要遵循客观性和激励性的原则。生命是独特的，每一个个体生命都会遇到自己特有的问题，每个生命的发展都有自己特有的模式。因此，评价要注重学生的多方面差异如生理方面的差异、个体认知风格的差异、个体情绪和意志方面的差异、需要和动机方面的差异、气质性格方面的差异、社会环境的差异等，以此确立促进不同学生发展的多元化评价。对学生的日常表现，应以鼓励、表扬等积极的评价为主，采用激励性评价，尽量从正面引导。教师要对学生充满爱心，善于捕捉普通学生身上的闪光点，即使学生在某些方面出现了错误，也要用含蓄委婉的方式指出，避免言语凌辱，最大限度保护学生的自尊心和自信心。同时，评价不能过于笼统，切忌"一刀切"。教师不能为了使每个学生都参与到评价过程中而以"优秀"统领所有评价，而是要恰到好处，在遵循客观性的基础上，突出生成性评价的个性，用心体会与点评，激发学生个体生命的激情，培养学生个体生命的创造力。鼓励性评价保护了学生的自尊心和自信心，体现了对学生的尊重与爱护，并关注学生个人的处境与需要，以激发学生积极主动的学习态度，为学生的全面发展做好准备。鼓励性评价即是以肯定为主，强调个体差异，强调发现每个个体生命的闪光点，让学生更多地看到自己的成长和发展，体会个体生命成长的欣喜。

最后，评价要注意适时恰当。个体生命生成教育强调教育要促进学生的成长与发展，关注每一个学生的独特性、主动性和发展的可能性，关注学生个体生命的感悟、体验，关注学生个体生命意义的获得与建构。学生的主动灵活程度越高，对教育评价的要求也就越高。在实际的教育过程中，我们的评价主观性很强，存在着许多不确定因素。因此，对学生的突出表现的评价一定要"新鲜"和及时，要针对学生的具体情况做出适当恰当的评价。同时，在评价之后，教师也不要掉以轻心，不能忘记观察学生在接受评价之后的心理状态：是心悦诚服，还是愤愤不平；是豁然开朗，还是莫名其妙……在此基础上，力图做到重新调整教学过程，作为下一次评价的"前测"。课后，教师要对整节课的表现做出总结并反思，不仅要反思课堂上的"已过"，也要总结受评价者的反映。及时的反思，不仅有助于学生个体生命的生成，也有利于教师自身的专业发展与成长。

总之，在实际的教育教学工作中，我们必须以正义原则作为教育评价的奠基性原则。要建立尊重个人发展权利的平等与正义的教育评价体系，关怀个体生命、完善个体生命，促进个体生命的整体生成与卓越发展。

第三章

个体生命的模仿性与教育

一 模仿是个体生命的存在方式

生命需要模仿，模仿成就生命。单个的个体生命不能构成丰富多彩、婀娜多姿的世界，也不能推动人类文明的发展和演进，无数个个体生命的相互交流和碰撞、相互观察和学习、相互互动与模仿才能成全社会的千姿百态、绚丽多彩、灿烂辉煌，才能推动社会发展的生机勃勃、蒸蒸日上、繁荣昌盛。模仿作为人类保留下来的最基本、最重要的学习行为之一，已经深入到个体生命的骨髓之中，它是个体生命和这个世界沟通的有效方式，也是和同伴交流沟通的重要法门。正如塔尔德所说："模仿是不可抗拒的；社会是模仿，模仿仿佛是梦游症。"[1] 然而，不能否认的是，恰恰是因为它的天然性，才在不知不觉中滋生了个体的惰性，个体为了尽快地融入社会、得到他人的认可采取了各种不恰当的手段，而忘记生命存在的真正意义，所以正视模仿，调整认知，改变惯有的行为模式，才能真正孕育出生命之花。

（一）个体生命模仿的历史向度

1. 中国传统文化中个体生命模仿性思想

在中国两千多年的传统文化中，中华民族的生命智慧熠熠生辉，其中不乏对个体生命基本行为的探索，比如，模仿。模仿在古代也被称为"摹仿"，意为照着某种现成的样子学着做。古代学者对此早有论述，明

---

[1] ［法］加布里埃尔·塔尔德：《模仿律》，何道宽译，中国人民大学出版社2008年版，第138页。

代谢榛在《四溟诗话》中提到："谢灵运《折杨柳行》：'郁郁河边树，青青田野草。'此对起虽有模仿，而不失古调。"① 南宋姜夔在《白石道人诗说》中说道："一家之言，自有一家风味……模仿者语虽似之，韵则亡矣。"② 可见，两位学者关于模仿的理解有异曲同工之处。模仿，依照某种标准学着做，使自己的书法或者语言与之相似，虽内容形式相近，但却失去了最初的韵味。由此，我们可以看出，古代学者在对模仿进行使用时，关注的不单单是表面化的内容，更多的是深层次的精神意蕴，寻求的是道德理想的进一步升华。

客观说来，相对于西方对于模仿这一个体生命特性所具有的研究体系的丰富化和全面化，我国古代关于个体生命模仿性的论述并不多见，且主要出现在教育中，强调对榜样的模仿和学习，所谓"道之所存，师之所存"正是这个道理。

个体生命的终极意义在于追求超越，实现卓越。"圣人""贤人"之所以能够大放光彩、流芳百世就在于其所具有的崇高的精神和优秀的道德品质。中国传统文化素来讲究修身养性，追求仁义道德，这在儒学之中表现得尤为明显。孔子将"仁"定义为克己复礼，注重身心涵养。孟子提倡性善论，认为人之初，性本善，故他认为道德的修养方法乃是"存心"，也叫"求放心"。孔孟"内省"的修养方法，是以自我为中心的，落脚点也是人之本身。这种自我观固然对我们今天的道德教育具有一定的意义，然而，学习常常不是仅凭个人之力就可顺利完成的，相互模仿与借鉴才能成长得更快。

《论语》有云："子曰：'三人行，必有我师焉'：择其善者而从之，其不善者而改之。"③ 个体生命价值的不断提升，既需要时刻进行自我反省的自觉力，也需要具备外部学习的观察力和模仿力。子云："其身正，不令而行；其身不正，虽令不从。"④ 荀子在《荀子·修身》中说道："夫师，以身为正仪而贵自安者也。"⑤ "身正"是孔、荀二人强调的重点，然而，个人的完善从来就不是儒家学者的终极目标，以正己达到正人

---

① 《四溟山人全集》。
② 《白石道人诗说》。
③ 《论语·述而篇》。
④ 《论语·子路》。
⑤ 《荀子·修身》。

才是教师所应具备的基本素养。所以，孔子又在《论语·子路》中说道："上好礼，则民莫敢不敬；上好义，则民莫敢不服；上好信，则民莫敢不用情。夫如是，则四方之民襁负其子而至矣，焉用稼。"① 朱熹在解释《论语》"学而时习之"时指出："学之为言效也。人性皆善，而觉有先后，后觉者必效先觉之所为，乃可以明善而复其初也。"② 因此，儒家文化认为学习在一定程度上就是模仿，并且相信模仿对于个体生命复归本真具有重要的意义。正是由于这种天性，才会使人德性可教。

儒家学说之所以反复强调身教示范、以身作则，恰恰是利用了个体生命的模仿性。个体生命既有生物层面的意义，又有精神层面的价值；既是有限的，又是无限的；既是模仿的，又是创造的。个体生命的有限性决定了我们不是永恒的存在，而生命的模仿性证明了我们是智慧的存在。模仿是人类的天性，儒家学说正是领悟到了这一点，才能一再强调示范的重要性、榜样的重要性。正如杜维明所说："儒家传统将教、学都视作具体化的行为，因此，教育必须全身心地投入，自我的各个方面：身体、思想、心灵、精神都包括在内。榜样最为紧要，因而也就是最有效的教育手段。"③

模仿虽然是古代教育教学、个体学习的有效手段，但是模仿也不见得都是好的，这其中也闹出了不少笑话。"东施效颦"正是其中的典型代表，东施羡慕西施的美貌，渴望像西施那般吸引异性。有天西施洗完衣服，走在回家的路上，突然旧疾复发，她手扶胸口，却被村里人认为姿态娇美，得到了村里人的赞赏。东施知道以后便故意模仿西施手扶胸口走路，期望得到赞美，但是却因她过于装腔作势，再加上本来就长得丑就遭到了村里人的嫌弃。东施的出发点是为了得到别人的欣赏，却没有考虑到自身的特点，盲目进行模仿结果就适得其反。所以，模仿这一行为也应当建立在个体生命的实际情况之上，寻找生命与生命之间的契合点，不可流于表面，否则难免贻笑大方。

2. 西方文化中个体生命模仿性思想

"欧洲的'模仿'术语源于古希腊。一开始，'模仿'被应用于古典艺术领域，是以音乐和舞蹈为中介来进行的。在人类这些能力的帮助下，

---

① 《论语·子路》。
② 朱熹：《四书章句集注》，中华书局2011年版，第49页。
③ 杜维明：《道·学·政——论儒家知识分子》，上海人民出版社2000年版，第43页。

一些前美学的事物被模仿了。"① 柏拉图认为:"模仿是人的条件,它使得教育成为可能,并推动了教育的发展。尤其对于青少年来说,很多获得知识的重要过程都具有模仿性。"② 他认为模仿首先指代内容,所以对于模仿对象的选择,显得极为慎重,"模仿过程的目标是对榜样的行为或者个人进行模仿,并努力与他们相像,使自己与相应的榜样相一致"③。借助模仿,个体可以使榜样的部分优势转化为自己的优势,达到发展的目的。与柏拉图不同,亚里士多德认为:"模仿不仅仅是对现实的复制,而是再创造和变形的统一,其目的在于一种'润色'和'发展',是一个'建构化的模仿'。"④ 同时,亚里士多德承认儿童天生就具有模仿性。他说:"首先,从孩提时候起人就有模仿的本能。人和动物的一个区别就在于人最善模仿,并通过模仿获得了最初的知识。其次,每个人都能从模仿的成果中得到快感。"⑤ 因此,与柏拉图强调的避免消极榜样出现有所不同,亚里士多德更强调的是个体在面对消极榜样之后的反应,以此来培养个体承受能力及应变能力,并在此基础上,升华模仿的意义。

　　法国哲学家加布里埃尔·塔尔德著有《模仿律》,主张泛模仿说,认为人的一切社会行为都是模仿,模仿是主导一切的。"对于个体而言,模仿可能是自觉或不自觉、有意或自发、自愿或不自愿的。"⑥ "模仿的意愿本身是通过模仿而代代相传的。我们模仿别人的行为之前,首先是感觉到有必要,然后才开始模仿,我们感觉到模仿,那是因为我们在模仿,那是因为这是别人给我们的暗示。"⑦ "在人类身上,首先和显著的模仿是神经

---

① [德] 克里斯托夫·武尔夫:《教育人类学》,张志坤译,教育科学出版社2009年版,第65页。
② [德] 克里斯托夫·武尔夫:《教育人类学》,张志坤译,教育科学出版社2009年版,第66页。
③ [德] 克里斯托夫·武尔夫:《教育人类学》,张志坤译,教育科学出版社2009年版,第67页。
④ [德] 克里斯托夫·武尔夫:《教育人类学》,张志坤译,教育科学出版社2009年版,第69页。
⑤ [古希腊] 亚里士多德:《诗学》,陈中梅译,商务印书馆1996年版,第47页。
⑥ [法] 加布里埃尔·塔尔德:《模仿律》,何道宽译,中国人民大学出版社2008年版,第138页。
⑦ [法] 加布里埃尔·塔尔德:《模仿律》,何道宽译,中国人民大学出版社2008年版,第139页。

的模仿和大脑的模仿,所以人的模仿是从里到外的模仿。"①

社会心理学家班杜拉认为观察学习主要由四个阶段组成,包括注意过程、保持过程、动作再现过程、动机过程。"涉及模仿的主要集中在第二个过程,当原型不再出现提供方向的时候,观察者要想继续从原型的行为得到益处,就必须在记忆里以符号的形式把那些反应模式表现出来。"② "有几个研究者(Gewirtz & Stingle,1968)对产生最初模仿的条件特别重视,因为他们认为这些反应有助于解释观察学习的发展。儿童早期的模仿反应是由原型行动直接和即时引起的。而发展后期,模仿反应通常是在观察原型行为之后很久,而原型并不存在时做出的。"③ 儿童逐渐从榜样中抽象出一般的特征,并积极进行模仿和再现,以习得新的行为和知识。

德国历史人类学家克里斯托夫·武尔夫认为,对模仿下一个准确的定义是极其困难的,他从教育、文化和人类学等多种角度阐释模仿。他认为"模仿建立了个体与外界、他者相通的桥梁;模仿试图打破主客观之间的壁垒,并且力图消除'是什么'和'应该是什么'之间的巨大差别。"④ "模仿过程不仅仅是效仿、再生或者构造的过程。相反,它们需要依据儿童、青少年及成年而进行的个体塑造。个体差异的程度决定于不同条件和环境。"⑤ 和塔尔德的观点相似,武尔夫认为:"只有当一个事件及其在人的头脑中的显现有必要进行交换时,模仿的过程才可能发生。接着它需要回指到身体,具体化和客观化是模仿的前提条件。每一个模仿的行为都映射到他身体本身。模仿的这种独特性是人类自身的'不可改变的遥远位置'的一个契约,它为印象客观化创造了可能,作为模仿的一个

---

① [法] 加布里埃尔·塔尔德:《模仿律》,何道宽译,中国人民大学出版社2008年版,第149页。

② [美] 阿尔伯特·班杜拉:《社会学习理论》,陈欣银、李伯黍译,中国人民大学出版社2015年版,第20页。

③ [美] 阿尔伯特·班杜拉:《社会学习理论》,陈欣银、李伯黍译,中国人民大学出版社2015年版,第21页。

④ [德] 克里斯托夫·武尔夫:《教育人类学》,张志坤译,教育科学出版社2009年版,第90页。

⑤ [德] 克里斯托夫·武尔夫:《教育人类学》,张志坤译,教育科学出版社2009年版,第90页。

人类学前提,它为身体范式的相互性经验提供了保证。"①

由此可见,中西方文化对于个体生命的模仿特性都在不同领域展开了论述,相对于东方的"个体模仿成就个体成长"的传统观点而言,西方则是从生理学、社会学、人类学等多个角度对"模仿"进行了层层剖析,深入研究"模仿"这一个体乃至群体行为在人类历史长河中所发挥的重要作用。

(二) 识读个体生命的模仿性

1. 个体生命模仿性的内涵

《简明不列颠百科全书》将模仿定义为:"模仿(imition),感知到别的动物或人的动作,并做出类似动作的过程。模仿过程常常要有一个模式,模仿者对之注意并做出应答。"② 在这里模仿注重的是感知,以及模仿者对模仿行为做出类似的动作。个体的模仿行为与个体的心理活动是密不可分的,《中国大百科全书·心理学卷》对模仿是这样解释的:"模仿(imition)是在没有外界控制的条件下,个体受他人影响而仿效其言行,并使自己的言行与之相同或相似的过程。"③ 模仿强调的是一种行为的相似,换句话来说,也是新行为的习得,这种习得方式受外界因素的影响比较大。因此,在有关模仿的研究中,大都强调模仿对象的重要性,而在教育学中,更多地体现在对榜样的选择和运用上。

自古希腊时期柏拉图和亚里士多德开始人类就已经注意到模仿这一普遍存在的现象,只不过他们将更多的注意力放在文学艺术的领域。到了19世纪,学者们注意到了模仿在社会和科学领域的独特价值,对此,克里斯托夫·武尔夫总结道:"对模仿概念的研究目的是获得对模仿概念的一种新理解,模仿已不再局限美学范围,而是一个跨学科研究的新视野,随着普通人类学研究退出历史舞台,模仿将会成为历史人类学的重要研究领域,并且适应于教育人类学来研究和描述分析,需要立足教育人类学的

---

① [德] 克里斯托夫·武尔夫:《教育人类学》,张志坤译,教育科学出版社2009年版,第81—82页。

② 中美联合编审委员会主编:《简明不列颠百科全书》(第六卷),中国大百科全书出版社1986年版,第19页。

③ 中国大百科全书总编辑委员会《心理学》编辑委员会:《中国大百科全书·心理学卷》,中国大百科全书出版社1991年版,第220页。

学科立场继续诠释模仿学习发生的心理机制。"①

哲学家塔尔德认为，模仿是一切社会相似性的原因，并提出了两个公式：生物相似性的公式和物理相似性的公式。"由于有机体需要的一致性，人不得不顺应同样的思想潮流；既然如此，这个事实说明了生物相似性而不是社会相似性。因此适应于这种情况的是生物学的重复原理而不是社会学的重复原理。与此相似，由于光线和声音条件在任何意图和目的时都一样，所以它们迫使不同种系的动物生长出的视觉器官和听觉器官并非没有相同之处；在这个方面，它们的相似性是物质的而不是生物的；这种相似性依靠的是振动，因此它服从物理性重复的原理。"② 塔尔德进一步指出："虽然模仿是社会事实，然而为了省去搞发明的麻烦而去搞模仿的倾向，是天生本能偷懒的倾向，这个倾向绝对是自然而然的事情。"③ 由此看来，模仿既是社会发展和进步的普遍规律，也是人类内心深处的渴望，并且这个渴望会随着社会环境的变化及自己的需求程度逐渐变得明确起来。

在本章中，我们着重讨论的是模仿与教育的关系，以及教育中个体生命模仿性的显现及运用。对于个体生命来讲，"人是模仿的存在，模仿活动规定了人的现实性和可能性"④。不可否认的是，模仿是我们人类的天性。它不需要我们进行专门系统的学习，是随着我们与周围世界的互动自然而然发生的。同时模仿又是我们快速进步的有力武器，是个体生命社会化的重要手段。模仿帮助个体生命将外部事物纳入内部世界之中，成为个体生命的一部分，逐渐促进了个体生命与外部世界的融合，从而成为全新的个体生命。

正如塔尔德所说，模仿来自于人天生本能偷懒的倾向，是一件自然而然发生的事情，从最初的无意识到后来的需求明确，模仿逐渐变得有针对性，从最基本的生产工具的模仿和使用，到艺术品的继承与发展，再到耳

---

① ［德］克里斯托夫·武尔夫：《教育人类学》，张志坤译，教育科学出版社2009年版，第88页。

② ［法］加布里埃尔·塔尔德：《模仿律》，何道宽译，中国人民大学出版社2008年版，第32页。

③ ［法］加布里埃尔·塔尔德：《模仿律》，何道宽译，中国人民大学出版社2008年版，第37页。

④ 邱关军：《学生模仿论》，博士学位论文，华东师范大学，2014年。

濡目染的道德品质的养成，模仿努力使两者相似但又有一定的创新和发展。本章所理解的模仿正是个体生命为了突破自我、实现发展，努力对他人进行观察学习和模仿，在与他者的交流互动中求得个体生命的不断发展、逐步丰富、实现跨越、走向卓越。这是基于个体生命生成性和自由性的基础之上，展现个体生命卓越性的最好方式。

2. 个体生命模仿性的特征

模仿这一现象遍布于人类的生活、生产活动中，由于个体生命的趋利性，在看到他人由于某种行为产生了一些积极方面的变化，无形之中就会促使个体生命也会这么做，并产生一定的结果。在模仿的过程中，个体生命不得不考虑多方面的问题，譬如为什么模仿，模仿什么，怎么模仿。因此，个体生命模仿性具有如下特征：

(1) 无意识性和有意识性

自个体生命诞生之初，模仿就已经开始发生了，这是人类求生和本能的需要。"从儿童时期模仿就开始表现出来，人类通过自己的模仿能力将自己和其他动物区分开来，并在模仿和模仿所带来的欢愉中获得了知识。"[①]

生物本能模仿是人类无意识的条件反射，当刺激出现的时候，个体生命自然而然地做出相应的模仿反应。譬如，在看到别人打哈欠的时候，自己也会跟着打哈欠；看到别人午睡，即使自己不困也会闭着眼睛休息。对于婴幼儿来说，表现得更为明显，你对几个月大的孩子眨眼睛，他也会对你眨眼睛；你对他笑，他也会对你笑。对于他们来讲，这是他们学习的主要方式，尤其是在思维和语言发展得还不完善的情况下，这种表现尤为明显。在成人世界，无意识的模仿更多的可能是在模仿着双方没有意识的情况下自然而然发生的，比如大学室友在经过四年的朝夕相处之后，逐渐学会了彼此说话的语气语调甚至是某种动作，这种模仿并不需要特定的时间、地点和人物的配合，就在不经意间发生了。

然而，伴随着个体生命的逐渐成熟，模仿这一行为逐渐变得复杂起来，一个重要的原因就在于人类的意识逐渐参与其中。有意识的模仿就说明模仿者不再只是机械的"复制""效仿"或者说"重复某种动作"，而

---

① [德] 克里斯托夫·武尔夫：《教育人类学》，张志坤译，教育科学出版社2009年版，第61页。

是有目的地、主动地进行模仿。塔尔德在《模仿律》中提到模仿是有其自身的规律的，模仿是从内心到外表的模仿，"这个从里到外的模仿过程含有两层意思：其一思想的模仿走在思想的表达之前；其二模仿的目的走在模仿的表达之前"①。也就是说，我们在进行模仿之前，就已经意识到了对该行为进行模仿的必要。思想上已经接纳了这一行为，才会在行动上做出相应的反应。比如，A 同学因为采取了一种有效的学习方法成绩得到了快速地提升，而 B 同学在知晓这种方法之后也会积极地进行模仿，以期望得到相同的结果。B 同学正是意识到了这种学习方法可能是有用的，才会快速地产生相应的模仿行为。

个体生命模仿的有意性和无意性，严格说来并没有清晰的界限，它们常常是相互交错、同时发生的。有意无意取决于个体生命的意识程度。比如学习一门外国语言，当学习者聚精会神地进行学习时，模仿自然是有意的。但当学习者思想上开小差时，即便是他本身并没有学习的意愿，他也会不自觉地模仿周围人的语气和语调，从而在大脑中留下痕迹。因此，对于一门语言的掌握我们谁也无法准确判断究竟是有意模仿发挥的作用大，还是无意模仿产生的影响更持久。

（2）自主性和选择性

社会心理学家班杜拉指出："人类的大多数行为都是通过示范过程而观察学会的：人们从观察别人中形成了有关新行为如何操作的观念，这一编码的信息在以后场合中就作为一个行动的向导。因为人们在操作任何行为之前，至少可以以一种近似的形式向榜样学习做些什么，所以他们可以避免一些不必要的错误。"② 因此，信息功能在示范作用的过程中发挥着巨大的作用，观察者的信息加工能力影响到他们在观察学习中的受益程度。

J. M. 苏里等指出，为了有目的地模仿别人的行为，必须做到"（1）观察有关的行为或行为成分；（2）回忆最近的有关行为；（3）以作业成绩作为自己有关行为的指导；（4）争取达到所观察的行为可能达

---

① ［法］加布里埃尔·塔尔德：《模仿律》，何道宽译，中国人民大学出版社 2008 年版，第 149 页。

② ［美］阿尔伯特·班杜拉：《社会学习理论》，陈欣银、李伯黍译，中国人民大学出版社 2015 年版，第 18 页。

到的目标"①。可见,当个体生命在进行模仿的时候首先应该观察,然后进行记忆提取,并将该行为再现,并力争达到被模仿者的标准。在模仿的这一系列动作中,个体生命的自主性和选择性都在发挥作用。所谓自主性是指行为主体按自己意愿行事的动机、能力或特性;选择性则是指模仿主体基于自己的判断,有选择地倾向于某种想法或行为。

人类在挑选原型进行模仿时,并非是不加选择、全盘吸收,而是基于不同的标准进行考虑。"有的模仿策略以技能水平作为主要标准(模仿比我们更擅长做某事的人,模仿优秀的社会学习者,模仿成功人士),而另一些则以社会原因作为标准(模仿大部分人,模仿亲友,模仿长者)。"② 不得不说,模仿他人是一种高度适应性策略。当我们想快速有效地融入周围的环境时,就会采取模仿策略,模仿别人的言谈举止、行为模式,这样可以少走弯路,更快地达到自己的目的,从某种程度来说这就是从众。当然,我们也会选择过滤掉某些模仿对象或者说抵制一些不良示范。个体生命在意识到某些模仿行为对自己的成长有害之后,就会自动地忽略掉这类不良示范,避免犯同样的错误。

班杜拉对此进行了总结:"采纳行为的主要决定因素乃是与之密切的各种影响,即刺激诱因、超前满足、观察到的好处、经验的功能价值、觉察到的危险、自我估价的后果,以及各种社会障碍和经济约束。"③ 模仿看似是个体行为,但其实更像是一种社会行为。无数个个体生命的模仿变成了群体的模仿,周而复始、循环往复。

(3) 继承性与创新性

克里斯托夫·武尔夫认为:"模仿带来了不断增长的自治化。"④ 模仿并非是理论的构建,更多的是外部行为的显现,是主体在对客观事物进行观察、了解和学习的基础上,结合自身已有的经验,"生长"出"新"的行为模式或者是心得体会,与以往的"复制—仿效"观不同,武尔夫的

---

① 车文博:《当代西方心理学新词典》,吉林人民出版社2001年版,第230页。
② [英]亚历克斯·本特利:《窃言道行》,何亚婧译,清华大学出版社2013年版,第41页。
③ [美]阿尔伯特·班杜拉:《社会学习理论》,陈欣银、李伯黍译,中国人民大学出版社2015年版,第45页。
④ [德]克里斯托夫·武尔夫:《教育人类学》,张志坤译,教育科学出版社2009年版,第84页。

观点倾向于能力的培养，模仿不仅仅是艺术品的创作、成果的展现，更多的是新旧自我的融合。个体生命在学习的过程中吸收了外界环境中的积极因素，通过知识的重组和重构，形成了新的知识体系。

从历史的角度来看，模仿代表的是文化符号的传递和继承，通过模仿，我们掌握了前辈的生存技能；通过模仿，我们学习了某种知识；通过模仿，我们实现了精神的继承。教育作为一种有目的、有计划地培养人的社会活动，承担着文化传承的任务，这种文化不仅仅是知识性的，也包括精神领域的。教育活动中最常用的方法就是树立榜样，通过榜样向学生传授价值观念，这个榜样既可以是学生身边的同学A、B、C，也可能是教师甲、乙、丙，又或者是主流媒体中"高、大、全"的完美形象。学习者通过对榜样的观摩和学习，能够尽快习得新的知识，实现对事物的完整把握。学生之所以选择模仿榜样，是因为在榜样身上看到了某种价值，这种价值满足了个体生命发展的某种需求。

继承并不意味着只是一味地"照抄照搬"，人类作为宇宙之菁华、万物之灵长，与动物最大的区别在于有思想、会思考。面对相同的榜样，不同的个体会衍生出不同的理解，传承和传递下来的精神理念也会略有偏差。同理，即使是人类经过上千年积淀下来的既有知识，个体也不会不加选择地全部吸纳或者接受，势必要结合自己的生命体验建构出新的理解，从而完成个体生命成长的进一步进化与创新。教师的角色十分微妙，既要保证个体生命通过系统学习学得一定的知识，同时又要求他们不能只是一味地照抄照搬，如何在不影响学生对基础知识掌握的基础上实现新的突破是每一位教师都应当思考的问题。同时，教师本人作为示范者，是具有模仿意义的个体生命，在教育教学活动中，同时是学生的"标杆"和需要赶超的"对象"，学生将教师的所言所行作为价值判断的标准，并努力地向其靠拢，在不断"趋同"的过程中，完成了某种价值符号的传承。同时，传承的过程也包含着创新，个体生命在继承的过程中逐渐实现了知识的重组和创新，这些进一步推动着科技的进步，推动着社会主流文化的发展。

个体生命有其存在的意义，当其在持续生成、不断超越、追寻卓越的过程中，无疑是孤独的、茫然的、脆弱的。因而个体生命需要群体的支撑和保护，需要其他生命的关心与呵护，更需要教育的指引和教导。个体生命的模仿性无疑是一架助推器，促进其实现个体生命与个体生命之间的碰撞，促使个体生命之间产生沟通与交流，从而帮助个体生命走向自我成长、自我发展、自我完善、自我超越之路。

3. 个体生命模仿性的理论

模仿一词有多重含义，不同的学者基于自己的研究将这一概念运用到自己的研究领域当中用以解释本学科的问题。

(1) 模仿的生理学解读

1988 年，意大利帕尔马大学脑神经科学家里佐拉蒂和其同事意外发现恒河猴大脑皮层运动前皮质的喙部，有一种特殊的视觉神经元，它们除了具有运动的特征之外，还有视觉的特征。科学家将这种神经元称为"镜像神经元"（mirror neuron）。"镜像神经元的皮层，包括额下回、顶叶和颞上沟。这些皮层在不同实验的熟悉动作观看和模仿任务中表现出相当一致的激活。"[1]

"加勒斯（V. Gallese）发现大多数镜像神经元显示了视觉和运动反应的一致性，这意味着，每当某种行为被观察到的时候，观察者就会对相似行为进行编码，以激活其运动环路。"[2] 也就是说，当人类看到某种行为时，也会自动地将该行为投射到自己身上，并复制出相应的行为。因此，镜像神经元对于解释主客体之间模仿行为的出现具有一定的意义，它从生物学的角度解释了人类模仿行为存在的必然性。"镜像神经元的发现及其机能的揭示进一步修正了心理理解的模仿论，认为人类对他人心理活动的理解不仅仅是将自己放进'他人的鞋子'里，将自己放在他人的情境之下，或设身处地地想象他人的言外之意，体验他人的精神状态和心理特征。"[3] 我们的大脑中充满了镜像神经元，这意味着我们天生就会模仿。"镜像神经元更充分解释了人类模仿的自动性或无意识性，鉴于人类的模仿既是有意识的，也可能是无意识的，大多数情况下是通过有意识模仿来学习知识和经验的，镜像神经元揭示出了人类行为和共情能力的模仿学习基础，在某种程度上也表明人类的所见、所思、所悟、所教、所学具有较强的关联性或一致性。"[4] 镜像神经元的出现为人类模仿学习提供了生理学上的解释，但是人类的模仿学习又不仅仅只与镜像神经元有关。基思·

---

[1] 陈建敏、金花：《人类动作模仿的神经机制研究进展》，《体育学刊》2007 年第 8 期。
[2] 邱关军：《学生模仿论》，博士学位论文，华东师范大学，2014 年。
[3] 邱关军：《学生模仿论》，博士学位论文，华东师范大学，2014 年。
[4] 艾诗根：《小学生模仿学习研究》，博士学位论文，华东师范大学，2017 年。

索耶指出:"模仿学习涉及的远不止反射神经元的存在,神经科学家正在尝试去确认是哪些特殊能力——比如观点选择和识别他人的能力——使人类形成了通过观察向别人学习的倾向。"①

镜像神经元帮助人们从人体构造上理解了个体生命的模仿行为,佐证了模仿这一行为的无意识性和自然性,模仿性作为个体生命的固有属性,和个体生命产生极为紧密的关联,无时无刻不浸入到个体生命生活的方方面面,所以与其相处的最好方式便是正视它、了解它,并学会应用它。个体生命的璀璨绽放是建立在倾听个体生命内部声音的基础之上的,所以,全面了解我们的身体构造、生理结构对于实现真正的生命教育具有极为重要的意义。

(2) 模仿的心理学解读

"模仿在心理学文献中不是用于表示外显的行为复制,就是用于指代内隐的心理活动的模拟或复制,其客观结果就是'相似性'的塑造。"② 在社会认知理论中,"示范观察学习这个一般的属于是用来描述心理匹配过程的,示范的一个特殊优点是它能够借助符号化的榜样媒体,将具有广泛使用性的知识同时传送给很多人"③。所以,榜样的作用主要通过他们的信息化功能来实现。

班杜拉将观察学习分为注意、保持、生成、动机四个过程,其中,"注意过程控制对被示范行为的探索与感知;通过保持过程,暂时的经验转化为符号概念以利于记忆表征,这些观念成为反应产生和反应纠错标准的内部范型;生成过程对各子技能组成新的反应模式起控制作用;动机过程决定是否将观察获得的能力付诸实践"④。学习者在接收到一定的信号之后,是否决定示范某一行为,或者是选择哪种行为进行模仿与观察到的结果有关。"班杜拉和巴拉布的一项研究解释了外部诱因有选择地影响被示范行为的演练的作用的方式。当接触到表现不同的行为模式的不同榜

---

① [美] R. 基思·索耶:《剑桥学习科学手册》,徐晓东等译,教育科学出版社 2010 年版,第 27 页。

② 邱关军:《学生模仿论》,博士学位论文,华东师范大学,2014 年。

③ [美] 阿尔伯特·班杜拉:《思想和行动的社会基础——社会认知论》(上册),林颖等译,华东师范大学出版社 2001 年版,第 63 页。

④ [美] 阿尔伯特·班杜拉:《思想和行动的社会基础——社会认知论》(上册),林颖等译,华东师范大学出版社 2001 年版,第 68 页。

样时,儿童有选择地模仿那些受到奖赏的行为而拒绝模仿不受奖赏的行为。"① 当教师有意识地想让个体生命模仿某种行为时,他首先要做的第一件事便是发出信号,吸引个体生命的注意,随后通过语言、动作、表情甚至是练习等方式将暂时性的经验转变为持久性经验,渐渐地个体生命就习得该项行为,并应运用于日常生活之中。

"在皮亚杰(Piaget, J. 1951)模仿的发展论中,符号表征在儿童从感觉—动作发展到功能性表征水平的过程中发挥着明显的作用。根据这个观点,图式决定了儿童会模仿或不会模仿什么行为。图式的行程是由成熟和先前存在的心理结构有着中等程度不一致的经验决定的。人们通过重构图式来容纳矛盾的信息,从而恢复平衡。"② 因此,皮亚杰强调儿童模仿的过程应当与儿童现有的结构相适应。模仿虽然是一项互动性活动,如果模仿者与被模仿者之间不存在相似的结构和图式,二者是很难产生反映的,被模仿者在进行模仿时是建立在个体生命经验基础之上的,并且具有一定的选择性,盲目地模仿和学习,效果只会适得其反。

拉康试图从家庭心理结构研究的方面解读模仿,他认为家庭具有复杂的本源性。"'情结'被理解为'反应的总和',这些反应包含所有器官的功能,从情感到适应客体的行为'。最初可以被限定非意识因素的整体,它表现为不受意识控制而且持续相互关联的心理效应——动作错乱、梦、征兆。这些观察导致了一种'无意识想法'——一种意象,它的发展存在于一种旨在逃避意识的模仿过程之中。就其内容,情结是一个事物的代表,意味着它与物体间具有一种模仿关系。在它的形式当中,情结是由已知的心理发展阶段所决定的,这种阶段可以部分地理解为相关模仿过程的结果。所以情结既是一种缺失的结果,同样也是模仿过程的产物。"③ 拉康定义了三种情结表现,分别是断奶情结、"入侵者"(新出生的孩子)情结、俄狄浦斯情结。其中俄狄浦斯情结是在孩子对性别认知的发展和心理的进一步成熟之后渐渐显现出来的。孩子对与自己性别相同的家

---

① [美]阿尔伯特·班杜拉:《思想和行动的社会基础——社会认知论》(上册),林颖等译,华东师范大学出版社 2001 年版,第 91 页。

② [美]阿尔伯特·班杜拉:《思想和行动的社会基础——社会认知论》(上册),林颖等译,华东师范大学出版社 2001 年版,第 121 页。

③ [德]克里斯托夫·武尔夫:《教育人类学》,张志坤译,教育科学出版社 2009 年版,第 98 页。

长进行模仿,对于孩子来说,家长是"性别呈现的代理和其行为的准则"。"孩子对自己性别相同家长的模仿是对现实的升华,因为父母不是欲望的目标,而是欲望的主体,他们可以压制孩子的欲望。对于欲望满足的预防取决于客体,其立场对抑制欲望具有决定性作用。按照心理分析的观点,这种危机的结束是一种'超我'的发展,是自我理想的升华,同时也伴随着对现实的不断体验。"① 生活经验表明,孩子的身上有父母的影子,一个孩子的处事风格、仪态举止都与其所受的家庭教育具有密切的联系。尤其是从小生活在父母身边的孩子,父母对他们而言意义重大,学习和模仿父母成为他们的日常,也是个体生命与世界交流的模板和榜样。

个体是主要的模仿者,个体生命的心理活动是我们在研究模仿这一行为时必须考虑的因素。皮亚杰的认知发展说及班杜拉的观察学习理论分别从不同角度切入,进一步解释了模仿既是个体生命在寻求自身发展时采取的主要方式,同时也进一步肯定了模仿在个体生命学习知识、习得技能中所发挥的重要作用;拉康的"情结说"宛如一架显微镜,将家庭因素,特别是同性别父子、母女之间的潜在模仿进一步扩大,让我们能够从更加理性的角度来分析模仿这个微妙却又常见的现象。模仿包含着个体生命的心理倾向、行动选择,一次次地模仿,一次次地学习,积少成多,集腋成裘,最终将帮助个体实现生命的一次次升华。

(3) 模仿的艺术学解读

模仿一词最早不是用来论述教育问题的,在古希腊的语境中它主要应用于文学和艺术领域。在早期,艺术的模仿对象是自然。赫拉克利特说:"自然是由联合对立物造成最初的和谐,而不是联合同类的东西。艺术也是这样造成和谐的,显然是由于摹仿自然。"② 在他看来,自然是人类的模仿对象,人类从蜘蛛身上学会了织布和缝补,从燕子身上学会了造房子,人类作为学习能力极强的模仿者,不断地从自然中汲取智慧,谋求生存之道。

到了柏拉图和亚里士多德时期,这种状况得到了改变。"柏拉图的美学思想的基础是客观唯心主义的理念论,其核心在于把'理念'看作脱

---

① [德] 克里斯托夫·武尔夫:《教育人类学》,张志坤译,教育科学出版社2009年版,第102页。

② 北京大学哲学系外国哲学史教研室编译:《古希腊罗马哲学》,生活·读书·新知三联书店1957年版,第112页。

离个别事物而独立存在的精神实体,并把它当作世界的本源。"①"'理念'是万物的原型,万物皆是它的摹本。这种模仿被称为'内模仿'。"② 在《理想国》第十卷中,柏拉图借助"镜子"来描述艺术家们进行模仿的过程,正像镜子生成镜子的人像那样,画家只是能够对现实的事物进行图像的复制。"诗人与画家一样,因为诗歌也仅仅是一种复制,同样也不需要特殊的技术知识用来复制实物。因此,诗人和画家获得了属于他们的认知的那一部分;但是不管怎样,由于遵循的标准所致,他们还是没有获得理想的地位。"③ 所以,柏拉图并不认为艺术可以追求理念的变革,在柏拉图的心目中有三种世界:"理念世界、感性的现实世界和艺术世界。作为模仿对象的现实世界,只是理念世界的"影子"。只有理念世界才是真实存在的,文艺只是理念的"影子的影子",甚至是以影像骗人。"④

亚里士多德崇尚实体论。他认为诗歌、绘画和音乐都应该模仿自然。"这里的自然就是指物体的状态,但同时他提到身体的意义胜过自然,他可以通过自己内部的力量创造生命——一个活的自然。"⑤ 即这是一种"建构化的模仿"。所以,他的模仿是对客观世界和现实生活的模仿,是一种"外模仿";但又不仅仅是对现实生活的复制,这种模仿带有主体性和创造性。至此,西方的美学思潮和艺术观基本上是沿着模仿理念世界与模仿现实或自然世界这两条主线延伸和发展的。

一方面,文艺复兴时期的达·芬奇与亚里士多德的观点基本一致,强调绘画的真实性,但又不认为艺术只是机械的再现,"绘画,实际上就是科学和大自然的合法女儿"⑥。因而,文艺作品既具有普遍的现实意义,

---

① 曹桂生、曹元:《论"内模仿"与"外模仿"的嬗变与影响》,《陕西师范大学学报》(哲学社会科学版) 2013 年第 4 期。

② 曹桂生、曹元:《论"内模仿"与"外模仿"的嬗变与影响》,《陕西师范大学学报》(哲学社会科学版) 2013 年第 4 期。

③ [德] 克里斯托夫·武尔夫:《教育人类学》,张志坤译,教育科学出版社 2009 年版,第 68 页。

④ 曹桂生、曹元:《论"内模仿"与"外模仿"的嬗变与影响》,《陕西师范大学学报》(哲学社会科学版) 2013 年第 4 期。

⑤ 转引自 [德] 克里斯托夫·武尔夫《教育人类学》,张志坤译,教育科学出版社 2009 年版,第 69 页。

⑥ [苏] 阿·阿·古贝尔、符·符·巴符洛夫:《艺术大师论艺术》(第 2 卷),刘惠民译,文化艺术出版社 1992 年版,第 120 页。

又是艺术上的再创造，二者可以同时在艺术作品上得到体现。从 17 世纪的新古典主义到歌德、席勒的浪漫主义思潮，再到 19 世纪现实主义的出现都继承了亚里士多德"艺术模仿自然"的思想，这实际上就是朴素的唯物主义思想的继承和发展。另一方面，20 世纪尼采等人的思想带来了方法论上的转变，非理性主义取代了理性主义，心灵的真实取代了现实的真实。尼采说："艺术是生命的最高使命和生命本来的形而上学的活动。"① 可见，尼采的"生命意志"与柏拉图的"理念世界"不谋而合，都是对"内心"的模仿以求得永恒。精神分析心理学家弗洛伊德和荣格将柏拉图的思想进一步延伸，他们都把"无意识"作为创作的根源，实现"自我超越"，以求得内心的永恒。

艺术模仿自然创造出美妙的作品，人类模仿动物发明出先进的机器。模仿是一门伟大的艺术，它既需要个体生命对模仿对象观察入微，反复推敲；同时也需要个体生命结合已有的生活经验和知识储备将习得的新知识、新技能进行完美融合，从而赋予艺术以全新的意义。个体生命进行艺术创造的过程，是逐渐自我超越的过程，需要其不断地对已有的知识进行解构与重构，我们尊重模仿，因为模仿给我们带来了创造源泉；我们善用模仿，因为模仿是个体生命生存与发展的重要手段。

（4）模仿的教育学解读

柏拉图认为："模仿是人的条件，它使得教育成为可能，并推动了教育的发展。尤其对于青少年来说，很多获得知识的重要过程都具有模仿性。"② 他注重对模仿对象的选择，要求给学生呈现的应当是正面的、具有教育意义的榜样，尽量避免消极榜样所带来的不良影响。他认为个人通过对榜样的模仿学习，是可以习得某门知识，掌握某门技能的。与之不同，亚里士多德强调我们应当重视榜样所带来的双重影响，"只有那些能够与消极榜样一起'并肩而行'的人才可以锻炼自己的抵抗能力和自身的力量"③。

---

① 曹桂生、曹元：《论"内模仿"与"外模仿"的嬗变与影响》，《陕西师范大学学报》（哲学社会科学版）2013 年第 4 期。

② ［德］克里斯托夫·武尔夫：《教育人类学》，张志坤译，教育科学出版社 2009 年版，第 66 页。

③ ［德］克里斯托夫·武尔夫：《教育人类学》，张志坤译，教育科学出版社 2009 年版，第 92 页。

哲学家塔尔德认为:"社会中一切相似性的社会根源是各种形式的模仿的直接或间接的结果——这些模仿有风俗模仿或事实模仿、同感模仿或服从模仿、感知模仿或教育模仿、无意识的模仿或有意识的模仿,如此等等。"① 塔尔德在其著作《模仿律》中总结到,模仿的规律之一是从单边走向双边的过程。教师作为权威及个体生命最初的模仿对象,对周围的学生产生影响,逐渐改变学生以达到育人的目的。同时,年轻人旺盛的生命力及对生活的热情也在影响教师,二者的相互模仿、相互学习共同构成了融洽的师生关系。

模仿是促进个体生命社会化的重要手段。洪堡认为:"人类创造外部世界的同时,也创造了人类的内部世界,因此也就形成了教育。个体通过自己的模仿能力来向不熟悉的领域扩展,并将这些陌生的事物组织到自己的表象、声音、想象世界之中。外部世界因此成了内部世界。这种转变构成了教育的过程,它是通过传递外部世界的图像来完成的,接着把这些东西纳入到个体的内部表象世界中。"② 在克里斯托夫·武尔夫看来,"模仿承认世界和人类之间的交互作用,以及其中的能量交互。模仿过程不仅仅是效仿、再生或者构造的过程。相反,它们需要依据儿童、青少年及成年而进行的个体塑造。个体差异的程度决定于不同条件和环境"③。武尔夫关于模仿的观点无疑是一种进步,他考虑的更多的是模仿者的个体特征,更加关注个体生命的差异性。同样,模仿在教育和社会文明中扮演了重要的角色,模仿活动经常出现在人多的场合,比如学校、工厂和商场。个体生命的模仿性是通过个体生命的行为表现展现出来的。武尔夫认为:"模仿的再现过程有助于我们理解他人利用其身体所表达的意义,对于他人的动作语的模仿再造过程,可以使我们理解他人所表达的意思。在对他人的动作语进行模仿的过程中,我们接近了他人所表达和表现的世界,同时也体验到他人的感受。能够明白他人的表达和阐述是一件令人满足而又愉悦的事情。因为这使得个体可以感受外部的世界。因此,模仿的过程是一种

---

① [法]加布里埃尔·塔尔德:《模仿律》,何道宽译,中国人民大学出版社2008年版,第11页。
② [德]克里斯托夫·武尔夫:《教育人类学》,张志坤译,教育科学出版社2009年版,第38页。
③ [德]克里斯托夫·武尔夫:《教育人类学》,张志坤译,教育科学出版社2009年版,第90页。

扩展个体世界的过程，它可以引导人们超越自己的内心，获得更广泛的经验。"①

对于个体生命的成长与发展来说，模仿的意义是多重的。首先，个体生命通过模仿掌握了新的价值符号、技能技巧，扩充了自己的经验世界。其次，个体生命在进行模仿的过程中，由于与被模仿者处于相似的情境之下，更加深刻地理解了对方，从而产生了共情。最后，模仿是建立在个体生命有意识的基础之上的，无论外部世界如何变化多端、浮躁喧哗，真正决定单个人的发展的是人的自我意识，是个体生命对自我精神的守护，在与世界的对抗和交融中寻求自身的发展，利用模仿坚守自我、寻求进步。模仿是无声的对话，是一座心灵之桥，它引导一个个体生命走向另一个个体生命，从封闭走向开放，从自我走向他者，用生命成就生命，用生命创造生命，从而盛开出灿烂的"生命之花"。

二 模仿对个体生命成长的价值

模仿一直以来都是人类最基本的学习方式和生存方式。儿童通过模仿感知周围的世界，通过学习同伴或者成人的语言和动作来促进个体的社会化；成人通过模仿与周围的环境建立联系，通过对榜样的观察模仿来习得某项技能或品质。模仿既是个人的，它意味着个体生命的成长和发展；模仿又是群体的，群体的模仿才能推动社会的进步和发展，因此，模仿既具有解构社会的一面，更具有建构社会的一面。

（一）模仿是个体生命沟通世界的桥梁

模仿不是个体生命的单独活动，而是一种社会化的行为，存在于两个或多个主体之间。那么模仿在各个主体之间究竟扮演何种角色，二者之间有何关系，这就是我们接下来要谈论的问题。武尔夫认为："只有通过将对方的表达和感受与自己的感受相互联系起来，以及比较自己的模仿表情与相应的身体特征，才可以体验到对方的意思。对于他人的理解取决于上

---

① ［德］克里斯托夫·武尔夫：《教育人类学》，张志坤译，教育科学出版社2009年版，第112页。

述经验。自我和他人的模仿表达之间的明显联系提供了对方的信息。"① 简言之，就是通过表情和身体的模仿将自己放在和别人一样的位置上思考问题，真正地去理解他人，产生真实的互动。这就是主体间性的问题。梅洛·庞蒂认为："主体间性产生于我的身体、我的意识和对方的身体间的内部关系，这要求他人成为整个系统的一部分。"② 当他人的面貌和身形被储存在我的记忆"图式"之中，他人的身体活动自然成为我的内部世界的组成部分。所以，每一个模仿行为都映射到他身体本身。因而，模仿是具有开放性的，这是模仿能够沟通世界的前提。"在面对陌生者时，模仿允许陌生者保持自身的特点，而不是要求去除他们所有的差别。"③ 陌生者在具有自身特点的条件下，才能保证模仿这一实践活动的价值和实践的必要性。

单独的个体生命与世界的沟通，事实上也就是人与人之间的沟通。沟通的好与坏，交往质量的高与低将直接影响到个体的生命质量、生存状态。邱关军认为，模仿活动为理解的实现提供了生理的基础和现实的可能性，并在个体生命对文本以及自我的理解中扮演着重要的角色。一方面，神经的生理基础使得理解的发生具有可能，"镜像神经元"可以使个体生命将外部事物转化为内在经验，将他人的情感状态视作如自己一样的存在，这为情感的实现奠定了基础。另一方面，模仿活动的交往意蕴为理解的发生提供了条件。模仿活动作为面对面的一种交往活动，为主客之间或者说主体之间的关系建立提供了可能。④

"共情是指设身处地理解他人的想法，感受他人的情感状态，并产生与他人相一致的情绪体验，它是亲社会行为和利他行为的重要中介。"⑤ 这就是我们常常说的感同身受，换位思考。站在对方的立场上思考问题，或者将自己等同于对方，试图和对方拥有相似的情感体验和行为

---

① ［德］克里斯托夫·武尔夫：《教育人类学》，张志坤译，教育科学出版社2009年版，第80页。
② ［德］克里斯托夫·武尔夫：《教育人类学》，张志坤译，教育科学出版社2009年版，第81页。
③ ［德］克里斯托夫·武尔夫：《教育人类学》，张志坤译，教育科学出版社2009年版，第105页。
④ 邱关军：《学生模仿论》，博士学位论文，华东师范大学，2014年。
⑤ 余皖婉等：《医科大学生共情能力与父母教养方式的关联探究》，《中国学校卫生》2012年第1期。

模式，从而达到利他利己的社会目的。模仿活动恰恰是个体生命之间情绪情感共享、共联的"舞台"，既提供了表演双方，又要求角色言行的一致性，极大地扩大了个体生命的社会经验，使个体生命习得了一定的社会规范和价值体系，是个体生命社会化的必经阶段。"在模仿的过程中，陌生的人或事物被置于个人想象世界的逻辑和动态变化之中，并随之进行变换。作为一种表现，他者不可能成为真正的自我，而将成为一种自我和陌生相混合的形象：一种中间的形象。这种中间态的创造在个人与他者接触的过程中具有重要意义。"①

个体生命在模仿中学会与周围的世界沟通，在共情中进入他人的世界，并在这个过程中完成角色的转化，最终承担需要承担的社会责任，并扮演了某个或某几个社会角色，与之相应的，形成了小的社会群体，小的社会群体慢慢演化为大的社会群体。群体的形成诞生了群体心态，这有助于个体生命与个体生命之间的合作，这种社会合作直接产生互惠的可能性不太大，更多的是个体生命之间的间接互惠。每个个体生命在其中找到了归属感，既更快实现了自己的目标，也满足了自己的社交需求，从而在价值观、精神世界、道德品质等方面得到了发展和完善，成长为一个拥有自己独立思想的个体生命。

（二）模仿是个体生命获取知识的手段

"儿童具有使自己和世界发生联系的模仿能力。这种能力使得儿童自身与世界相似，并可以对世界进行解读，渗入语言和文字之中。在这一过程中，模仿的能力是早期'预见能力的基础'，为自身依靠语言和文字能力创造了'非感官性相似的完整获得'。"② 与周围的世界变得相似是儿童进入周围世界的重要方式，在这一过程中儿童感官的敏感性得到了发展，并获得了客体的意义和表现与行为的方式。当儿童进入学校以后，获得知识的途径更加丰富多样。在日常的学习生活中，教师和学生就是模仿与被模仿的关系，教师的言行举止无时无刻不对学生产生影响，学生是教师的一面镜子，作为学生的直接观察对象，对自身行为的控制也是教师的必备

---

① ［德］克里斯托夫·武尔夫：《教育人类学》，张志坤译，教育科学出版社2009年版，第158页。
② ［德］克里斯托夫·武尔夫：《教育人类学》，张志坤译，教育科学出版社2009年版，第97页。

品质。

　　学生作为汲取知识的对象,从教师那里通过模仿获取相关的知识。比如数学题的解法,教师上课时讲解过一道课堂练习题,课下学生在遇到相似的问题的时候,会仿照教师上课的做法解答问题,得出正确答案。经过反复练习,学生掌握了相应的解题技巧。语文学习更是如此,一开始学生并不清楚作文是怎么一回事,经过大量阅读,借鉴参考,学生具有了一定的知识储备。在动笔写的时候仍然不知道如何下笔,这时候就需要模仿,模仿是学生学会写作的第一步,模仿可以帮助学生尽快搞清楚写作是怎么一回事,在之后的学习生活中,学生才能有自己的体悟和创作。当个体生命独立创造时,外人的建议具有一定的导向作用,然而最重要的是个体生命知识积累的程度,是个体生命通过模仿学习升值加分的部分,模仿不仅仅意味着将他人的知识搬到自己的答题纸上,它是包含着理解、吸收和接纳,是经过一系列复杂的知识加工活动才最终形成的。

　　学校是个体生命通过模仿学习获取知识最主要的场所,也是个体生命产生模仿行为最频繁的域所,这点在体育课表现得尤为明显。个体生命正是通过对体育教师的细致观察、认真模仿才能掌握一定的动作要领,接着通过一段时间的练习,逐渐将外部知识内化为内部知识,形成自己的一套动作。在行为学习中,模仿更多地出现在早期,当个体生命发现自己与模仿行为的对象稍有区别时,便会立刻纠正自身行为,并尝试与他者保持一致,最终才能产生集体行为、集体意识。

　　模仿是个体生命与外界发生关系的最有效的方式。在模仿过程中,"将自身的渴望集中于想要模仿的'他人'身上,同时'拷贝'他人的行为,并在模仿过程中将其内化,使之成为自己内心形象世界和观念世界的一部分"①。最终实现外部世界到内部世界的转化。模仿活动作为一种实践活动,需要个体生命的亲身参与,这种行为是表演性的,因此它也强化了个体生命的行为能力。通过教育获得的实践知识是通过个体生命的亲身经历习得的,既体现了个体生命的学习能力,也包含了个体生命的想象能力,是他者行为在自己身上的显现。"模仿过程不仅针对的是面对面交流的人,也包括地点、空间、对象事物、想象中的行为、情境和事实。通过

---

　　① [德] 克里斯托夫·武尔夫:《教育中的仪式:演示、模仿、跨文化》,《北京大学教育评论》2009 年第 2 期。

模仿过程，儿童还可以在家庭、学校、媒体这种环境中习得和体现行为游戏、价值、观念和规则。"①

知识作为事物的原型是客观存在的，不同的是我们如何获取，如何模仿。"根据波兰尼的知识分类方法，知识有两种形式：一种是显性的、可见的、可以言传的知识，另一种是隐性的、不可见的、只能默会的知识。因此，知识模仿也相应地具有两种形式：即显性的、外在的、有意识的模仿与隐性的、内在的、无意识的模仿。"② 我们并不能清晰地分辨出某种知识是通过哪种模仿途径获得，二者的交错存在构成了个体生命的知识结构和受教育经历，正是因为如此我们的教育活动才具有丰富性、复杂性和多样性，培养出来的个体生命才各具特色、各有所长。

模仿是个体生命成长的手段，并非目的。当个体生命在接触到陌生的知识领域时，迟疑、犹豫是不可避免的。表达可能不是他们的第一诉求，观察才是。他们的学习可能是有声的，也可能是无声的，就好像在迷雾的大海中航行，不断摸索，不会放弃。个体生命聪明地把模仿作为自己前进路上的暂时性的"罗盘"，指引着个体慢慢前进。纵观当前的教育现状，无论是学校依据学生的考试成绩对学生的知识水平进行鉴定，还是如今的核心素养对学生提出的综合要求，都体现了国家对人才培养的要求，国家追求的是整体素质的提升，但不是划定一个"标准线"，要求学生朝着某一个标准去限制自己的行为，而是要求所有个体生命能够激发自身潜力，在社会这片田野上自由自在地生长。

（三）模仿是个体生命塑造品德的法宝

"就学习者而言，修道者或偶像的独特性和魅力以及内在于这种独特性和魅力之中的优越感和差别诱导了儿童'见贤思齐'的模仿潜力。"③ 在榜样或者偶像的感召之下，个体生命完成了外部世界向内部世界的转化，提升了个人的思想境界，因而榜样是具有强烈而深刻的思想道德教育功能的。

---

① ［德］克里斯托夫·武尔夫：《教育中的仪式：演示、模仿、跨文化》，《北京大学教育评论》2009 年第 2 期。
② 邱关军：《学生模仿论》，博士学位论文，华东师范大学，2014 年。
③ 彭正梅：《修道、立教与模仿：现代教师专业发展中被遗忘的儒家传统》，《全球教育展望》2013 年第 12 期。

众所周知，模仿是榜样影响力的基础。以班杜拉为代表的社会学习理论认为，观察学习是人类习得知识技能和道德品质的一种基本行为方式，班杜拉尤其强调榜样的价值和作用。榜样既可以通过模仿使人掌握适当的行为模式，同时榜样本身所蕴含的极高的思想道德境界对个体生命来说具有激励和导向功能。个体生命从来都是热气腾腾的，无数个个体生命对这个世界饱含着无限的热情，对真、善、美的追求激励着个体生命从不完善走向完善、从封闭走向开放、从以"我"为主到天下大同。因此，当个体生命意识到品质才是立足于世界的"法宝"时，榜样的学习就成了个体生命进步的有力武器。

在对榜样进行观察的过程中，个体生命会积极寻找自己与他者之间的差距，捕捉对方比自己优秀的"亮点"并积极地进行模仿。因而，榜样的力量是无穷的。"榜样的激励价值主要来自榜样的与榜样所内含的特质相联系的两个重要特征：功利意义与崇高性。由于榜样对受教育者具有一定的功利意义（主要不是指物质功利），榜样的价值取向和行为取向会给他人带来生活目标与方式上的教益，从而间接地指导他人的行为；由于榜样的崇高性，榜样会通过显示主体道德行为实践中所表现出的深刻的美感唤起受教育者的叹服和崇敬，由此激发受教育者的潜在能力，使之也对这种崇高美有所向往、有所追求……只有主体由对榜样的认知发展到产生对榜样的利益期待或审美情感时，榜样的激励价值才有可能实现。在对人的行为的影响方面，这种激励价值表现为，人们在榜样所内含的精神的影响下，自觉地产生'比、学、赶、帮、超'的行为。"[①] 个体生命的开放性、自主性、卓越性决定了个体生命成长历程永远是螺旋式的上升而非封闭式的圆环，不断汲取其他生命体的优点和长处是人类寻求突破的永恒法宝，也是个体生命融入集体生活的必经之路。

模仿榜样是具有导向性的，总的来说对个体生命的影响可以分为以下两个方面：第一，对内而言，给人带来积极的正能量，促使个体生命向真善美的方向靠近。第二，对外而言，调节个人行为，使其按照榜样的标准调整自身，自觉遵守社会规范，沿着主流方向前进。当个体生命在对榜样观察和学习的同时，会自觉进行比对，寻找"差距"，不断调整自身的行为模式，重构自身行为，完善自我，同时，这也是对自我状态的调整和纠

---

① 戴锐：《榜样教育的有效性与科学化》，《教育研究》2002年第8期。

正。时常接触和模仿榜样，是个体生命反省自身的重要途径。与榜样的"差距"会让个体生命产生内疚和自责，这种"不舒服感"促使个体生命自觉抵御不良行为习惯，克服自身的缺点以实现个体生命的"飞越"。

"弗洛伊德通过对精神病人的心理研究来分析儿童道德品质的产生、发展与变化，也认为儿童的道德品质是可塑的，能通过同情他人和体验他人的情绪、情感来获得，即移情。"[①] 教育作为塑造人的社会活动，毫无疑问承担着促进个体生命发展的功能。道德是可教的，但"怎么教"则是一个需要讨论的话题，模仿和观察作为一种基本的教育方式广泛存在于日常的教育教学之中。通常来说，道德教育是一项强调个人自觉的教育活动，模仿从根本上来说也是一种自主、主动地学习方式，二者是具有相似性的，都是基于个体生命的未完成性及开放性考虑的，所以，模仿并非单向的传输，而是双向的影响。我们学习模仿的对象并不仅仅是"媒体""书本"中的榜样，也可能是周围的环境和关系紧密的"重要他人"，甚至有可能是无关紧要的他人。个体生命之间的相处能够带来更多的碰撞和可能，逐渐学会在日常生活中修正自己的行为，某种程度上也达到了"润物细无声"的教育目的。

（四）模仿是个体生命创新发展的起点

很多人对模仿抱有偏见，认为那只是低级别的"搬运活动"，将他人的行为或者成果"复制"在自己或者自己的作品身上，这种观点是不科学的，它忽略了作为模仿的主体——人，人是具有思想和个性的存在，个体生命教育经验的不同更是加大了这种差距，所以即便是模仿同一事物，不同的人展现的方式也会有所差别，正是这种差别，为创新提供了无限可能。之所以要将模仿放在创新之前，是因为创作不是"空想"，不是"平地盖高楼"，它需要一点一滴的酝酿和积累，模仿正是进行前期准备的最有利的手段。模仿成果的大量"出现"，刺激着模仿者的视觉和听觉，同时也鞭策着其尽快摆脱低级的"模仿"，走向个体生命最终的目的——创新。

塔尔德认为："一切发明和发现的构造成分都是以前的模仿，因为这些模仿的复合体本身也受到模仿，并最终构成更大复合体的构造成分，所

[①] 张莉：《儿童发展心理学》，华中师范大学出版社2006年版，第227—228页。

以就形成了一个由这些前后相继的成功的首创行为组成的谱系树。"① 重复与相似是模仿的基本特征，个体生命之间的简单模仿是不足以支撑个体生命从弱小走向强大的，所以模仿并不是简单的效仿，而是一种行为的复杂整合。个体生命在生活过程中是以模仿为起点的，在已有经验的基础之上，试图通过与模仿对象的接触和学习，将本不属于自己的事物内化为个人成长发展的"基石"，并在此基础上，创造出更多的新鲜事物。在模仿的过程中，对原型及范本的理解调整着个体生命的认知结构，对同一个事物的不同理解会影响每个人对该原型的感知，从而影响模仿行为的性质。在对事物进行认识和理解的过程中，由于个体生命与个体生命之间的差异，"他异性"是最不容剔除的。恰恰是由于不同个体生命之间的"他异性"，创新才成为可能。班杜拉认为："在大多数创造性的努力过程中，所需的知识和技能是通过范例和某种形式的学徒实践而习得的。创新者不会仅仅因为他们已经掌握了某些技巧，就停止观察学习。"② 班杜拉对观察学习及模仿这两者之间的关系并没有做显著的区分，观察是个体生命模仿的前提，模仿是个体生命观察的产物。"观察者不太会专门按一个单一的特点去模仿原型的行为，而且即使对自己喜爱的原型，他们也不会采纳原型的所有特点。实际上，观察者将各个不同原型的特点组合成不同于个别原型特点的新的混合体。"③ 我们的创新和创作离不开对原型事物的学习和模仿，两者之间的密切关系推动着事物前进的方向。在师生关系中，"青出于蓝而胜于蓝"就很好地说明了这一点。

画家齐白石曾经说过："学我者生，似我者死。"一味地比葫芦画瓢结果只能是适得其反，如果总是照抄照搬，追求形似，那只能是乌泱一片，分不清你我。因而，外表的相似并不能表示行为的真正获得，领悟其中的精髓才是创新发展的不竭动力。然而，班杜拉也指出了"当原型具有非凡的生产性，而观察者又只有有限的技能时，观察者的创造性努力可能会由于不恰当的比较而被自我贬值。因此，丰富多彩的创造性示范作用往往对

---

① ［法］加布里埃尔·塔尔德：《模仿律》，何道宽译，中国人民大学出版社2008年版，第34页。

② ［美］阿尔伯特·班杜拉：《思想和行动的社会基础——社会认知论》（上册），林颖等译，华东师范大学出版社2001年版，第142—143页。

③ ［美］阿尔伯特·班杜拉：《社会学习理论》，陈欣银、李伯黍译，中国人民大学出版社2015年版，第40页。

平庸之人无益"①。班杜拉在此并非是否定示范的作用,他只是强调在面对原型时,个体生命的努力是否适得其法也是影响创造成功的重要因素。

放眼望去,世界是可爱的;用心观察,生命是五彩缤纷的。我们尊重生命,因为是生命给予了我们思想的载体;我们敬畏生命,因为我们永远不知道生命在下一秒能够反馈给我们什么。生命是躁动不安的,是不甘于寂寞的,个体的生命总是渴望努力去证明自己。附着于身上的模仿性无疑是个体生命进步的有力武器,通过模仿与观察,个体生命才能习得知识,才能在万千世界中寻求自己的一片天地,实现个体生命价值的最大化。在其中,模仿行为的产生制造了无数的"偶遇",生命与生命之间擦碰出新的火花,交流沟通随之产生,个体生命也将从"小我"走向"大我",分享、合作的品质应运而生。"赠人玫瑰,手有余香",好的品质总会互相影响,所以生命教育不单单是健康教育、安全教育,一切提升个体生命品质的教育都可以称之为生命教育。个体生命的意义不在于仅仅满足于生理需要、物质需要,更多的是追求更高层次的精神需要。个体生命的自我完善、自我升华是我们不容忽视的,模仿是我们的手段但不是我们的目的,模仿既是个体生命最坚实的后盾,同时也是个体生命追求理想自我的"敲门砖"。作为个体生命而言,对生命追根溯源,对生命真诚以待,让生命之火永不停歇才是每位教育者、学习者应有的态度与使命。

三 个体生命模仿性视域下教育的应然追求

2019年8月,办公室小野"自制爆米花"事件在微博上闹得沸沸扬扬。两名女孩因模仿短视频自制爆米花,致酒精爆炸。其中一名女孩哲哲因医治无效离世。该女童的父亲在接受采访时谈到,自己的孩子是因为模仿"办公室小野"的短视频才导致这次意外的发生,所以,他希望"办公室小野"一方给一个说法。这件事情一度占据微博热搜好几天,网友对此事也是争论不休。部分网友认为家长应负主要责任,毕竟网络视频千千万万,但不是所有的模仿者都会出现如此严重的事件。女孩年龄小,安

---

① [美]阿尔伯特·班杜拉:《社会学习理论》,陈欣银、李伯黍译,中国人民大学出版社2015年版,第41页。

全防范意识不够,家长作为其监护人,具有不可推卸的责任。也有网友认为,"办公室小野"作为有影响力的微博大V,发布的视频都是具有诱导性质的,尤其有的视频带有一定的危险性,极其容易被心智不成熟的孩子所模仿。所以,自媒体在发布视频获取热度之前,就应该慎重考虑。哲哲的离世让我们感到惋惜,但是这件事所折射的问题却不容忽视。一方面,"办公室小野"作为公众人物,其传播力和影响力是不容忽视的。另一方面,家长作为监护人,对孩子监管不力,安全意识不强,没有将危险物品放到安全的地方,以及将生活中可能遇到的危险告知孩子。双方的不负责任导致了这次悲剧的发生。孩子的离世是因为模仿,模仿作为一种行为,其本身并没有过错,错的是模仿没有被用对地方,这类问题的发生给了我们一个警示,如何正确地发挥模仿的作用,如何引导孩子进行正确的模仿,避免错误的模仿是我们每个教育者都应该思考的问题。

人是模仿的存在,人类文化之所以绵延几千年,不断地推陈出新,不断地创造出新的文化、新的文明,就在于人们会模仿,通过模仿学习不断推动历史的发展。没有模仿,没有传承,人类就找不到来时的方向,也不知道应当去往何处。个体生命的模仿性是个体在意识到自身局限性的同时,主动观察学习模仿具有渊博知识、高尚道德、光辉思想、卓越品质的人,以实现个体生命价值的提升。模仿本身所具有的继承性和建构性决定了这是个体生命获得知识、丰富精神、高尚道德、完善人格、习得行为的重要形式,模仿对象自身的感染力也对模仿者产生了一定的价值导向,而教育作为培养人的社会活动,与个体生命的发展有着紧密的联系。因此,如何加强教育的引导作用,实现个体生命有价值的模仿是我们生命教育应当探讨的问题。

(一)教育应当为个体生命提供良好的文化环境

美国的文化人类学家梅尔维尔·赫斯科维茨在《人类学的邀请》一书中,提到了两个概念,分别是"濡化"和"涵化"。濡化是指"把人类和其他生物加以区别的学习经验,能使一个人在生命的开始延续中,借此种经验获得在该文化中生存的能力"①。涵化则是指"由两个或两个

---

① [美]卢克·拉斯特:《人类学的邀请》,王媛、徐默译,北京大学出版社2008年版,第74页。

以上不同文化体系间持续接触、影响而造成的一方或者双方发生大规模的文化变异"①。这两个概念，第一个强调文化的延续性，第二个强调不同文化的相互影响。文化的延续性让我们明白了我们从何处来又将到何处去，不同文化的碰撞则丰富了我们对文化的感知，加深了我们的文化体验。生活在社会文化背景中的个体生命，不可避免地会受到文化的感染和熏陶。某种程度来说，教育的过程就是文化传播的过程。教育不是一座孤岛，人也不是孤独的个体。人类在繁衍生息的过程中，通过观察和学习自己本民族的文化，完成了代际间的传递；人类在谋求个性发展的时候，通过选择和吸收，实现了跨越式的发展。

"人的生长发展与其他生命形式生长发展的最大区别即在于人能创造和开发利用文化这样的精神形态的发展资源。"② 文化与人是共存共生的关系，人类创造了文化，文化涵养了人。文化的产生归根到底来自于个体生命的需求，文化的传承也必将融于个体生命的成长与发展之中。文化与人从根本上来说是肯定与否定的关系，个体生命由于某种需要形成了某种文化环境，但由于个体生命对超越性的追求使得其必须将暂时"寄居"的文化环境打破，创造出新的文化环境，教育的主要职责就是不断地为个体生命提供文化资源，使个体生命能够在相应的文化环境下通过模仿获得知识、锻炼心性、养成德行、丰富人性，并掌握一定的社会文化准则，成为一个具有文化信仰的独立个体生命。杜威曾经说过："一切教育都是通过个人参与人类的社会意识而进行的。这个过程几乎是在无意识中开始了。它不断地发展个人的能力，熏染他的习惯，锻炼他的思想，并激发他的感情和情绪。由于这种不知不觉的教育，个人便渐渐分享人类曾经积累下来对智慧和道德的财富。他就成为一个固有文化资本的继承者。"③

然而，个体生命的模仿发展之路并非是花团锦簇、一路高歌的。科学技术的发展、科学知识的广泛应用无疑促进了现代社会的发展，但最终也给人类带来很多的灾难。个体生命在技术的洪流中被逐步异化、被世俗化、被功利化，心灵的空虚、价值的迷茫、情感的焦虑构成了当代人的精

---

① [美]卢克·拉斯特：《人类学的邀请》，王媛、徐默译，北京大学出版社2008年版，第74页。

② 项贤明：《泛教育论——广义教育学的初步探索》，山西教育出版社2000年版，第115页。

③ 赵祥麟、王承绪编译：《杜威教育论著选》，华东师范大学出版社1981年版，第1页。

神面貌，可怕的是，青年人也渐渐认同了这种观点，"间歇性的踌躇满志，持续性的混吃等死"已经成为他们自嘲的经典语录。教育在工具主义、功利主义的强大冲击之下已经风雨欲摇，教育的灵魂被遮蔽，教育环境充满了"杂质"。"低头族""空心人"等名词的出现是当代社会现实的真实写照。手机、平板等移动设备日益被人们所依赖，甚至操控了个体生命。

教育为个体生命所创设的环境也具有更大的功利性，一切都以社会的需求为第一要义，个体生命实用知识和就业技能的掌握成为教育的首要目的，个体的生命被异化，个体生命的模仿被功能化，这背离了教育的真谛，更加远离了生命教育所需要的健康环境。个体生命的思想境界不断被降低，精致的利己主义者已经遍布社会的角角落落。

教育所需要承担的任务似乎越来越重，因而在为个体生命进行模仿提供良好的文化环境时应当注意以下几点：首先，要有正确的教育观念做指导，注重教育的人文性，重视教育对个体生命的人文关怀，尊重学生的主体地位，倾听学生的内心想法，创设宽松、人道的文化环境。其次，教育在为个体生命提供文化资源时，要注意甄选教育资源，尤其当个体生命不具备成熟的判断能力时，教育有义务为个体生命树立先进的榜样，宣扬社会主义核心价值观，帮助其健康成长。最后，个体生命的模仿性不同于其他特性，该特性最容易使个体生命与其他个体生命产生关联，教育在尊重个体生命模仿性的同时应当让个体生命卸下防备，轻松愉悦并且理性地利用模仿习得知识、技能、品德、信仰，在自由的教育环境下茁壮成长。

（二）教育过程是个体生命模仿行为不断修正的过程

个体生命的模仿性与生成性是同时共存的，不断追求突破是个体生命生存的本能，取得进步最快捷的方式就是模仿成功者的案例，这样可以减少曲折道路的探索。但是在模仿的过程中，不少模仿者都有可能误入歧途。譬如校园暴力事件的发生、大量仿制品的出现，甚至包括由于模仿时的操作不当直接危及个体生命。教育的作用就在于帮助模仿者选择正确的模仿对象，同时在模仿过程中予以正确的指导。教育为何会产生？人类为何会模仿？归根到底都是个体生命发展的需要。"任何人的个体生命都是在后天中的生活、实践中不断生成、发展起来的，任何人的生命都是他自己生活、实践的产物。"① 生命的本质就是在不断生成、发展和完成。个体生命在模仿中生成，在模仿中发展，又在模仿中完成。但是模仿的水平、模仿的方向、模仿又是否有益于个体生命发展却仍然引人深思。"直面人的生命、通过人的生命、为了人的生命质量的提高而进行的社会活动，是以人为本的社会中最体现生命关怀的一种事业。"② 可见，教育与个体生命发展是相辅相成的关系，教育应当走进个体生命，唤醒个体的生命意识，引导个体生命与生活世界产生联系，帮助个体生命获得丰富的人生体验，引导个体生命在复杂的社会生活中不断前行，最终完成个体生命的自我升华、自我更新、自我完善。教育既教书又育人，无论是法理还是情理都对个体生命的发展具有不可推卸的责任。个体生命追求自身价值得到体现，固然是好的，但其却具有一定的局限性。当个体生命意识到模仿他人能够快速达到目的之后，便会不假思索、变本加厉地进行模仿，将他人的行为复制粘贴在自己的身上，丝毫不考虑自身的生活经验。当个体生命在对一件事情进行决定之前，首先考虑的不再是自身的需要，而是别人是否之前也这样做过并得到一定的好处时，这个人基本上就丧失了"自主性"，在这种背景下所采取的行为无不有"东施效颦"之嫌。更有甚者，模仿的方向就是错的，在模仿中发生的苦果也只能自己"消化"。

　　模仿行为是个体生命模仿性的直接表现，当个体生命由于模仿他人偏离了正确的轨道时，教育有义务对其进行指导。学校教育作为有目的、有计划地培养人的专门活动，发挥着其他形式的教育所不可替代的作用。学校面对的不仅仅是一个个单独的个体生命，而且还有学生群体。所以群体文化的构建、主流价值观的引导是学校不容忽视的责任。除此之外，关注每位学生的个性特征，了解不同学生对文化的具体需求，从学生模仿的角度来考虑问题，真真切切地清楚学生模仿的动机是什么，弄明白学生在模仿过程中存在的困惑有哪些，以及在实际中可能遇到的困难，从根源上解决问题、处理问题才是学校教育的职责所在。

　　个体生命的模仿远远没有我们想得那么简单，它牵涉到模仿动机、模仿方式及最终的模仿行为的展现。个体生命模仿本身并没有对错之分、好坏之别，模仿的过程是个体不断建构自己生命的过程，教育的作用就在于

---

① 刘济良：《生命教育论》，中国社会科学出版社2004年版，第242页。
② 叶澜：《教育理论与学校实践》，高等教育出版社2000年版，第136页。

引导模仿者朝着正确的方向努力，帮助他们不断修正自己的行为，取得个体生命价值的最大化，以便实现生命的质的飞跃。

（三）教育的理想是促进个体生命超越模仿获得新生

模仿从来不是目的，模仿只是个体生命成长与发展的手段和途径。"大概人类个体由遗传赋予的超越本能反应的最重要能力，就是他能够主要通过模仿式的学习掌握各种技巧。"[1] 模仿是人类学习的本能，但模仿不是人类的最终目的。个体生命在模仿的过程中，由于认知及思维方式的差异，不可能做到对原型一模一样的"复制粘贴"，正是这种"不可能"才为个体生命自由创造提供了"可能"。个体生命的成长背景不同、受教育经历参差不齐，对事物的思考方式也各有差异，但相同的都是在追求向前、向上、向好的发展方向。每个个体生命都在追求幸福的道路上孜孜不倦、夜以继日，在寻求自我突破上攻坚克难、百折不挠。个体生命之花的绚烂绽放需要教育为其提供丰富的土壤，同时为个体生命创造良好条件也是教育的理想和使命。

无论是从个人的角度还是从社会发展的角度来看，创新都是一个民族发展的不竭动力。对我们而言，创新人才的培养是当务之急。但这并不意味着我们要否定模仿的作用，创新和模仿是一脉相承的关系，模仿意味着观察和学习，这是个体生命创造新事物的根本前提。联合国教科文组织对于教育和创造的关系也有专门的论述。"教育既有培养创造精神的力量，也有压抑创造精神的力量。教育在这个范围内有它复杂的任务。这些任务有：保持一个人的首创精神和创造力量而不放弃把他放在真实生活中的需要；传递文化而不用现成的模式去压抑他；鼓励他发挥他的天才、能力和个人的表达方式，而不助长他的个人主义；密切注意每一个人的独特性，而不忽视创造也是一种集体活动。认清这些任务乃是现代心理教育学研究最有成果的智力成就之一。"[2]

在个体生命的成长过程中，教育必须把创新品质的培养置于个体发展的突出位置。尊重个体生命在寻求发展时的模仿，并为其提供一个宽松愉

---

[1] ［英］弗里德里奇·A.哈耶克：《致命的自负》，冯克利等译，中国社会科学出版社2009年版，第19页。

[2] 联合国教科文组织国际教育委员会：《学会生存——教育世界的今天与明天》，教育科学出版社1996年版，第188页。

悦的生长环境、创新环境。在个体通过模仿获得知识的同时，不以特定的标准要求他、僵化他；倾听个体生命内心的想法，准许他在学习的世界里来去自如。

个体生命正是在自己原来经验的基础上，通过不断交流讨论彼此的困惑和问题，研究学习已有的技术，最终实现新的突破。没有前期的模仿和积累，创新是很难产生的。因此，学校教育不仅要做好科学知识的传授工作，同时注重创新精神的培养。这种创新精神对于个体生命来说，能帮助其超越自身的局限性，实现新的突破，从而完成生命的超越；对于国家和民族来说，千万个创新人才的涌现，将对社会产生不可估量的影响，是国之幸事、民族之幸事。同时，我们也应当清楚，我们所说的创新并不仅仅是指知识、技能、经验等由创新带来的显性成果，还有隐藏在创新背后的对个体生命道德品质、品行修养及情感体验等方面的隐性福利，个体生命追求的是整个人的全面发展，因此，模仿和创新不单单局限于知识技能领域，个体生命的道德品质、精神境界、理想信念都是其需要考虑的方面。

四 关注个体生命模仿性的教育建构

模仿是人类存在的基本方式，也是人类学习的重要途径，因此，有人认为教育的过程某种程度上来说也是模仿的过程。模仿在人类文明的发生和演进的过程中扮演着重要的角色。由于模仿者的主观因素、模仿环境的客观影响及其他等不可抗力的影响，模仿的结果并不总是好的。"尤其是青少年，对于事物缺乏明晰的判断与选择，他们较容易模仿一些表面化、刺激、新奇的事物，这种模仿容易导致暴力问题的产生，破坏秩序，危害他人，对自己的个人成长也是一种危机。因此，模仿的矛盾性与两面性为教育留下了空间。"[1]

我们不得不承认的是模仿的直接性为个体生命的发展节省了时间和精力，减少了出错的机会，但同时极其容易造成他们的"思维定式"，个体

---

[1] 谭颖：《教育中的模仿——人类模仿行为的教育学考察》，硕士学位论文，沈阳师范大学，2012年。

生命更愿意按照既定的道路前进，拒绝新的尝试，这一点无论是对个人还是社会的发展来说都是极其不利的。除此之外，对于学生而言，道德判断能力还有待加强，新媒体的爆炸式发展夹杂了许多良莠不齐的信息，学校"一刀切"式的教育方式压制了个体个性化的发展，教师自身素质的高低潜移默化地感染学生，原生家庭对学生个人的影响超乎了我们的想象。模仿是一项社会性活动，是建立在不同主体之间的交互性活动，是学生习得知识、培养品质、陶冶情操、提升美感的重要手段，因此，尽可能地避免个体生命的不良模仿，尽可能地帮助个体生命发挥模仿的最大价值是每位教育工作者都应该思考的问题。

（一）尊重个体生命发展规律，善待个体生命的模仿性

个体生命从诞生到消亡、从弱小到强大都是有规律可循的，科学地认识个体生命成长与发展的规律有助于他们更好地认识自己、认识世界。个体生命的发展是有规律的，个体生命的模仿性也是有规律的。

1. 承认模仿，给予模仿足够的空间

"生命自身的本体地位、生命的珍视、生命的尊严是学校教育应该尊重的。在任何时候践踏生命的尊严、贬低生命的价值的'学校教育'，都会被人所唾弃、所痛恨。"① 教育作为培养人的社会活动，一切都是以个体生命为基础和前提的。正是这些单个的人、普通的人才构成人类社会，正是因为单个人的生命是具体的、鲜活的，才促使社会向前发展。但是单个的人也具有自身的局限性，比如生命的有限性、脆弱性、唯一性。而模仿性是人类的基本特性，模仿行为是个体生命经过审慎选择之后的有效行为。所以，真正的教育应当直面个体生命，呵护个体生命，尊重其生长发展的客观规律，善待个体生命的模仿性。

"现代大都会的特征是内部事物大量地互相模仿；这个互相模仿的强度与人口的密度成正比，和居民的多样性、多重性成正比。"② 因此，无论是校园还是教室，课堂还是课下，教师还是学生，只要有个体生命存在的地方就会发生模仿。模仿的动机可能是有意或者无意，模仿的对象可能是有针对性或者没有针对性，模仿的结果或好或坏，总之，模仿的原型是

---

① 李家成：《论个体生命立场下的学校教育》，《教育理论与实践》2002年第5期。
② ［法］加布里埃尔·塔尔德：《模仿律》，何道宽译，中国人民大学出版社2008年版，第171页。

不确定的，模仿的结果是未知的。所以，教育应当承认模仿在人类社会生活中的地位和作用，以及它所具有的重要价值。"我们的思想在很大程度上来自于他人的想法，也就是说，我们正在思考的东西，只是周围人们想法的一种延伸或一个例子。"① 同样，杜威也指出："模仿完成一件事的手段，却是一种理智的行为。这种模仿包含仔细地观察和审慎的选择，所选择的方法使他能把已在试做的事情做得更好。"② 模仿是个体生命的一种本能，但其中也包含了个体生命的无限智慧。首先个体生命由于某种需求产生模仿的欲望。其次，个体生命考虑到周围的环境及模仿对象的有力影响，尝试模仿相应的行为；同时，在模仿的过程中，积累了一定的个体生命体验，并且习得了一定的行为技巧。最后，个体生命因为模仿完成了价值的进一步提升，与其他个体生命产生更好的交流。

教育对模仿的认识将直接影响到个体生命的发展质量，模仿不是一项完成式活动，它更多的是一件进行式活动。自我教育在个体生命的发展过程中始终占有举足轻重的地位，个体生命对美好人生的追求将促使其产生向前发展的不竭动力，教育不应当成为个体生命前进道路上的"拦路虎"，它不仅仅要承认个体生命的模仿性，也应当采取切实的行动，在个体生命进行模仿的过程中对其进行鼓励和引导，防止其误入歧途；在个体生命需要时间进行消化吸收时，教育应当适当慢下脚步，给予其自主发展的空间，时时刻刻倾听个体生命的声音，与其保持良好的沟通，随时为个体生命的发展提供最有力的支持。

2. 遵守模仿规律，促进个体生命发展

按照塔尔德的观点来讲，模仿总是从高到低、从内到外的。换句话说，个体生命总是会向在某一方面具有相对优势的个体生命进行模仿以弥补自己的不足。与此同时，对于大部分已经具有自己独立思想的个体生命而言，思想上的相通往往走在身体模仿之前。所以，我们认为个体生命的模仿性应当具有以下规律：第一，个体生命的模仿是建立在二者具有差异性的基础上，往往是处于劣势的一方向具有优势的一方进行模仿。第二，个体生命的模仿不仅仅只有身体行为的模仿，更重要的是思想上的相通、

---

① [英] 亚历克斯·本特利：《窃言道行》，何亚婧译，清华大学出版社 2013 年版，第 37 页。

② [美] 约翰·杜威：《民主主义与教育》，王承绪译，人民教育出版社 1984 年版，第 43 页。

价值观上的相似和道德情感上的升华。第三，模仿是双向的，不存在一方绝对优于另一方，真正的学习模仿必然是建立在双方互动互通的基础之上。第四，模仿应当是自由自主的，是个体生命基于自身情况所做出的选择，其目的是自身的成长、发展与完善。

由此可见，无论是模仿对象还是模仿内容，个体生命的模仿是有规律可循的。因此，教育必须尊重个体生命的成长、发展轨迹，不压抑、不过分干涉，正视个体生命的模仿性，正视个体生命的社会性需求。不同的个体生命所产生的需求会不一样，因为他们面临的发展环境各有差异，所以对于模仿的需求也会不断变化。教育的发展离不开个体生命的成长与发展，甚至可以说与个体生命成长与发展息息相关。教育应当与个体生命同进同退，与其展开对话，在其需要帮助的时候施以援手，在其需要自由的时候给予适当的空间，在其行为需要规范的时候加以教育和引导。教育应当是具有人文精神、人文关怀的，在意识到个体生命想要通过模仿与世界建立联系、提升自我时，就应当给予充分的尊重，为其营造足够的模仿空间，帮助其进行模仿。基于个体生命模仿的一般规律，教育首先应当帮助个体生命认清模仿的意义和价值，帮助个体生命了解自身的优势与劣势，认识到模仿的必要性，对于自身欠缺的地方，助力其积极地寻找模仿对象，并向对方进行学习和模仿以达到完善自己的目的。其次，个体生命的模仿不应当仅仅只是知识层面的模仿，个体生命的发展是全面且完整的，其中还应当包含道德品质、品行修养、精神境界、审美情操等，总的来说，模仿应当是具有深度的社会活动。最后，任何强迫及压迫的模仿都不应当存在，如果模仿者自身缺乏主观意愿，任何的模仿活动都不具有意义。所以，教育应当通过营造氛围，要求教师来提高个体生命的模仿兴趣，让其尽快实现自主、自由的模仿。

（二）营造宽松的教育氛围，激发个体生命的模仿活力

鉴于个体生命模仿的有意识性与无意识性、自主性和选择性，教育者应当意识到模仿是一件不可阻挡且无法压抑的必然事件。个体生命在模仿过程中所积累的生命体验、丰富经验将极大地促使个体生命在知识积累、道德情感、精神境界、审美情趣及灵魂丰富层面上的提高。

1. 营造轻松愉悦的课堂氛围，唤醒个体生命模仿的内在意识

"课堂教学被看作教师人生中的一段重要的生命经历，是他们生命中

的有意义的构成部分。对于学生而言，课堂教学是其学校生命的最基本的构成部分，它的质量直接影响学生当前及以后的多方面发展和成长。"[1] 课堂教学既是学校教育的基本构成，也是学生受教育的重要形式，在个体生命发展过程中发挥着不可替代的作用。传统的课堂一般都是教师在"教"，学生在"学"，学生跟着教师的思路在走，教师问、学生答，基本没有自己的思考空间。越是高年级的课程，学生的精神压力越大，也就更难放松自己，往往教师教授的内容学生还来不及消化，就已经进入下一阶段的学习，长此以往，学生的困惑只会越来越多，负担也就越来越重，所以，学生在传统的课堂教学中是很难拥有自己独立的时间与空间的，更谈不上去建构属于自己的知识体系、价值观念和情感体验。而个体生命所需要的模仿恰恰是需要拥有自己的时间和空间，去认真观察和品味模仿对象的特质与特点，同时结合自身兴趣及已有的经验来进行模仿、建构与创造。

所以高压下的课堂很难让个体生命拥有喘息的机会，因此，调整原有的上课方式，唤醒个体生命的模仿性和创造性就显得尤为重要。上课方式的调整需要任课教师的积极配合，不同学科的教师由于学科性质、培养目标的不同也会采取有差异的教学方式，对于数学、物理等以模型、公式为基本建构的学科而言，除了引导学生尝试理解学习，反复地练习与模仿显得十分必要，举一反三、触类旁通都是个体生命知识的"内化"与"变形"，是建立在模仿习得知识的基础之上的。不可否认的是，在对知识的加工改造的过程中，个体生命的数学计算、逻辑推理、空间构造等能力也在逐渐提高，个体生命获得的不仅仅是知识更是思维的又一次飞跃式的提升。对于语文、历史等极具人文素养的学科，反复的诵读与写作则是其获得知识的必经途径，个体生命通过模仿优美段落提高自己的写作技巧，同时在大量的阅读中找到人生的意义和真谛，逐渐树立自己的世界观、人生观、价值观，养成独立思考的能力。这些都是靠模仿这一基本的学习途径而得来的。所以，教育者需要拥有丰富的教学机智，同时对模仿有一个清醒的判断和认识，在合适的场合和时间鼓励个体生命积极地进行模仿，逐渐帮助个体生命对模仿形成自己的理解。具体来说教育者的教学机智在课

---

[1] 叶澜：《让课堂生命焕发生命活力——论中小学教学改革的深化》，《教育研究》1997年第7期。

堂中发挥着关键性的作用，这是一种克制、一份坦诚、一个尊重，可能更多的是一种天赋。在合适的教育时机，恰当地感受到了孩子的某种需求并适当地采取教育行动，或是语言，或是眼睛和沉默，来满足个体生命的基本需求。良好的课堂氛围需要教育者与个体生命共享自己的生活体验，了解自我与世界的相处方式，从而产生某种"共情"，建立起融洽的课堂氛围。

个体生命的模仿行为是具有主动性的，学生被动接受知识所取得的效果远远不及主动吸收更加让人欣喜。轻松自由的课堂氛围最容易引起个体的兴趣，教育本身就是一项极其具有创造力的事业，理性的课堂应当是温情的、和谐的，机械式的重复很难让个体生命之间产生共鸣，取得良好的教育效果。所以，为个体生命营造相对轻松的课堂氛围，唤醒并激发学生模仿与创造的内在动力，让课堂充满活力是我们生命教育所努力的主要方向。

2. 构建平等融洽的师生关系，激发个体生命的模仿行为

模仿行为不是单个人的活动，它需要至少两个以上的主体进行参与，因而是具有交互性的行为。学生与教师之间的关系对个体生命进行模仿具有重要意义，学生的很多模仿行为都是通过教师这一中介者来实现的，因此，学生对教师的信任、理解、尊重、甚至崇拜将在无形之中增加学生对教师进行模仿的决心，尤其是当学生了解到对教师这一角色的模仿对自身的价值之后，会更加主动自觉地选择模仿。师生之间不仅仅存在知识传授的关系，也应当存在情感关系。一段良好关系的建立和维持通常建立在双方平等自愿的基础之上，师生关系中，教师无论是在知识还是生活经验方面都具有相对优势，所以，教师应当采取更多的行动。讨论和谈话是教师采取的主要行动方式，在这种活动中，教师会以独具特色的个人形象使得学生对其产生模仿和学习的冲动，同样学生对于世界的好奇和对真理的渴求也会影响教师的工作热情，师生双方的观察模仿使得师生关系演变为共生关系。和谐融洽的师生关系将极大地增加个体生命对教师本人的情感依附，增加学生对教师的信任，这将有助于教师接下来进行的教育教学活动。

有价值的师生关系应当是教育者和受教育者都能从中汲取营养，因而启发与被启发、教育与被教育、模仿和被模仿都显得十分必要。如果个体生命从内心深处对自己的模仿对象产生抵触情绪，或者情感上不能接受，

那么他是断然不会对其进行观察和模仿的。真正的学习、真正的自我教育必定是建立在双方自觉自愿的基础之上。因而，提高学生对教师的信任感和敬畏感在教师的日常教育教学工作中显得十分必要。模仿的无意识性和自觉性要求教师不仅要提高自己的专业水平，在知识领域取得学生充分的信任，同时还要善于管理自己的感情，公正地对待每一位学生，处理好自己与学生之间的关系，同时增加学生对学校的"归属感"。因为只有当学生从内心深处喜欢教师、尊敬教师，才会积极地开始模仿老师，并向教师所倡导的方向努力前进。这种模仿不仅仅是知识层面上的口传言教，还有价值观上的潜移默化和人格修养上的点滴浸润。模仿既是非特定的，也是无意识的；既是个体行为，又是群体选择；既可以产生于瞬间，又可能相伴终生，因而教育要尊重、认同模仿为个体生命带来的点滴变化，让零零星星的模仿行为为个体生命的成长带来更多可能。

（三）打造高质量的课堂，促进个体生命模仿性能力发展

课堂是个体生命进行模仿学习的绝佳场所，课堂质量的高低将直接影响模仿效果的好坏。我们在对一节课的课堂质量进行评价时，学生的测验成绩不应当成为唯一指标，因为个体生命从课堂中学习到的也不一定仅仅只是书本上的知识，个体生命的成长也不仅仅是知识技能的增加和提高。小组合作能力、共情能力、集体的归属感荣誉感、个体生命的精神境界和道德品质等都是其要进行观察学习的方面。因而提高课堂的质量，为个体生命的模仿提供更多可能是教育者应当审慎思考的一个问题。

1. 提高课堂教学质量，促进个体生命模仿能力发展

课堂的教学质量与教师的教育教学水平息息相关。"发展心理学的研究表明学生模仿具有一个从具象到抽象的发展过程，学生的表征能力在模仿活动中有一个逐渐发展的过程。"[①] 因此，教师在课堂中应灵活把握学生的学习进度，进行有效指导。在具象模仿阶段，教师更多地采用直观的教学方法，尽量多地给学生以视觉、听觉的刺激，促进学生形象思维能力的发展；在抽象模仿阶段，教师应适当地提高难度，采用言语讲解、概念呈现等抽象性的知识，站在学生已有的发展水平之上，对个体生命给予一定的刺激，以促使其掌握更多的概念，同时促进抽象思维的发展，促进个

---

① 邱关军：《学生模仿论》，博士学位论文，华东师范大学，2014年。

体生命的成长、发展与完善。因此，有质量的课堂教学是根据个体生命的需要随时改变的，是充满人文关怀的，忽视个体生命的实际需求的课堂是冷酷的、压抑的。

同时，个体生命学习意愿的强弱和其最后学习效果的好坏有一个直接的因果关系。而个体生命对榜样的学习意愿往往依赖于他的美德钦佩，即对榜样对象产生一定的情感依附，从而自愿自然地开始学习和模仿。所以，一个有质量的课堂需要一个有质量的学生模仿的榜样，处于所有学生眼中的教师本人也责无旁贷地担负起教育责任。个体生命对模仿对象产生模仿的意愿是需要一定的情感作为支撑的，这种情感的培养需要教师和学生的共同努力，教师可以通过设置情境化的实践平台，譬如讲故事、寻找身边的学习榜样、谈谈同学对自己的影响等方式增加学生与学生及教师与学生之间的认同感、钦佩感，在这种和谐融洽的班级关系中，知识传授已经处于次要地位，个体生命本身的道德养成、情感丰富，以及与他人共情的能力将得到进一步提高。"课程应以如何丰富和发展人的生命为起点，努力增强学习过程的生命内涵，强调课程的整体性和过程性，强调对教育中个体生命的关注，促进学生生命自由、完善地发展，促进个体生命的充实和升华。从关注生命的角度强调课程的整体性不同于以往的课程所强调的知识系统的整体性和学科结构的完整性，它主要是指人作为个体生命的完整性。每个学生都是有血有肉、充满智慧和生命活力、富于想象和情感的人，是集生活、学习和审美为一体的活生生的人。"① 因而，有质量的课堂需要充满生命力的课程作为支撑，个体生命的模仿性将成为个体行为大放异彩的最主要的特征。理论知识的授受、价值观的动态传输都将刺激个体模仿行为的产生，从而使其生命得到不断锤炼，成为全新的个体。

2. 引导学生通过课堂观察与模仿促进个体生命发展

课堂不仅仅是教师向学生传授知识的主要阵地，同时也是个体生命道德养成、情感培养、信仰确立的主要场域。个体生命在接收到教师的讯号之后，大脑将会有意无意地进行加工和编码，加工的过程大部分通过模仿来进行，这里的观察模仿并非简单地把黑板上的内容搬运到练习本上，而是个体生命在充分运用感知器官的前提之下，将信息进行加工处理，并对

---

① 刘志军：《生命教育理念关照下的课程实践》，《教育研究》2004年第5期。

其进行一定的创造，将其内化到自己已有的知识结构之中，这可以说是模仿与内化的统一、集成与创新的合一。在知识的加工过程中，个体生命也将从中领会到知识背后的价值引导，个体生命的有意性与无意性是进行观察模仿的前提条件，自主性与选择性是个体生命对所接受到的讯号进行有条件的筛选，最后完成了继承与创新，实现了知识的建构。

有质量的课堂不仅仅是知识传输的课堂，也应当是共享共生的课堂，个体生命模仿的更多可能包括的不仅仅有学习模仿内容的区别，也包括模仿对象的不同，更有模仿方式的差异。知识的学习、模仿和内化是个体生命基本的学习任务，同时道德和价值观、审美和情感的养成也应当是教育者关注的重要方面。而这些方面都是模仿者可以挖掘的地方，很明显，教师不应当是个体生命唯一的模仿对象，同学、书中的榜样人物都在无形之中对个体生命产生一定的影响。在个体生命对同学产生兴趣或者说观察模仿的意愿时，个体生命得到的更多的可能是集体的归属感，或者说是其他个体生命的认同和赞美。当然这将有助于个体生命实现从"自然人"向"社会人"的转变。对于个体生命来说，观察模仿无时无刻不在发生，课堂上的每分每秒对他们来讲都至关重要，因为他们清楚地知道现在比将来更有意义。现在的每一瞬间、每一冲动、每一种学习都会对将来产生一定的影响。模仿永远是开放性的，因为我们不知道模仿何时会发生，模仿者究竟能从中得到些什么。然而不可否认的是，模仿对个体生命来说，是其成长发展的重要手段，一旦模仿开始，个体生命势必要从中得到些什么，正是这种一点一滴的积累才会为个体生命的突破创新孕育力量。

（四）教育者注重自身修炼，吸引个体生命竞相模仿

"地位最高、距离最近的人是最容易成为模仿对象的人。"[①] 教师作为学生接触的主要对象，其本身所具有的权威也容易使其成为学生模仿的对象。在日常的教学工作中，教师主要通过语言、动作、表情等多种方式与学生进行沟通和交流，教师本人的处事方式、教学风格、职业理想、道德风范、精神境界、审美情趣、人生信仰等都是学生观察模仿的对象。生活中，我们常常听到家长这样反馈："明明一模一样的话，从老师嘴里说出

---

① ［法］加布里埃尔·塔尔德：《模仿律》，何道宽译，中国人民大学出版社2008年版，第161页。

来就比家长管用。"家长的"抱怨"不仅清楚地表明了教师在孩子心中的地位和作用，同时也指出了教师本身的责任和义务。

1. 德才兼备，增强自身吸引力

"教师的社会优势包括客观条件和主观特征，主观特征包含体质特征和人格品质两个方面。"① 学生之所以愿意模仿教师，是因为教师渊博的知识、优秀的品质、高尚的人格、光辉的思想和坚定的信仰得到了学生的肯定，学生在情感上选择了信赖、认可、尊重、学习和模仿。因此，教师自身的吸引力会促使学生模仿行为的发生。正所谓："亲其师，信其道。"②

作为一名优秀的教师，不仅需要掌握扎实的学科知识，还需要具备丰富的教育学及心理学知识。在日常的学习工作中，通过亲身讲授将教学内容传递给学生，学生接收到教师的讯号，获得了知识，找到了满足感，巩固了教师在学生心中的地位。同时，学生课堂上进行观察和学习的过程，也正是模仿的过程。另外，教师道德修养的高低将直接决定他能在学生心中产生多大影响。因为教师的"道"是直接呈现在学生面前，对学生品德的塑造具有重要的启示作用，学生通过教师的实际表现明白了道德养成的重要意义，教师既是学生的学习榜样，又是丰富生动的教育资源，所以，教师必须严于律己，从自身的行为出发，时刻注意自己的言行和举止，言行一致是教师作为榜样的基本准则。"好的榜样在学习者眼中应该是真实可感的、有生命活力的，在学习者的生活中应能找到原型。相对的真实性会直接影响榜样的影响力。"③ 榜样之所以能够发挥作用就是利用学习者的真心，学习者发自内心地对榜样产生信赖和崇拜才会主动地采取行动，所以被"包装"过的榜样注定是没有生命力的，只有教师自身由内而外的先进性和崇高性才具有足够的激励和导向价值。

2. 身先示范，加强正面引导

"身先示范的意蕴在于，教师的身体动作、仪表仪态、姿势语言等都会在无形中成为学生模仿的对象。一系列相互联系的、有意义的动作序列和行为编码就是身体语言。身体语言在本质上发挥着模仿活动载体的作用，身体姿势与其所要表达的意义之间是一对模仿映射关系，同时个体间

---

① ［法］加布里埃尔·塔尔德：《模仿律》，何道宽译，中国人民大学出版社2008年版，第170页。

② 《学记》。

③ 章坤：《论德育榜样的选取与任用》，《班主任》2004年第9期。

对身体语言的理解需要将对方的身体动作进行内部的模拟。"① 教师的身体语言如果想转化为学生的身体语言就必须通过一套模仿机制才能实现，模仿活动的成功进行需要个体的充分理解，只有当学生理解了教师身体语言的意图，才会做出回应。

孔子说："其身正，不令而行；其身不正，虽令不从。"② 如果想要别人按照自己的想法说话办事，对自己言听计从，那么，首先自己就应当表里一致、言行端正。这样即便不下命令进行说教，其他人也会起身效仿。模仿最近、最亲、最有权威的人几乎是人类共有的特性，这样既可以避免出错，又能够最快地习得知识、品德和解决问题。

生活在学生周围的教师具有其他模仿对象所不具备的距离优势，能够对青少年产生直接的影响。因此，教师专业发展的职业要求不仅促使其对自己严格要求，同时还应当在学生的模仿活动中扮演好引导者的角色。首先，由于低年级的学生道德判断能力还很弱，缺乏一定的人生经验，所以很难分辨出某一模仿对象是否值得学习，当学生在挑选模仿对象时，教师应该进行教育引导，把有可能对学生产生不良影响的"危险因素"剔除，使学生尽量接触到积极正面的形象。由于个体生命的独特性，教师还应当尽量结合每位同学的自身需求，为其挑选合适的模仿对象、学习的榜样。其次，培养学生的道德判断力。在学生遇到问题不知道如何处理时，教师需要给出一定的判断标准，比如，是否符合社会发展的前进方向，是否有利于个体发展。由于个体生命的自主性和选择性，教师不可能对学生所有的模仿对象进行"把关"，更无法对学生的每一个模仿行为进行"把控"，所以，培养学生自身的判断力才是从根本上解决个体生命发展的长久之策。最后，由于个体生命对于榜样和模仿对象的选择、筛选和吸收是需要经过一系列的过程，所以，教师要给学生预留出足够的空间和时间，让学生进行慎重的选择和思考，并尽可能及时地做出相应的回应，在不断的反馈中调整学生学习的方向，给予学生一定的肯定和鼓励，以此培养学生的实际模仿能力。

（五）家长加强自身全面修养，潜移默化地熏育个体生命的模仿性

"最好的教育是家庭教育。"这样的观点已经被越来越多的人认可和

---

① 邱关军：《学生模仿论》，博士学位论文，华东师范大学，2014年。
② 张鲁原：《中华古谚语大辞典》，上海大学出版社2011年版，第199页。

接受。最近我们常常听到这样一句话,你想要自己的孩子成为什么样的人,你首先就应当成为这样的人。如果你想让你的孩子尊敬长辈,团结同学,那么,你就应当孝顺父母,给予父母关心,和邻居搞好关系、和睦相处;如果你想让自己的孩子讲文明、懂礼貌,那么,公共场合吸烟、随地吐痰这种事情就不应当发生在你身上。你的孩子身上有你的影子,这是任何人都无法否认的事实,因为孩子天生就会模仿父母,特别是对于幼年期的孩子来讲,父母的地位远远高于他人。父母的育儿观、教养方式会对孩子产生深远的影响。

1. 抓住关键期,培养孩子的模仿意识

皮亚杰认为模仿既包括即时模仿也包括延迟模仿,并且即时模仿多存在于儿童发展的早期阶段。"当年幼儿童受诱因的诱发去行为时,他们能够正确地模仿,但如果别人对他们的行为不加注意,他们的模仿水平就会迅速降低。"[①] 当幼儿进入到发展的后期,由于智力的发展,他们有能力进行延迟模仿,图式的作用就尤为明显。图式经过表象的表征作用得到内部调整,因而可以形成新的行为模式。

家长作为婴幼儿最早的接触对象,不仅对幼儿具有无可推卸的养育责任,同时也承担着幼儿的教育责任。婴儿在12—30天就可以对他人的面部表情进行模仿,这个阶段的模仿是无意识、先天性的;在12—15个月能够实现个体视觉表象的模仿。随后儿童的模仿能力越来越强,模仿的质量也越来越高,随着儿童的语言功能的发展,4—5岁的儿童渐渐地学会用语言表象系统处理外部的世界,儿童社会化的速度将会明显提高。根据皮亚杰的理论,随着儿童逐渐去"自我中心化",渐渐地由自我走向他人,就开始了社会交往。

关于家庭在儿童模仿中的地位,拉康认为:"一种情结创建了一种现实的环境。具体表现为不受意识控制而且持续相互关联的心理效应。它是一个事物的代表,是由已知的心理发展阶段决定的。"[②] 他指出了三种情结:断奶情结、入侵者情结、俄狄浦斯情结。其中,"断奶情节"主要出现在婴幼儿身上,婴儿一出生就通过吮吸母乳与母亲建立联系。他的需要

---

① [美] 阿尔伯特·班杜拉:《社会学习理论》,陈欣银、李伯黍译,中国人民大学出版社2015年版,第26页。

② [德] 克里斯托夫·武尔夫:《教育人类学》,张志坤译,教育科学出版社2009年版,第98页。

和母亲紧紧联系在一起，母亲成为他的看护者，缺乏行动能力的他只能接触到自己身边的人，所以身体模仿占据主导，断奶作为孩子成长路上必然经历的一环，给孩子所带来的痛苦将会加深母亲对孩子的影响，这种情结会为母亲的情感提供基础。"入侵者情结"主要出现在多子女的家庭中，不同年龄阶段之间的孩子存在模仿，年幼的孩子希望像年长的孩子那样拥有某种技能，而岁数大的孩子则渴望像年龄小的孩子一样得到父母的关注。所以，为了达到各自的目的，他们会努力地学习和模仿彼此，二者的行为也将变得越来越相似。"俄狄浦斯情结"是指孩子开始将父母中和自己相同性别的一方作为模仿的对象，这实际上是孩子渴望得到认可的一种表现，孩子希望自己能像一个成人那样得到他人的尊重和支持。因此，无论是刚刚出生的嗷嗷待哺的婴儿，还是咿呀学语的三岁幼童，或者是能够表达自己内心想法的学前儿童，都会选择模仿这一行为方式融入周围的社会环境，和他人产生互动和交流。

好的家庭教育是需要时间和精力灌溉的，家长的陪伴对处于幼年期的孩子来讲十分重要，家庭中爱的滋润、父母子女之间情感上的依附会对幼年期的孩子产生至关重要的影响，所以，家长应该在不同阶段、根据孩子的实际情况，调整自己的教养方式，帮助孩子成为一个健康而全面发展的人，为将来进入社会做好准备。

2. 以身作则，熏陶孩子的模仿能力

班杜拉认为："在社会情境中，人的大多数行为都是通过示范过程而观察学会的，人们从观察别人中形成了有关新行为如何操作的理念，这一编码的信息在以后场合中就作为一个行为的向导。"[1] 家长是孩子的第一任老师，也是他们最重要的观察对象，父母的言语和动作都可能会在孩子的头脑中进行编码，经过消化吸收和转化，会在儿童今后的行为中体现出来。

我国自古以来就强调家风建设，正如颜之推所说："夫同言而信，信其所亲同命而行，行其所服。"[2] "一旦权威在一个地方兴起，它就会以前所未有的破竹之势无处不在地被人模仿。"[3] 毋庸置疑，对于幼年的孩子

---

[1] [美]阿尔伯特·班杜拉：《社会学习理论》，陈欣银、李伯黍译，中国人民大学出版社 2015 年版，序 12 页。

[2] 转引自杨婷《榜样教育研究》，博士学位论文，武汉大学，2010 年。

[3] [法]加布里埃尔·塔尔德：《模仿律》，何道宽译，中国人民大学出版社 2008 年版，第 224 页。

来说，家长是一个家族的权威代表，这是纽带，也是血缘关系的显现。不仅如此，家长作为孩子最亲近的成年人，长时间的陪伴使他们相对于其他成年人来说具有绝对优势，同时陪伴也意味着熟悉和了解。建立在孩子个性特质基础上的教育是容易被接受和吸纳的，生活在被爱包围的环境下的儿童对个体生命的认知和体验是健康的积极的。此时的父母尤其要注意自身的榜样作用，在孩子面前展现的应当是正面形象，夫妻二人关系和谐，邻里之间关系和睦，会使孩子身心完全放松，建立起对家庭和社会的信任感。孩子也会按照父母的行为方式、处事方式去对待自己和周围的人。所谓"身体力行，上行下效"就是这个道理。

从父母的角度来讲，如果想要当好榜样首先就应当严格要求自己，加强自身的思想道德修养。一个随地吐痰的家长是很难教育出一个不乱扔果皮纸屑的孩子的。在平时的生活习惯上也应当注意，不管是个人卫生还是家务承担，一次两次的不注意在家长眼里可能看来没什么，但对于孩子来说这就成了一种习惯，成了"理所当然"，极其容易在孩子身上种下"懒惰"的恶苗。这些年来，电子科技产品越来越多地进入千千万万的家庭中去，作为家长在勒令孩子不要沉迷于手机、平板的同时，是否注意到自己也是在网络的世界里沉溺且无法自拔呢？所以，教育孩子从来不是一件简单的事，它是千千万万个生活的小细节堆砌而成。孩子只有在父母良好的示范下，才能逐步养成学习、模仿健康的生活习惯、高尚的道德情操、严谨的学习态度。同时，这样的孩子是父母所希望的，也是社会所要求的。当然，仅有良好的示范还不足以促使孩子积极的行动，和孩子适时的保持沟通也是父母的必修课，沟通不仅可以延长陪伴时间，加深感情，同时还能加深彼此之间的了解，孩子能够尽快地理解父母言行背后的意义，增加认同感。这样，建立在互动基础之上的模仿不仅达到了行为上的形似，更达到了精神上的契合。

芸芸众生，世间百态，教育之所以高尚就在于它必须考虑人性的复杂，感受人性的多变；就在于它是一项滋养人、孕育人的事业。教育要引导个体在有限性的基础上，拓宽生命的宽度，追寻生命的意义，最终实现生命的卓越。然而人生路漫漫，人又是具有社会属性的动物，个体生命的独自成长始终是孤独、艰难而且难以持久的。所以，生命与生命之间的融合和交流、个体和个体之间的模仿和学习是人类的常态也是他们极其需要和渴望的。但是，现实生活中由于社会对模仿的曲解、模仿者的自身素质及模仿对象的不自知总会造成这样或那样的误解，随之产生种种问题。因此，重视个体生命模仿的这一特性，就需要教育的正确引导，树立正确的模仿价值观，促使个体生命在模仿的基础上实现生命的全新超越，最终成就一条独具特色的生命之路。

第四章

个体生命的卓越性与教育

对美好生活、更好生活的追求昭示着人们对卓越这一个体生命应然存在状态的向往。"卓越"意味着人向着更好、更强而生,追求整全、优秀、完美、强大,我们每个人的生命深处都潜藏着实现卓越的能量,卓越是使人这棵自然界最脆弱的苇草坚强生长的源泉,是使人的生命得以超越有限、走向无限的能量,也是人的生命里最深沉的精神需要。因此,不是因为我们是人才追求卓越,而是因为追求卓越,人才能称之为人。黑格尔曾说:"人性中骄傲的感觉是人的一种需要,历史终结时'和平和繁荣并未能满足这种需要'。"① 可以说,不管一个国家、民族、社会充满着怎样的变化与不变,对卓越的追求是人类傲然独立的精神需要,也正是人生命中迸射着对卓越孜孜不倦的追求,所以,人创造了层见叠出的改革、悠远璀璨的历史、兼容并蓄的文化。人的生命将恒久地向着卓越而生,从劳动的起源到文化的传承,从教育的创办到学校的产生,从物质财富的充裕到精神薪火的传递,皆是生命追逐更好生活、朝着卓越奋进的实践。

教育并非外在于个体生命的存在,它是人的生命中不可或缺的部分,人通过教育来完善个体生命存在,提升个体生命价值,达成个体生命完满,实现个体生命卓越。因此,本真的教育应当是一项成就个体生命卓越的事业,应当以人的内在发展为指归。习近平总书记指出:"教育是人类传承文明和知识、培养年轻一代、创造美好生活的根本途径。"② 教育通过授予学生知识来启迪生命智慧,通过养成生命德行来提升生命境界,通过呵护生命自由来创造生命自觉,让学生通过受教育过一种美好良善、和

---

① 转引自李长伟《现时代教育精神的理性分析》,《湖南师范大学教育科学学报》2013年第2期。

② 习近平:《在联合国"教育第一"全球倡议行动一周年纪念活动上发表的视频贺词》,《人民日报》2013年9月27日。

谐整全的教育生活，使学生在教育中超越"实然的存在"走向"应然的卓越存在"。

一 识读个体生命的卓越性

(一) 个体生命卓越性的历史向度

1. 中国传统文化中的生命卓越性思想

在我国历史上最初"卓""越"二字是分开使用的。《说文解字》中"卓"者即为"高也"，这里"卓"就是高超的意思。《论语·子罕》中颜渊感叹道："仰之弥高，钻之弥坚。瞻之在前，忽焉在后。夫子循循然善诱人，博我以文，约我以礼，欲罢不能。既竭吾才，如有所立卓尔。虽欲从之，末由也已。"[1] 这里的"卓"表达了颜渊对夫子卓然超群的敬仰之情。直到公元 229 年登使侍中胡综奉命作《宾友目》，曰："英才卓越，超逾伦匹，则诸葛恪。"[2] 这是我国最早出现"卓越"一词，胡综所言卓越一词是对诸葛亮智识超众、才华过人的赞扬。

中国历史上无数仁人志士将"君子""仁者"等作为自己一生孜孜不倦的精神追求，这又何尝不折射着生命对卓越的向往？《周易大传》中曰："夫大人者，与天地合德，与日月合明，与四时合序。"[3] 所谓大人者即卓越者，他能与天地合一，能与日月争辉，能与自然和谐共生。《论语·为政》中记载道，子曰："吾十五而志于学，三十而立，四十而不惑，五十而知天命，六十而耳顺，七十而从心所欲不逾矩。"[4] 这里孔子将人生分为三个阶段，从学习领会到通达明辨，最终抵达主观意识和做人规则融合归一的卓越之境。"亚圣"孟子曾云："居天下之广居，立天下之正位，行天下之大道。得志，与民由之；不得志，独行其道。富贵不能淫，贫贱不能移，威武不能屈，此之谓大丈夫。"[5] 孟子将"大丈夫"视

---

[1] 《论语·子罕》。
[2] 《宾友目》。
[3] 《周易大传》。
[4] 《论语·为政》。
[5] 《孟子·滕文公下》。

为一种卓越的生命状态，拥有"大丈夫"理想人格的个体"富贵不淫""贫贱不移""威武不屈"，有着受信念指导的崇高精神境界——浩然之气。先秦最后一位儒家大师荀况以"大儒"为终极追求，在他看来，"彼大儒者，虽隐于穷阎漏屋，无置锥之地，而王公不能与争名；在一大夫之位，则一君不能独畜，一国不能独容；用百里之地，而千里之国不能与之争胜。通则一天下，穷则独立贵名，天不能死，地不能埋，桀、跖之世不能污，非大儒莫之能立，仲尼、子贡是也"①。荀况所言的"大儒"即为他心中的卓然超群者，他们学识渊博、胸怀远大、以天下为己任、品行仁厚出众。墨翟心怀"兼相爱，交相利"的社会理想，他追求成为的卓越个体是一位"厚乎德行，辩乎言谈，博乎道术"② 的"兼士"，他们能够"以天下之利，除天下之害"③ 为己任，能够"上说下教"推行"兼爱"的主张。庄子追求天人合一，当抵达"天"的境地时，人便能成为"至人""真人""神人""圣人"，便能做到"人与万物共逍遥"，这就是庄子所追求的卓越之境。他所主张的卓越体现在精神超脱、逍遥自由之中。宋代大儒张载曾将"为天地立心，为生民立命，为往圣继绝学，为万世开太平"④ 作为自己对卓越的追求，他认为身为人就要为社会建立道德伦理体系，为民众找寻生命存在的意义，为圣人传承逝去的经典，为苍生开设太平基业。理学思想的集大成者朱熹将人性分为"天命之性"与"气质之性"。"天命之性"是纯然至善的，而"气质之性"则有恶有善，人之所以有善恶之分就在于人的"气质之禀各有清浊"⑤。在他看来，卓越的人是拥有"天命之性"的圣人。人倘若要实现生命的卓越便要"变化气质"，去蔽明善，将气质之性恢复到纯然至善的"天命之性"，如此人才有可能抵达成贤成圣的生命卓越之境。为此，他主张通过格物、居敬、力行来变化气质，成为圣贤。所谓"格物"即"格物穷理"，如此人才能日渐知晓事物的本源，从而抵达澄明之境；所谓"居敬"即"随事专一谨畏，不放逸尔"⑥，人只有时刻谨言慎行、用心专一，才能修养本心，

---

① 《荀子·儒效》。
② 《墨子·尚贤》。
③ 《墨子·兼爱下》。
④ 《宋史·张载传》。
⑤ 黎靖德：《朱子语类》，中华书局1986年版，第68页。
⑥ 《宋元学案·晦翁学案》。

从而变化气质;所谓"力行",即"行其所知",人应当先知而后行,"知"其正确而后"身体力行",从而实现气质的变化。心学的奠基者王阳明也充分肯定了个体生命的卓越性,在他看来"个个心中有仲尼"①,"仲尼"是圣人,人人心中向往着圣人之境,这正彰显着个体内心深处饱含着对生命卓越的追求。因此,王阳明主张通过"致良知"来抵达圣人之境。他认为人的良知之所以容易被蒙蔽便在于人心存私欲,因此,他主张通过"立志为学""省察克治""事上磨炼""躬身践行"来做到知与行的统一,如此才能完成"成圣"的道德目标,才能抵达个体生命的卓越之境。冯友兰在《新原人》中说道,"天若不生人,万古长如夜",他高度肯定了人的价值和人这一生命个体超越万物的卓越性。于是他提出人因为对自身体悟不同,也就是"觉解"程度的不同会达到四层境界,即自然境界、功利境界、道德境界、天地境界。冯友兰所言的"天地境界"正是一种达至卓越的生命之境,抵达这一卓越境界的人能够觉解世事,能够超自然本性,能够超功利私欲,能够物我合一,能够"知天""事天""乐天"。

通过上面的追溯我们可以看出,中国传统文化中无数仁人志士所追求的卓越是精神层面的卓越。无论是儒家追求的仁者、"大儒"的理想君子人格,还是道家追求的"至人""真人""神人""圣人"的精神巅峰,抑或是朱熹与王守仁向往的圣人之境、冯友兰追求的"天地之境",他们都注重超脱于世俗层面的道德性、精神性的生命,立足于人性完美的角度强调个体灵魂和精神要超越世俗繁杂,如此才能算是真正意义上的个体卓越生命。

2. 西方文化中的生命卓越性思想

源自古希腊的奥林匹克运动是个体生命追求卓越的体现。古希腊于116年为祭奠宙斯而举办的奥林匹克竞赛,其后传承长达百余年,而奥林匹克精神也一直绵延至今。古希腊的奥林匹克竞技运动渗透着追求个体生命卓越的思想,因为在竞赛中只有胜利者才能在宙斯神庙中被授予象征神灵恩赐的橄榄枝,对于参赛者来说"橄榄枝"是对他们的最高赞誉。因此,希腊人内心深处点燃着不断实现超越、追求优秀、奔向卓越的生命之火,而"更高""更快""更强"也正是这种追求卓越的奥林匹克精神的

---

① 王阳明:《王阳明全集》,上海古籍出版社1992年版,第157页。

发扬。

苏格拉底是古希腊最卓越的哲学家之一，在他被判死刑时，他的弟子克里同劝说苏格拉底逃跑，苏格拉底却认为相比于身体，灵魂的拥有则更为珍贵，灵魂的完满是一个人毕生的追求，也是人之卓越所在。他将自己的一生付诸对智慧、勇敢、节制、公正的不竭追求，这正是对生命灵魂卓越的追求，所以，苏格拉底毅然放弃了逃生的机会，他想要用自己的生命来守护正义、守护道德。在他看来这样做他的灵魂依旧不灭，因为他有着超越肉体的卓越精神生命，于是苏格拉底视死如归、饮鸩赴刑。"道德的优秀、卓越与人的优秀、卓越同样都是日月之菁华，极其宝贵。一个人具备其中一样，就已经十分罕见；同样具备两样者，几乎没有。然而苏格拉底却是这么一个全面优秀、卓越的人。"①

苏格拉底的弟子柏拉图在《理想国》中提出教育的最高目的就是培养"哲学王"，哲学王具备智慧、勇敢、节制、公正的美德，哲学王是柏拉图所认为最完美的卓越之人。他将卓越与人的理性联系起来，在他看来卓越之人过着一种"沉思的生活"，他能够从可见世界上升到可知世界，能够参透事物的本质，不断认识最高的智慧——至善。他认为欲望使个体生命不够完美，理性却能够帮助灵魂处于和谐状态，使人走向完美、走向卓越。因此，他认为卓越的哲学王一定是理性"节制者"。古希腊百科全书式的哲学家亚里士多德在自己的著作中多次提到"arete"一词，在他看来卓越和德行之间密切相关。他认为真正卓越、圆满的人拥有理智德行和道德德行，人高于动物之处便在于人具备理智的灵魂，人能够在学习和受教育中自觉用理性指导欲望，使欲望屈从理性，能够选择一种"沉思的生活"，能够进行接近神的"沉思的活动"。因此，亚里士多德在柏拉图所强调的"智慧、勇敢、节制、公正"四种美德之外，提出卓越之人还应当有崇高、慷慨、友谊和自尊。

文艺复兴时期，英国剧作家莎士比亚在《哈姆雷特》中写道："人是一件多么了不起的作品！理想是多么高贵！力量是多么无穷！仪表和举止是多么端庄、多么出众！论行动，多么像天使！宇宙的精华！万物的灵位！"② 在他看来，人就是卓越的、超越万物的灵长者，因为人有高贵脱

---

① 包利民：《生命与逻各斯——希腊伦理思想史论》，东方出版社1996年版，第164页。

② ［英］威廉·莎士比亚：《莎士比亚全集》（第5卷），朱生豪译，人民文学出版社1994年版，第327页。

俗的理想，有巨大的力量，有端庄的仪表，有至高的道德性，人就是卓然超物的存在，人在对更好的追求中走向卓越。

在现代西方哲学中，尼采认为"人是联结在动物和超人之间的一根绳索——悬在深渊上的绳索"①，所以人必须往前走，人正是在往前走的过程中不断生成、不断超越自己。在他看来，"人之所以伟大，乃在于他是桥梁而不是目的"②。尼采笔下的卓越的人是有着"强力意志"的人，这种"强力意志"促使个体积极开拓生命存在的意义，激发生命从"负重的骆驼"蜕变为"敢于否定的狮子"，最终成为"创造自由的赤子"，当生命居于"赤子"这一精神境界时，他便是"超人"，他不是"superman"，他是"overman"，他能够自由创造，他敢于超越自我，他获得了一种"有着充盈的力与爱、泪水与欢笑的神的幸福"，他便是卓越的、大写的人。

美国心理学家马斯洛提出的需要层次理论中最高层次的需要——自我实现的需要，就是人对卓越的追求。在他看来，人在生理需要、安全需要、归属与爱的需要满足之后，就会不断产生对尊重、自我实现的"成长性需要"，人对这些需要被满足的渴求彰显着人一直向往"完满"的生命状态，当达到自我实现的境界时，人便处于高峰体验的生命状态，人也就到达了卓越之境。

根据对西方历史上追求生命卓越思想的梳理，我们感受到了西方历史上思想家们对人这棵能思考的苇草追求生命卓越性的关注和肯定。不论是古希腊追求卓越的奥林匹克精神，还是苏格拉底追求的灵魂卓越，抑或是柏拉图、亚里士多德从精神层面对理性、"至善"和德行完满的追求，又或是尼采一声"上帝死了"而后不断求索的"超人"，这无一不彰显着西方哲学家们所追求的生命卓越是理性引导下真善美的和谐统一。由此我们也可以窥探出，人这一生命体正因为追求超脱物质生命的精神、灵魂、道德、智慧之卓越，所以才成为"宇宙之菁华""万物之灵长"。

（二）个体生命卓越性的内涵界说

通过对中西方历史上生命卓越性思想的梳理可以看出，人与动物

---

① ［德］弗里德里希·威廉·尼采：《查拉图特拉如是说》，钱春绮译，生活·读书·新知三联书店2009年版，第10页。

② ［德］弗里德里希·威廉·尼采：《查拉图特拉如是说》，钱春绮译，生活·读书·新知三联书店2009年版，第10页。

不同之处就在于人会思考、善发问，人是追求精神性、意义性、价值性的存在。正因为人追求卓越，所以人才称之为人，"卓越"是人这一个体生命对自我的内在要求、对精神完满的无限向往、对自由幸福的不懈追求。因此，我们可以从以下两个方面来理解个体生命卓越性的内涵。

1. 个体在超越有限、创生无限中彰显生命的卓越性

个体生命首先存在于个体肉身所栖居的现实物质世界，在这一世界中生命所追求的是名、利、身体健康等世俗之物。其次，他存在于个体与他者联结而成的社会世界①，在这一世界中生命所追求的是公正、自由、和谐。最后，个体生命也存在于个体灵魂深处的精神世界，在这一世界中个体生命所追求的是灵魂的高贵和德行的完满。个体所处的物质世界告诉我们人是一个自然生命，这是人存在的基础和前提。同时个体在社会世界中完善自我、拓展生命的宽度。不仅如此，个体要在超越物质世界和社会世界的精神世界中延展生命的高度，让生命突破有限的存在，成为"超生命的生命"，这正是人的生命卓越之所在。因此，生命的卓越性不是一种功能，只有在人的实践活动中才能证明生命的卓越性存在与否。虽然"人只不过是一根芦苇，是自然界最脆弱的东西"②，人的现实生命孱弱又有限，但自盘古开天辟地以来，人便在自主能动的实践中不断超越自身有限的生存条件和自我存在的软弱与庸常状态，在自为、自觉中追求着更加卓越的无限存在。"人生的困惑与奋争，理想的冲突与奋斗，社会的动荡与变革，历史的迂回与前进，绘制出人类自己创造自己，自己发展自己的色彩斑斓的画卷"③，这正是人类对有限生存状态的挣脱，对无限精神世界的憧憬，对卓越存在的炽热追求。因此，人正是在实践活动中超越动物式的生存，超越生存的局限性，超越生命的短暂性，最终成为一个在生命的画布上挥洒笔墨的"创作者"。雅斯贝尔斯曾说："人类并不是一个已经不再发展的固定的族类，不像动物那样是不可改变的，人类有着无限发

---

① 波兰科学院副院长什切潘斯基在其"中间"世界论中提出三个世界论：外在的物质世界，内在的精神世界，介乎二者之间的非物质、非精神的"社会性的""中间"世界，这一中间世界也被认为是社会世界。

② [法] 布莱斯·帕斯卡尔：《思想录》，何兆武译，商务印书馆1985年版，第157页。

③ 孙正聿：《超越意识》，吉林教育出版社2001年版，"序"第1页。

展的可能性。"① 人永远不拘泥于既定的现实，他总是眺望着远方，因此他是一个"是其所是"又"不是其所是"的存在者，他"野心勃勃地给自己定下目标，达成之后却又不能就此罢休"②，他永远是一个"未定者"，他能够自我创造无限的人生天地，他不仅追求物质的满足，也追求道德的养成，亦追求良善的生活，他的生命境界也因此不断攀升。

可见，个体在对有限的超越与无限的追求中彰显着生命的卓越性。正是生命的卓越性赋予了有限的个体生命以无限的可能性，也只有那些敢于超越有限的世俗世界、创造无限的可能生活的人方能拥有卓越的生命。

2. 个体在向"类生命"的跃升中创生生命的卓越性

对于"人是什么"这一问题的回答有一个流行的说法，那便是"人一半是天使，一半是魔鬼"。因此，人这一生命体既是"非人"的存在，也是"超人"的存在。首先，人是经由生物进化的具体的、肉体生命的存在，人面临着生老病死的生命有限性，人的生命需要在物质欲求的满足中得以维持和延续，因此，我们说自然生命是人存在的基础，这种自然赋予的、人与物共有的即为"种生命"。"种生命"是人追求卓越的生存基础，但如果人仅仅停留于"种生命"的层面只顾温饱享乐，那便失去了作为人的意义和价值，最终成为"魔鬼"般的存在。在高清海教授看来，人除了"种生命"之外还有"类生命"，类生命是"由人创生的，既包含了种生命又是对种生命的超越，它不仅突破了个体局限，也突破了时空局限，与他人、他物融合为一体关系，并获得了永恒和无限的性质"③。从这个意义上讲，拥有"类生命"的人是"天使"。人与动物不同，人活着总有对更好的追求，我们漫长的历史长河中人类曾编织的神话将自己想象为"女娲的后人""神的子民"，人们也曾将自己定义为"高级动物""思想动物"等，这说明人有着对高贵、卓越的向往，人并不满足于动物般的生存活动，"动物只有外在的生活，人同时还有着内在的生活和生活的内在天地"④，动物不需要"做动物"，而人则要做人、过人生。人将自

---

① ［德］卡尔·雅斯贝尔斯:《什么是教育》，邹进译，生活·读书·新知三联书店1991年版，第64页。
② ［德］孙志文:《现代人的焦虑和希望》，陈永禹译，生活·读书·新知三联书店1994年版，第101页。
③ 高清海:《人就是"人"》，辽宁人民出版社2001年版，第11页。
④ 高清海:《人就是"人"》，辽宁人民出版社2001年版，第43页。

己的生命活动变成"自己意志和意识的对象",人通过创造性的活动超越了"种生命"的自然存在,将"自在"的生命变成"自为"的生命,在自我创生中实现无限和永恒,如此人便拥有了自觉的"类生命",人便处于"类存在"的状态。

"类存在"的人是"超物性"的存在,是"灵"与"肉"的结合体,他不仅需求外在的、物质层面的自我满足,还追求内在的、精神层面的不断攀升。同时,"作为'超物之物'他不只是与一切其他之物相区别,更重要的是与一切其他之物还有着普遍同一和本质统一的一体性联系,这正是人之为人的类本质和类特性"①。在"类"的存在状态中人不是孤立式、原子式存在的"小我",而是"普遍地存在于每一个个体之中,又把一切个体从本质统一为整体"②的"类生命",人的生命既相互独立又相互交融,人跨入"天地与我并生,万物与我为一"的卓越之境。因此,我们说生命的卓越性就在于人从自然的"种生命"转向自觉的"类生命"的过程,在"类存在"状态中人摆脱了平庸。在这一状态中"人并不把自己局限于脆弱的生命,人还有超生命的永恒本质;人是个体的无限存在形态;人以自我为中心,人并不封闭自己于孤立的自我牢笼,人同时融合了广漠的非我天地;人来自于自然,属于大自然,人又再生了自然,使自然也属于了人。一句话,人即是世界,世界即是人,人天融汇一体。"③这是卓然存在的个体生命,他不仅仅是作为个人的存在,更是处于关系之中的存在。他创造着文化世界和意义世界,他意识到自我、他人、社会间的关系,他通过创造而实现永恒价值,他在至善、至真、至美的追求中寻觅整全,这就是人之"类生命"的卓越所在。

总之,个体生命的卓越性既是从有限的现实中创造无限的可能,又是内在精神境界的不断升华。个体生命的卓越性不是一种功能或结果,它是一个流变的过程,是使生命趋于完满、臻于自由、终于幸福的过程。

---

① 高清海:《人类正在走向自觉的"类存在"》,《吉林大学社会科学学报》1998年第1期。

② 高清海:《人类正在走向自觉的"类存在"》,《吉林大学社会科学学报》1998年第1期。

③ 高清海:《人类正在走向自觉的"类存在"》,《吉林大学社会科学学报》1998年第1期。

（三）个体生命卓越性的意蕴探析

1. 个体生命的生成性孕育生命的卓越性

人并非生下来就能称之为卓越之人，人的存在是随着生命的生成、发展、升华而不断趋于卓越。人是非特定化、未完成的存在，"人的非特定化是一种不完善，可以说，自然把尚未完成的人放在世界之中，它没有对人作最后的限定，在一定程度上给他留下了未确定性"①。因此，人的未确定性使人的生命不是"既成"的存在而是"将成"的存在，人能够从先天不完善的状态发展到后天更加优越的存在，正是个体生命的生成性使生命在无限的生成中凸显卓越。海德格尔指出：人的本质在于"去存在"，因为人的存在是作为一种可能性而存在，所以"去存在"也就是人超越当前"尚未"而不断生成的过程，人正是在生成中成为人。由此可见，人高于动物之处就在于人之生命的不断生成性，生命的不断生成使人"从不满足周围现实，始终渴望打破他之此时——此地——如此存在的界限，不断追求超越环绕他的现实——其中包括他自己的当下的现实"②。可以说人的生命从来不是已经完成的存在样态，他是流变的、发展的、未竟的，他一直在通往未完成的途中，他向着可能的卓越而生，始终在对现实世界的批判与否定中朝向更好的方向去筹划完满的人生。他从不圈隅于现在，而是通过不断的实践将原本依赖的自然环境变成自我改造的对象，将狭小闭锁的生存空间变得辽阔开放，所以，人在生命活动中不断发展、完善自己，在绵延生成中孕育着卓越。个体生命的生成性使人打破预设，使人在改造客观世界、创造未知世界的实践过程中填补个体生命的不足、获得人性的完善、实现生命的价值、确证存在的意义。在这个意义上来说，个体生命的生成性使人永葆积极奋进的存在姿态，它给予了人向前生长的力量、向更好发展的能量，由此人在自我选择、自我实践的生成中孕育了个体生命对"更好的我""更有意义的存在""更本真的我"的向往，在这种更好、更有意义、更本真的绵延生成中孕育着人的卓越。

---

① ［德］米切尔·兰德曼：《哲学人类学》，张乐天译，贵州人民出版社1988年版，第91页。

② ［德］马克斯·舍勒：《人在宇宙中的位置》，陈泽环译，上海文化出版社1989年版，第43页。

2. 个体生命的超越性彰显生命的卓越性

马克思曾指出:"动物和他的生命活动是同一的,动物不把自己同自己的生命活动区别开来。它就是自己的生命活动。人则使自己的生命活动本身变成自己意志的和自己意识的对象。他具有有意识的生命活动。"① 可见,人与动物不同的是人有"自我",人的生命活动是自我意志的对象,人超越生命本能的局限,支配着自己的生命活动。因此,"真实的人,是一个个的生命存在,生命是人的现实本质。然而人又必须超越生命,转过来去主宰自己的生命活动,这才使人成为了'人'"②。人不仅是"超物之物",又是"超自然的自然存在",还是"超生命的生命存在",生命跳动着的超越之光召唤着人追求终极完满的卓越存在,向着超越而生的人能"觉其所觉""知其所知""想其所想""行其所行",能够超越狭隘有限的存在,有意识地把握自己的生命,自主能动地改造自然,并将生命的"适应性活动"转变为"创造性活动"。人正是在各种创造性活动中超越了自然的存在,创生出无限广阔、无限丰富、无限发展的文化世界、生活世界、意义世界、真善美的世界,人在这些无限世界中才得以彰显生命的卓越光辉。因而对于有着超越意识的生命个体来说,"生存不是如此存在,而是能够存在,就是说,我不是生存着,而是可能的生存;我没有自我,而是正在达到自我"③。人的生命超越性使人追问"我将如何存在"而非"我将如何生存",人在超越有限中创造无数可能,人超越表象的知识形成生命的智慧,超越实体世界构造精神世界,超越现实规定走向生命自由,这种超越给予人追求德行完满、精神自由、灵魂高贵的动力,人在超越无数个不完美中逐渐臻于未来那个卓越的我。我们可以说,生命的超越性是生命深处燃起的熊熊之火,它照亮了人通往卓越的征途,人在超越现实生命的庸常状态中热情追逐着可能的生活。于是人既身处现实的此岸世界又创生理想的彼岸世界,既脚踏实地走在路上又抬头仰望着神秘的灿烂星河。

3. 个体生命的自由性锤炼生命的卓越性

在马克思看来,自由是人之为人的本质,能不能自由地生活与做事是

---

① [德] 马克思:《1844年经济学—哲学手稿》,人民出版社1979年版,第50页。
② 高清海:《人就是"人"》,辽宁人民出版社2001年版,第7页。
③ [德] 汉斯·萨内尔:《雅斯贝尔斯》,程志民等译,中国社会科学出版社1992年版,第162页。

人与动物的根本区别。"动物只是按照它所属的那个物种的尺度和需要来进行塑造，而人则懂得按照任何物种的尺度来进行生产，并且随时随地都能用内在固有的尺度来衡量对象；所以，人也按照美的规律来塑造。"① 人的生命自由本质使人认识、利用、超越各种有限与圈囿，人才得以形成、发展。人正是在自由中为自己规划无限可能的未来，在自主选择中摆脱庸碌的奴役，创造卓越的自我。因此，个体生命的卓越与否取决于他对自由的追求和得到自由的程度。一个人"越自由，他的个性发挥得便越充分，他的创造潜能便能得到实现，他的自我实现程度便越高"②。当人的自由意识转化为人的行动能力，使人获得了从自然、社会、功利、欲望的奴役中挣脱的可能性，人由此进入无限自由的理想之域，人也因此获得了生命本能的充分释放和无限高扬，人就成为了"大写的人"。兰德曼在《哲学人类学》中提出，人从根本上是"未定的存在"，当人意识到自己是自由的，他便想要成为"他自己"。这说明人并不是带着某种确定的本质被抛入这个世界上，人生命中的自由意识使人在改变世界的同时，也在自我肯定和自我超越中改变着自我，为自我创生更大限度的自由，在自由中自主地锤炼着生命的卓越特性。从这个意义上，我们说个体的生命自由为人实现卓越奠基，人正是在自由的自为中丰富生命、解放精神、涤荡灵魂。正如雅斯贝尔斯所说："人，只能自己改变自身，并以自身的改变来唤醒他人。但在这一过程中如有丝毫的强迫之感，那效果就会丧失殆尽。"③ 因此，正是由于个体生命拥有对自由的孜孜追求，所以人不甘沦为"必然王国的臣民"，人有了物质自由还向往精神自由、人格自由，人通过自己的力量重塑新的世界，使自己成为"自由王国的主人"，在自由的国度中人充分追寻着存在的意义，实现着生而为人的价值，让生命生如夏花之绚烂、死若秋叶之静美。

（四）个体生命卓越性的教育价值

1. 教育赋予个体追求生命卓越的不竭动力

教育是一种有目的、有计划、有组织地培养人的活动，这是教育的质

---

① ［德］马克思：《1844年经济学—哲学手稿》，人民出版社1979年版，第50—51页。
② 王海明：《自由的价值》，《中国社会科学文摘》2001年第1期。
③ ［德］卡尔·雅斯贝尔斯：《什么是教育》，邹进译，生活·读书·新知三联书店1991年版，第26页。

的规定性。只有人这一生命体才存在"传道授业解惑"的教育活动。因为人和动物不同,动物的目的是繁衍和维持生命,而人讲究"活法",讲求"做人之道",追求意义,思索价值。对于人来说,"探索有意义的存在是实存的核心"。① 所谓有意义的存在就是追求不断走向卓越的存在,人正是由于向往卓越才始终追问"我是怎样的存在""我应该怎样生活",才总要超越当下,追求更好的自我。教育的存在使人摆脱了蒙蔽愚昧的状态,丰富了个体生命的内涵和存在的意义,人在间接经验的认知中由本能生命向智慧生命跨越,在历史文化的汲取中由自然生命向文化生命跨越,在集体教学的场域中由个体生命向社会生命跨越,在价值情思的陶冶中由物质生命向精神生命跨越。所以,教育赋予了个体生命追求卓越的动力,教育"借助知识、智慧和爱,使个体获得精神解放,并以此唤醒和解放学生本性中的精神渴望、提升学生的心灵层次"②。人通过本真教育的经验世界去寻找真、善、美,通过科学世界培植理性思考的能力,通过文化世界寻找生命存在的意义和价值。因此,人"受教育不在于肯定自己,不在于'占有知识',而在于否定自己,生成'思想',产生创造。"③ 如此,个体生命成为了有思想、有智慧、有灵魂的卓越存在。同时,教育通过实现个体个性化与社会化来成就卓越的个体生命。人是能动的生命,人在受教育的过程中认识到自我生命的能动性,促进了生命主体意识的发展,彰显了个体生命的独特性。人还通过自主学习接受社会规范和文化价值,促进身份的社会化,由此意识到存在的关系性,在与他者共在、共生、共享中走向"大写"的存在。此外,人通过接受教育赋予个体生命敢于超越的魄力和能够超越的能力,人不断否定固有的状态,不断创设无限的可能,不断从自然世界走向精神世界,升华着生命的价值,寻找着卓越的人生。因此,教育赋予了人的卓越拥有特性,人在受教育的过程中成就整全的卓越个体生命。

2. 培养卓越的个体生命是教育的价值旨归

教育离不开个体生命的存在,个体生命的存在离不开教育。因此,我们说教育是"成人"的教育,而非"成物"的教育。然而,教育培养出

---

① [美] A. J. 赫舍尔:《人是谁》,隗仁莲译,贵州人民出版社1994年版,第52页。
② [法] 雅克·马里坦:《教育在十字路口》,高旭平译,首都师范大学出版社2010年版,第14页。
③ 冯建军:《人的超越性及其教育意蕴》,《教育研究与实验》2005年第1期。

的人既可能是过着"宠物生活"的"人形动物",也可能是创造卓越的"超人"。关键就在于教育是否将个体生命作为基点,是否面向提高个体生命质量而教。教育不是将知识强塞进学生的头脑,也不是机械的训练与操作,这样的教育是"制器"的教育,它使人无法形成健全的精神,难以追求美好的生活,更谈不上灵魂的高贵和精神的卓越。教育不应单单止于知识输送,"教育的价值在于它对生命存在本身意义、人类群体的发展和个体的生命发展的最终追求中"①。本真的教育应当以人为出发点,以"成人"为目标,关注个体生命的存在,摆脱呆滞闭锁的"书本、课堂、教师"三中心,依循个体生命的特征和发展规律,尊重个体生命的发展需要,唤醒个体生命对更高存在的价值诉求,启发学生"为何而生"而非仅仅是"以何为生"的思考,让个体生命在自主创生中展现自我完善的生命姿态,让个体生命在自由中走向更高层次的意义世界。同时,"教育作为'使人向善'的活动,它追求一种'应然'理想,创造一种可能的生活"②。人有善有恶,卓越的人一定是有德行、内心良善的人,教育作为"成人"的活动更应使人的灵魂达至"至善"的境界。因此,"等待一个更好的生活,企盼一个更好的存在,追求更高的善和美好,这就是教育必须守护的目的,离开这个目的,任何教育都不能算是好的教育"③。传授知识、获取高分仅仅是教育的外在目的,教育还应当有更高的内在追求,即让人在教育中实现道德的高尚、精神的提升、人性的完满、信仰的坚定和灵魂的卓越。当人臻于真、善、美,教育便培养出了真正卓越的人。所以,本真的教育应当给予个体生命自我发展的空间,唤醒个体生命对卓越的追求,培养个体生命的卓越能力,如此个体生命才能超越有限的存在,创造无限广袤的可能世界,构建至真、至善、至美的完满世界。所以,教育应当以涵养卓越的个体生命为价值旨归,引导个体生命对物质世界的超越,指引个体生命迈向卓越的精神世界,如此才能激发个体生命的卓越气质,促使个体生命在更高意义上成为人。

---

① 刘济良、王定功:《关注生命——生命教育的多维审视》,中国社会科学出版社2017年版,第71页。
② 冯建军:《教育的个体享用功能》,《上海教育科研》2002年第1期。
③ 薛晓阳:《希望德育论》,人民教育出版社2003年版,第48页。

二 现实教育中个体生命卓越性的异化

教育是生命与生命的欣喜相逢，是生命扎根生命的温柔呵护，因此教育离不开个体生命的奠基，个体生命离不开教育的涵养。教育是"直面人的生命、通过人的生命，为了人生命质量的提高而进行的社会活动，是以人为本的社会中最体现生命关怀的一种事业"①。因此，本真的教育立足个体生命，站在个体生命的视角开展教育活动，使人这一生命体在教育中认识世界、认识自我，追逐生命意义的澄明，实现生命价值的跃升，抵达生命的卓越之巅。然而现实教育却日渐异化了个体生命的卓越性，使个体生命在生存世界中沉沦，卓越被高分、名校、地位标榜，个体生命在教育中沦为了平庸之辈。

（一）个体生命卓越性异化的表现

1. 功利教育的熏染扭曲了个体生命卓越的本质

20世纪60年代，美国经济学家舒尔茨提出了著名的"人力资本理论"。他认为教育是消费活动的同时也是投资活动，并且是一项可以带来丰厚利润的生产性投资，对个人而言教育能够提高工资收入，对社会而言能够促进经济发展。舒尔茨所阐述的观点加深了人们对教育与经济之间关系的认知，但却无形中导致人们将教育的经济功能过分夸大，教育被异化为一种可以带来高收入、高职位的工具。于是，在工具主义的驱使下人被功利牵制，他关注的更多的是形而下的实用技能的获得而非形而上的存在意义的追求，于是生命的卓越本质被异化为人掌握权力的大小、拥有金钱的多少、占有物质的多寡等，教育也难逃其影响，开始投入实用主义、功利主义的怀抱，学生的兴趣、爱好、梦想、憧憬被物质世界的迷雾笼罩，分数、名次成为评判他们是否卓越的唯一标准。然而，"如果一种（教育）主题只限于向我们提供能够使我们更多地控制事物的世界的知识，那么，它倒是很可以用来增长我们的物质财富，却丝毫不能影响我们的内

---

① 叶澜：《教育理论与学校实践》，高等教育出版社2000年版，第136页。

在生活"①。生命是否卓越取决于内在精神世界的丰富和升华，被外在物质俘虏的个体生命是非人的存在，又何谈卓越二字。所以，"现代教育的目的在于通过特殊智能的训练使学生胜任某一种职业，从而使教育萎缩为职业的附庸和工具，这绝非真正的教育"②。这种工具理性僭越下的教育"犹如一个庞大的寄生虫，分别寄生在政治和经济的躯壳里，却没有自己的根"③，失却了生命之根的教育将"卓越"曲解为物质世界的极大富足，将卓越看成能够用数字计量的结果而非创造、生成、超越的过程。学校成了生产"准职业者"的高效率的生产流水线，学生成了应市场经济需求而兜售的产品。著名作家三毛儿时在教师布置的作文题目"我的理想"中写道：她想要成为一名"拾荒者"，因为"拾荒可以呼吸新鲜的空气，又可以大街小巷的游走玩耍，快乐的如同天上的飞鸟。拾破烂的人最愉悦的时刻就是将这些蒙尘的好东西再度发掘出来……"然而教师却说"你的理想是捡垃圾，那还念什么书了，赶紧滚出去"，厉声的辱骂撕扯着三毛童真的梦想。每个人追求的卓越不同，对三毛来说她所追求的不是成为名声鼎立的医生或是坐拥重金的成功人士，她追求生命可以获得自由、自在、自为、自我，可以在越过万水千山中捡起生命的美好，可以在有限的时空里洒脱地过着无限广阔的日子，这是有灵魂、有精神的卓越。可是功利膨胀的世界中，又有多少像三毛一样的人？又有多少人放弃了对卓越的追逐？对于人来说，本真的卓越在于对存在意义的追求，对至真、至善、至美的追求，如今在功利的威逼利诱下它却被迫让位于表面的纸醉金迷和外在的浮华荣耀，个体生命所追求的卓越变成了考上名校抑或是在就业市场上获取高薪体面的职位，这是一种虚妄的卓越，它使个体生命无法超越有限的存在，它带给个体生命的是退化、不幸和痛苦。当卓越被浸染了功利的色彩，那么卓越所包罗的德性完满、品格优秀、灵魂高贵等都会变得黯然失色。

2. 分数至上的追求庸俗了个体生命卓越的追求

个体生命的卓越性意味着个体追求更好、更优秀、更完美的生命发展方向，然而现实教育场域中分数至上的追求导致分数、书本知识的功能被

---

① [法] 爱弥儿·涂尔干：《教育思想的演进》，李康译，上海人民出版社 2003 年版，第 470 页。

② 李政涛：《做有生命感的教育者》，北京师范大学出版社 2010 年版，第 27 页。

③ 李政涛：《做有生命感的教育者》，北京师范大学出版社 2010 年版，第 27 页。

无限夸大，学生不得不将目光聚焦于对更好的考场发挥、更优秀的学业成绩、更有名气的升学学校等世俗性的追求。教育理所当然地成为让学生变得"聪明""精明""优秀"的知识仓库，"学生以为，教育的目的就是获取、再现知识，就是从一个学习科目转向下一个，就是从一个班级、年级和学位到下一个班级、年级和学位。学生就像在教育的百货商店里待得太久而变成茫然、被动的消费者"①。教师教什么，学生便学什么，教育的过程中充斥着书本知识的识记、高分模板的应用，似乎谁牢牢地掌握了呆滞的书本知识和高分模板，谁就有更大的可能在考试中被评定为"尖子生""优秀生"。学生沉浸在为考试而学的教育中，似乎谁学的知识多谁就有更大可能成为卓越的人，本应天马行空思索人生的个体生命竟很少有思考的闲暇。曾经有这样一则案例②：

> 2004年，从北大退休的钱理群教授在南京师大附中开了一门名为"鲁迅作品选读"的选修课。在开课之前，南师大附中的老师是这样向同学们宣传的：你们都想进北大，钱先生是北大最受学生欢迎的教授之一，但你们现在考上北大也听不到钱先生的课了，因为他已经退休了。这是他头一次到中学讲课，这个机会难得啊。头一回上课，连过道都站满了人，可不到一个月，空旷的大教室就只剩下了不过二三十个学生。钱教授伤心了，是自己讲得不好吗？当然不是。一位同学在写给钱教授的信里揭开了谜底："我们不是不喜欢听您的课，而是因为您的课与高考无关，宁愿在考上北大以后再毫无负担地来听您的课。"

这则案例让我们看到了一位位被超负荷的学习任务残忍压制着的年轻生命。如今大多数教师和家长为了让学生在考试中得到高分、考上名校，为他们精心布置了各式各样的学习任务，字词抄写、习题册、单元测试题、模拟卷、押题卷、辅导班……学生能够获取高分的秘诀就是题海战术、高强度学习，学生和教师变得只对分数感兴趣，对学习本身似乎并不感兴趣。考试成了教育中的"尾巴"，这种"盛行的、制造恐怖

---

① ［美］托宾·哈特：《从信息到转化：为了意识进展的教育》，彭正梅译，华东师范大学出版社2007年版，第37页。
② 麦子熟了：《我们是如何走向平庸的》，《意林》2018年第16期。

的标准化考试制约着学校教育的整体摆动,就像'尾巴在摇狗',而不是'狗在摇尾巴'"①。学生的个体生命被考试分数桎梏,在习题册、答卷上的字里行间我们很难看到生命对自我的考问、对精神境界的"觉解","我们把考试和学位当作衡量智慧的标准,进而培育了一种躲避人生重大问题的心智"②,学生的知识学习流于浅薄,惯于逃避非标准的答案,放弃反观灵魂的机会,最终沦为不会思考、不敢超越的平庸之辈。

教育本是帮助和引导个体生命走向自我完善、臻于卓越的事业,它致力于"通过现存世界的全部文化导向人的灵魂觉醒之本源和根基,而不是导向由原初派生出来的东西和平庸的知识"③。当今为考试而教、为考试而学的教与学带给学生庞大而又繁重的学习任务,学校教学丧失了教育性,它只是让学生一头埋进了外部世界堆积的知识堆中,忽视了对学生内在灵魂的唤醒、心灵层次的提升,不管是受教育者、教育者又或者是家长,对一个人是否卓越的评定就是看他是否通过了考核,但仅仅这些还不够,人们还要看他是否在考核中取得了骄人的名次。不少学校通过开展分班考试,或者美其名曰"学业水平调查"来对学生进行考核,划分三六九等,将班级分为"重点班""实验班""普通班",依据班级就能判断学生是否"优秀"。这种实然的教育正在制造平庸,它将个体生命对卓越的追求变得窄化,学生不懂得精神活动的快乐,不为认识的愉悦和美的享受而振奋,不曾享受为梦想奔跑的快感,沦为"单向度的人"。身为育人者的教师则为了应试成为了"知识的传声筒",他们"总是试图把一些概括后的成年人观念一团乱麻似地塞进青年人的头脑,而这些观念如果不是压缩之后变成教条,遭到了照本宣科式的阉割,就是被弄得过于浅显,使这些观念沦落到化为乌有的地步"④,最

---

① [美]托宾·哈特:《从信息到转化:为了意识进展的教育》,彭正梅译,华东师范大学出版社2007年版,第3页。

② [印]吉杜·克里希那穆提:《一生的学习》,张南星译,群言出版社2004年版,第9页。

③ [德]卡尔·雅斯贝尔斯:《什么是教育》,邹进译,生活·读书·新知三联书店1991年版,第3页。

④ [法]雅克·马里坦:《教育在十字路口》,高旭平译,首都师范大学出版社2010年版,第72页。

终教育"即若不是培养出受过教育的、稀里糊涂的智力侏儒,便是培养出无知的、嬉戏科学的智力侏儒"①。他们难以超越"其所是"的存在,总是为意义的迷失而失落。我们看到考试主义盛行下的教育活动变得索然无味,人的未来被一串串没有温度的数字定义,人的思想被枯燥干瘪的知识奴役,人的卓越被单一的分数竞争消解,人的心灵变得愚钝,人成为了尼采笔下的"最后的人"。他们处在"凝固的时空",既单调浮躁又晦暗不明,他们的彼岸世界并不是如期而至的花团锦簇,而是一片缺少温暖的冷酷地带。

3. 成人霸权的影响桎梏了个体生命卓越的本性

现实教育场域中青少年的生活正被肆虐的霸权包围,传统的"教室、书本、课堂"三中心让学生寓居在狭窄的空间里,他们成为高考这条生产流水线上被加工的产品,成为下载储存科学知识的信息储存器。每个生命个体在教育者的操纵下学着同样的应试知识,写着同样的标准考卷,他们的生活被固定成"三点一线",他们所学习的科目被限制,他们所拥有的时间被知识学习侵占,自我的人生被他人支配,留下的只有"被驯服的身体"和"听话的灵魂"。青少年周围的成年人总是充当着"霸道总裁",他们习惯于以"我是为你好"的名义来告知青少年什么可以做,什么不可以做。在糖衣炮弹、威逼利诱下青少年的卓越性被遮蔽,他们不得不努力去活成别人想要的样子。曾经有一篇爆红网络的小学生作文《妈妈,你好狠》这样写道②:

> 我的妈妈有好几副面孔,平时的她慈眉善目的,对人很温柔,唯独面对我,我怀疑她不是我的亲生妈妈。她会监du我写作业,要求弹钢琴,她就站在我的身边,如果出现了错误,就打我一下。没有错误,喂我一口鸡汤,你以为打一巴掌给一个甜zao,就可以收买我了吗?妈妈从小的愿望是钢琴家,所以从我上学以来,已经学习钢琴三年了……

---

① [法] 雅克·马里坦:《教育在十字路口》,高旭平译,首都师范大学出版社 2010 年版,第 72 页。

② 佚名:《小学生作文〈妈妈你好狠〉走红,不是亲生的?老师立即上门家访》,https://new.qq.com/omn/20190531/20190531A0HQLH.html, 2019-05-31/2019-09-11。

这封信折射着成人霸权下孩子的无奈与屈从，现实中大多数青少年正追求的是父母所未完成的而非自己渴求实现的梦想，虽然这在一定程度上能够使青少年的德、智、体、劳、美得到一定的发展，但问题在于作为主体的人所具有的天性被压制，精神被奴役，自由被剥夺。"就个体的生命发展而言，个人是最高的主权者，是自己精神健康的最好守护者。正是为了个体的精神发展，每个人才需要自由，也只有在自由中，个体的精神才能获得自主发展，才能获得实现优秀和卓越的机会。"① 成人霸权下年幼的个体生命是不自由的，他无法徜徉在精神世界中去思索存在的意义和价值，更难以向灵魂深入发问"什么样的生活最有意义"，生命向着卓越前行的双脚被权威的脚镣紧紧束缚。曾经有这样一段母亲和孩子之间的对话：

妈妈：你高考志愿打算填报什么专业？
孩子：妈妈，我想考新闻系。
妈妈：天哪，现在报纸都快没了，你还想写文章，以后养活自己都难。听我的，读金融或者IT，容易找工作，工资还高。就这么定了！
……

从这段对话我们不难看出家长霸权下的孩子失去了对人生理想的自由选择权，受教育变成了功利主义活动，精神和灵魂被弃之不顾，自我的卓越却被他者定义。当然，学校也不例外，在"一日为师，终身为父"的观念下，教师被赋予了绝对的知识权威和膨胀的师者权力，于是课堂上发生了这样的对话②：

一次象棋课上老师问："小朋友们，还记得上次老师说象是怎么走的吗？"
学生回答："老师，象是斜着走的。"
老师又问："象走路像不像一把叉叉？"

---

① 冯建军：《生命与教育》，教育科学出版社2004年版，第267页。
② 罗华：《幼儿园教育活动中成人话语霸权现象浅析》，《现代教育科学》2012年第2期。

学生说:"象是斜着走的。"
老师说:"老师问的是象走路像不像一把叉叉?"
学生小声回答说:"像。"
老师说:"是的,这次答对了。"
这时,一位学生说:"老师,国际象棋里还有比象更厉害的呢!"
老师听后说道:"谁让你说话了,听老师说!"

这类对话在幼儿园、中小学校甚至是大学课堂中屡见不鲜,教师在课堂上滔滔不绝地讲着"单口相声",学生往往充当着静默的听众,他们只能等待被分配机会,课堂上教师根据教学独断地设计问题,忽视了学生学习的需要,学生天马行空的想象、古灵精怪的提问被视而不见或是一语带过,学生提问的权力被剥夺,最终学生的脑袋成为"别人思想的跑马场"。成人霸权下学生思考的时间不得不让位给繁重的课业任务,学生对所学的知识只能是唯唯诺诺,对教师、家长、社会的要求只是盲目性地忠诚,不敢质疑以至于不会质疑。教育中处处可见"平庸的恶",在这种"平庸的恶"笼罩下人只会不假思索地服从命令、放弃自己的思想。英国著名物理学家卢瑟福很重视对学生思考能力的培养,有一次他看到一个学生深夜仍旧在埋头做实验,于是他问学生上午在做什么,学生回答说做实验;卢瑟福又问他下午在做什么,学生依旧回答说做实验。卢瑟福并没有夸奖学生,而是问道:"一天到晚都在实验,什么时候思考呢?"卢瑟福的发问警醒着我们的教育应当摒弃霸权主义,适当放权,给予学生空间和机会去进行自我思考、自我改造和自我超越,为学生提供自由活动、深度思考、发展自我的机会。人唯有在思考中才能丰富自我情感与生命体验,在思维放飞中使生命的主体性得以回归,如此人才能直面自我,才能拥有优秀的头脑和灵魂,赋予个体生命崇高的价值,让人之卓越寓于个体生命丰富的内涵之中。

4. 自我主义的膨胀畸变了个体生命卓越的意识

瑞士心理学家皮亚杰的认知发展理论指出,儿童把注意力聚焦于自身行为和观点,并且以自己为中心处理事情的现象叫作"自我主义"。人认识到世界因为"我"的存在而存在,"我思故我在""我的人生我做主""我就是我,是颜色不一样的烟火"等,这些都是自我主义的体现。但是,人是一个关系性的存在,是依赖社会的存在,他要和自我共处，也要和他者共存，当自我压制了他者，就不免走向了极端自我主义。这种膨胀的自我主义使个体在行为上只考虑以自我为中心，在观念上认为"唯我独尊"，将个人的利益置于至高的地位，将他人视为服务自我的工具，不惜以他者利益的牺牲换取自身利益，缺乏责任感和奉献意识。随着市场经济的发展，个体日渐成为经济上的主体，人变成了封闭的、孤独的"单子式"的存在物，人与人之间成为"最熟悉的陌生人"。人们考虑的只有自身的利益，个人的卓越或许会成为对他人的威胁，倘若你未被"卓越"冠名，很有可能会被家长困在各式各样的补习班，被教师视为"差等生""中等生"，就会被各种选拔考试淘汰，会成为被漠视、讽刺的对象。现实学校里很多教育者为了得到象征"卓越"的高职称、高奖金，强迫、宰制受教育者得高分、争名次、报名校、抢机会、占资源。许多学生最终在教师、家长的耳濡目染下沦为了"教育竞技场上的角斗士"，他们在潜移默化中接受了极端自我主义下的卓越，他们试图让自己比他人优越，以他人的赞赏为标准，以击败竞争对手为目标，以"金榜题名"为荣耀，以"提高一分，干掉千人"为口号，"你争我夺""你死我活"的动物性生存法则变成了个体生命达到"卓越"的合理的甚至是必然的选择。

据报道，2012年广西省一名未满13岁的六年级小学生覃某看见同学们都喜欢与周某玩耍，并议论她长得很胖、没有周某漂亮，于是覃某对周某心生嫉妒并怀恨在心。随后，覃某邀周某到家中玩耍时，趁机用木凳砸周某头部并致其晕倒并从家中找来菜刀、剪刀等凶器砍断头颅、手臂装入塑料袋中。① 2018年，北京中科院读研究生二年级的谢雕设宴接待来京的高中好友周凯旋，没想到这顿"接风宴"竟是"送命餐"，周凯旋连刺谢雕7刀，谢雕当场死亡。而周凯旋对昔日好友下此狠手竟是因为自己人生失意，因大学期间成绩不理想由"钱学森班"滑到普通班，考研、考公务员接连失败，而自己的好友谢雕则成绩优异并成为中科院研究生，谢雕对周凯旋的鼓励被当成"看不起"，于是周凯旋一直如鲠在喉，在嫉妒心的驱使下选择杀害同窗。② 2019年浙江省台州市天台县的考生张某等三人

---

① 佚名：《广西——13岁少女嫉恨同学比自己漂亮将其肢解》，http://news.ifeng.com/society/1/detail_ 2013_ 05/07/25022302_ 0. shtml，2013-05-07/2019-09-19。

② 佚名：《中科院研究生被杀害案：接风宴为何变成一场杀戮?》，https：//news.sina.com.cn/s/2019-05-23/doc-ihvhiews3882052. shtml，2019-05-23/2019-09-19。

发现自己的高考志愿被他人篡改了,而此时高考志愿填报已结束,无法修改。经报案侦查,警方发现作案者是三人的好朋友陈某,陈某因为这三位同学的成绩比自己的出色,便利用知道三人身份证号和密码统一的机会,篡改志愿。①

这些频频发生的惨案无一不揭示着"唯我独尊"的个人主义的泛滥,人与人之间变成了"己有"与"占有"的关系。正如查尔斯·泰勒所说:"以自我为中心的生活既平庸又狭窄,它使我们的生活缺乏意义,缺少对他人与社会的关心。"② 所以,我们看到的一桩桩如花年华里发生的同窗命案,反映了同学之间为了追求外在的、虚妄的"卓越"近乎成为势不两立的"敌人",他们害怕失去早已"变形"了的"卓越"光环,这种意识下的同学之间"充斥着竞争、对抗和恐惧"③,个体对他人有着难以消散的"潜在敌意",人越来越习惯于把目光注视在自我的能力表现方面,而最终无法看到真实的自我。然而事实上,卓越体现在个体生命由"小我"越向"大我"的过程中,个体在"我与你的相遇中"④ 去关怀、分享、互动、协作、交流,实现个体生命向"类生命"的跃升,否则人只是一个静止的、物一般的存在,他的生命不会超越"自然境界"和"功利境界",更不会抵达象征卓越的"精神境界"。

一则调查⑤显示当代大学生只有12%的人把"祖国需要"放在第一位,而45.5%的人把"经济收入"放在第一位,在就业时他们更加倾向于选择有惠于自我发展的岗位;64%的学生认为平时最关心的是"个人和家庭大事"。由此可见,当前青少年关注的焦点是经济收入高、工作待遇好、家庭幸福等层面,他们所理解的"卓越"更多的是指向自我价值的实现,然而人的价值体现在社会价值与自我价值的和谐统一中,社会价值意味着人一生的贡献,人在社会价值的践行中享受着丰富而又成功的一

---

① 佚名:《浙江台州一考生因高考成绩不理想篡改同学志愿被拘留》,http://yn.people.com.cn/GB/n2/2019/0711/c378440-33134654.html,2019-07-11/2019-09-19。

② [加]查尔斯·泰勒:《现代性之隐忧》,程炼译,中央编译出版社2001年版,第5页。

③ [美]埃里希·弗罗姆:《占有还是生存:一个新社会的精神基础》,关山译,生活·读书·新知三联书店1988年版,第120页。

④ [德]马丁·布伯:《我与你》,陈维纲译,生活·读书·新知三联书店2002年版,第36页。

⑤ 刘小云:《当代学生个人主义现象分析》,硕士学位论文,华南师范大学,2005年。

生，失去了社会价值的人纵然财富万贯也不过是丢失了尊严和高贵的庸俗者，正如霍耐特所认为的，"如果个体的自我超越与实现，需要得到能力与特性的承认，那么他们就一定需要一种以集体共同目标为基础才能获得的社会尊重"①。人作为社会性存在不是孤独的自我，而是在集体目标中实现个人目标、在集体成就中收获个人成就的"大我"。当个体生命浅浅地扎根在自我的物质层面，未能深深地扎根在"天人合一"的崇高精神层面时，卓越和崇高放在一起恐怕是一桩不切实际的事情，个体生命也无法抵达"美美与共"的大同境界，更难以寻觅真、善、美的精神境界。因此，当前教育培养出的学生陷入了身份焦虑的境况，他们难以超越一己之囿，心中缺失集体，只关注自己的个人生活和目标，成为孤独而又精致的"利己主义者"而非真正意义上的卓越个体生命。

（二）个体生命卓越性异化的归因分析

根据现实场域中个体生命卓越性被异化的诸多表现，我们的学校教育亟须深入探讨造成青少年个体生命卓越性异化的原因，有针对性地加以改革，探索培育卓越个体生命的有效途径，指引个体生命抵达卓越之巅。

1. 工具理性的教育追求

德国社会学家马克斯·韦伯提出"工具理性"这一概念，他认为当人们以精密计算的方式来算度可能的后果和效用，从而追求利益的最大化，这就是工具理性。随着经济社会的飞速发展，工具理性无可避免地走向了极端化，手段成为目的，金钱、权力、地位、物质"正以不可抗拒的力量，决定着降生于这一机制之中的每一个人的生活，而且不仅仅是那些直接参与经济获利的人的生活，变成了一只套在他们身上的'铁的牢笼'"②。教育也卷入了扩张的工具理性浪潮中，本真的教育应当是促进人的自我生成，培养"完人"的过程。然而现实是教育沦为"失身"的教育、"改嫁"的教育，它抛弃了本应"姓人的教育"，成为"只见物不见人"的教育，然而"从物的逻辑无论怎样去强调人不同于物，到头来仍免不了把人理解为非人"③。所以，工具理性驱使下的教育中人是"非

---

① 刘海龙：《论人的超越性及其现代困境》，《河南社会科学》2018年第1期。
② ［德］马克斯·韦伯：《新教伦理与资本主义精神》，于晓、陈维纲译，生活·读书·新知三联书店1987年版，第142页。
③ 高清海：《人的未来与哲学未来——"类哲学"引论》，《学术月刊》1996年第2期。

人"般的存在,教育本应具备的"成人"功能渐渐隐退,向市场兜售商品的"教育工厂"正如火如荼地塑造着一批又一批能挣钱、会挣钱、爱挣钱的"经济人"。在工具理性的裹挟下,学校像是一架高速、高效工作的机器,学生成为了生产线上被加工的产品,教育沦为了社会生产的工具。人对卓越的追求拘泥于物质和功利,以至于"除了赚钱的方法之外,他什么都不懂。他的心灵是一片空白,因而不能接受其他的影响。心智的最高级的享受,跟他无缘,他无奈就只好沉迷于声色犬马中,任意挥霍,求得片刻的感官享受。……这样的一生,纵然看来度过得有声有色,煞有介事,实际上和其他蠢人一样,愚昧地浪费了。"[①]

由此可见,工具理性的僭越导致教育育人的功能被遮蔽,而工具性的功能却被无限放大。教育对个体生命的物质利益给予承诺,专注于传授给学生谋生的本领和技能,将个体生命的卓越用数学方法精确计算,导致现代教育中的人为了得到象征卓越的高分数、高名次、高薪金等而展开斗争。教学为应试而教,学生为应试而学,"学而优则仕""书中自有黄金屋,书中自有颜如玉"的口号渗透在当代的教育教学中,教学失去了教育性,最终培养出的是一些"有知识没文化""有理性没人性"的"经济物欲的追随者",纵然学生获得了学业上的成功却也找寻不到个体生命存在的意义和根据。正如夸美纽斯所说:"当我们离开学校的时候,有多少人连关于真正学问的一点观念都没有啊!我,是一个不幸的人,我便是数以千计的人们中的一个,悲惨地丧失了一生一世最甜美的青春,把生气勃勃的青春岁月浪费在学校的无益的事情上面。学校的教学方法令人厌倦,以致学校变成了儿童恐怖的场所,变成了他们才智的屠宰场。学校教我们用别人的眼睛去看,用别人的脑筋去使自己聪明,这种方法并不教我们去发现源泉,去以源泉引出流水,如同伊索寓言上的乌鸦一样,用别的鸟儿的羽毛去装饰它自己。"[②] 因此,工具理性下的教育片面追求效率的最大化、制器的速成性,重视教育手段的有效性和实用价值,于是书本教学大于活动教学,写作业时间霸占了睡眠时间,教育者和受教育者都被捆绑在工具理性中,本应卓越的人却成为"知识市侩",他们身上弥散着凡俗、粗鄙的精神气质。这样的教育虽然可以使学生成为一种"有用的机器",

---

① [德]亚瑟·叔本华:《人生智慧录》,胡百华译,山东画报出版社2006年版,第28—29页。

② 转引自《教育霸权应该休止》,《基础教育》2004年第4期。

但却无法成为一个敢于超越、精神高贵的卓越个体生命。

2. 崇尚竞争的教育机制

"物竞天择，适者生存"是自然界生物优胜劣汰的法则，竞争既存在于自然界，也存在于人类社会。人正是在竞争中不断超越有限的环境，改造着自然界的同时也增长着自身抵御外界的能力。"竞争"从词源学上看是指个体或群体间力图胜过或者压倒对方的心理需要和行为活动。竞争既发生于个人之间也发生于群体之间，良性的竞争能够促进社会的进步与发展，能够激发个体有限生命的无限活力，促使个体生命在不断超越中实现卓越。马修·福克斯认为，竞争是一种"灵恶"的竞争，"灵恶意味着竞争首先是恶不是善，也就是说，竞争从本质上是一种恶。其次，灵恶不是纯恶，而是有好的一面之恶，即竞争有'灵'。这种灵在另一种意义上其实也是'魔'，如果恰如其分就有魔力，否则就是魔鬼"[1]。当代教育运行机制中崇尚竞争的影子随处可见，教育中的竞争在一定程度上是有"魔力"的，它能够赋予学生汲取知识、坚定志向的动力和激情，却又因为人们将它的"魔力"过分夸大而成为"恶魔"，它夺走了教育的"灵魂"，使教育被病态化的竞争"附体"，为此教育所追求的卓越被异化为"独占鳌头"的"快感"，原本个体生命的卓越应在于拥有灵魂的美善、境界的升华、人性的高贵，但在病态的竞争中卓越被定义为通过"战胜他人"而获取的"成功身份"。"尖子生""三好学生""学习标兵""高考状元"的光环引诱着大多数青少年为之展开明争暗斗，在过度竞争充斥着的教育体制中很多学生为了能够站稳脚跟，被迫成为教育竞技场上的斗士，他们追逐着建立在他人失败与痛苦之上的成就感，争夺着被他人定义为卓越的高分光环。那些惊心动魄的口号"眼睛一睁，就是竞争""现在不吃苦以后就抢不到别人的饭碗"等使竞争成为教育中的"核心角色"，显赫的考试分数成为竞争的目的，"人在考试分数面前被彻底异化了，这不仅扭曲了人与考试分数的关系，更为考试分数戴上了神秘的光环，成为人顶礼膜拜的对象"[2]。现实教育中人们对竞争的痴迷正一步步驱使着学生"被迫只顾眼前的目标"，迷失在竞争带给自我的优越感和骄

---

[1] 高德胜：《竞争的德性及其在教育中的扩张》，《华东师范大学学报》（教育科学版）2016年第1期。

[2] 李江源、王雄：《考试分数：一种人学的阅读》，《湖南师范大学教育科学学报》2011年第5期。

傲自大之中，却"没有时间去展望整个生命"①，本真的灵魂成为肉体的监狱，卓越的追求被镶嵌在争得高分、高名次中。因而，我们看到一幕幕谋害同窗、校园欺凌案件的发生，教育场域中竞争这个"潘多拉的魔盒"释放出的更多的是自我的孤立、贪婪的欲望、虚妄的荣耀，而不是精神的超越、德行的完满、无私的大爱。这样的教育所培育出的大多是灵魂隐退的平庸的个体生命。

在教育竞争中如果被问谁能够充当竞争的代言人，那恐怕考试和分数要稳居一二。华勒斯坦曾说："分数不但用来相互比试，而且鼓吹竞争，为的是争夺那些能显示自我有用之处的流通价值。分数给表现树立客观价值，用数量来设定十分是完美、零分是一败涂地的标准。"② 中考、高考、研究生入学考试等都是为了根据分数的高低来对众多应试者进行"等级划分"，然后再从中筛选出优等级别的学生，甚至一些幼儿园入学都要进行考试分班。在这样激烈竞争的教育中，学生从小被大大小小的考试包围，为了赢得考场上的胜利，为了获取象征优秀和成功的数字，他们成为了知识的储存罐，强行将语、数、外的知识塞进自己的脑袋，到了二三十岁可能还对兴趣和爱好、理想和人生的认识一片模糊，这样的个体生命难道真的收获卓越了吗？恐怕答案值得人深思。在竞争被放大的教育中，大多数学生认为读书只是为了应付考试，看看高考之后校园里飞洒的纸屑、嘶哑的怒吼、恣意的狂欢，还有考试失意之后跳楼自杀的惨案，这无一不揭示着过度竞争带给个体生命的不是兴趣得到发展的快乐、成功得到见证的欣喜，相反更多的是痛苦。然而，痛苦的个体生命一定不曾拥有卓越，拥有卓越的个体生命定是徜徉在自为的人生中不断创造、不断提升、不断超越，从而感受到生命的自由和幸福、心灵的丰富和卓越。因此，阿尔贝·雅卡尔认为："必须消除学校中的一切竞争观念，必须放弃'打分数'，同样要结束筛选，这竞争的必然附属品，因为它类似一种形式的惩罚，尤其是依这样一种思想设计的教育制度只能生产出因循守旧，缺乏创

---

① ［德］卡尔·雅斯贝尔斯：《什么是教育》，邹进译，生活·读书·新知三联书店1991年版，第48页。

② ［美］华勒斯坦：《学科·知识·权力》，刘健芝等译，生活·读书·新知三联书店1999年版，第131页。

造力和想象力的人。"① 由此可见，当前崇尚竞争的教育导致了教育场域中的人对考试和分数的追捧，处于其中的个体生命被裹挟在竞争的旋涡中，被压制在与考试、分数相关的知识仓库中，索求真理的奥妙被取代为记忆真题的诀窍，德、智、体、美、劳的全面发展不得不让位给学习成绩的稳居高位，原本追求卓越的个体生命在各种竞争与选拔中小心翼翼、如临深渊，最终成为"游离于身体与灵魂之间的分数的'朝圣者'"。② 苏霍姆林斯基说："人之根本在于灵魂，在于灵魂的美善，学校教育要超越诸种知识技能的训练，上升到精神生长与灵魂化育的高度。"③ 当教育中的个体生命没有灵魂，那就无异于物一般的存在，它不能称之为卓越的教育，也难以培养出卓越的人。

3. 权威泛化的教育体系

学校教育中个体生命卓越性被异化同权威泛化的教育体系存在一定的关系。所谓"权威"是指"使人信服的力量和威望；在某种范围里最有威望、地位的人或事物"④。权威在一定程度上能够规约人的行为，创造稳定和谐的秩序，引导人或事往良好的方向发展。因此，教育体系的健康运行离不开权威，权威同样保障了个体生命走在实现卓越的正确轨道上。正如雅斯贝尔斯所说："对权威的信仰首先是教育的唯一来源和教育的实质。单个的人是在他生存的有限性中而开始其生命历程的。在成长过程中，他为了习得传承内涵而与权威联系起来。这些权威向他不断地开发着空间，在这个空间里，存在从四面八方向他涌来"⑤。离开教师指导的学生难以收获精神的成长，因为人只有通过受教育才能成为真正的人，教师作为知识的权威者将人类长久积淀的精华传授给学生，学生在接受知识中收获精神的成长与丰富，从而找寻生命的意义，成就卓越的生命。然而，苏霍姆林斯基却认为教师权威就是一把"手术刀"，"使用它可以进行最

---

① ［法］阿尔贝·雅卡尔：《没有权威和惩罚的教育》，张伦译，中国人民大学出版社2005年版，第8页。
② 闫兵：《学校教育竞争之"灵恶"及其超越》，《教育发展研究》2017年第10期。
③ 这句话是苏联教育家苏霍姆林斯基在担任帕夫雷什中学校长期间，为帕夫雷什中学写下的校训。
④ 中国社会科学学院研究所词典编辑室编：《现代汉语词典》，商务印书馆2005年版，第1130页。
⑤ ［德］卡尔·雅斯贝尔斯：《什么是教育》，邹进译，生活·读书·新知三联书店1991年版，第80页。

细致、难以察觉的手术,但也可能刺痛学生"①。而现实教育中的权威存在泛化的怪现象,教师的知识权威、法定权威被无限放大,人格权威、精神权威却日渐丧失。教师头戴"传道、授业、解惑者"的光环,居高临下地将自己称为"书本知识的代言人",学生聆听教师对知识的复述后再机械地将其编码在脑海中,最终成为"活在书本里的人"。然而真正"优秀的教师在任何时候欲将自觉地影响加之于学生身上之时,都应该有一种将自己的影响从学生生命世界之中拔离出去的倾向,以此来保持学生个体精神发展的真正的独立性,而不应该让学生的发展成为教师权威下的压迫性实践"②。如今现实教育中教师将自己的影响强行施加给学生,于是权威泛滥下诞生出了填鸭式的教育、"鹦鹉学舌"的怪象。教师这位被赞誉为"人类灵魂的工程师"却成为手握权力的统治者,外在于教师的身份、地位、职务等权威成为捆绑学生个体生命自由之翼的枷锁,许多教师用手中的权力限制学生的兴趣、占用学生的时间、训斥学生的探玄钩奇,而内在于人的德行、智识等"魅力型权威"却被抛之脑后。于是,我们看到了霸权宰制下的教师所实施的丢失人性、触犯道德的"严刑峻法",扇学生耳光、罚跪、罚钱等现象时有发生。此时"教师权威仅仅成为了单一的外在权威,而失去了权威那种使人信从的内在的精神力量"。③当这种内在精神力量离权威远去的时候,权威就会变成"强权",教育中的人沦为"纯粹的客体",教师对学生的规训与控制"固守着人与人心灵无交流隔绝状态的距离"④,最终权威变成戕害个体生命卓越性的黑暗力量,浇灭学生生命中创造的火花,抹杀每个生命存在的与众不同,阻碍个体生命成为自我王国的"国王"。

除了教师权威外,过度泛化和霸权的教材权威、制度权威、考试权威等随处可见。教材牵着学生的鼻子走,教学围绕教材讲,在教材以外的都

---

① [苏联] 瓦·阿·苏霍姆林斯基:《给教师的一百条建议》,杜殿坤译,天津人民出版社1983年版,第249—250页。

② 刘铁芳:《什么是好的教育——学校教育的哲学阐释》,高等教育出版社2014年版,第121页。

③ [美] 约翰·杜威:《我们怎样思维·经验与教育》,姜文闵译,人民教育出版社2005年版,第270页。

④ [德] 卡尔·雅斯贝尔斯:《什么是教育》,邹进译,生活·读书·新知三联书店1991年版,第25页。

是"题外话",教师按照教材逐字逐句地讲解剖析考试重点、难点、必考点,学生的个人见解被埋没在教材权威中,教材中的知识不允许被质疑、被问难、被超越,教师只是书本知识的搬运工,学生只是书本知识的存储器,个体生命本应在无时无刻地反思与批判中突破庸常状态、走向自我实现,如今却只能成为被"钉在书本上的标本"。教材权威同时也结下了考试权威的"恶果",考试范围决定学生的学习内容,不在考试范围内则被束之高阁,教师不教、学生不学。考试标准答案决定着答题的内容,学生手中所执并非"妙笔",考试答卷上也少见"生花"。学校本应是师生对卓越心智生活的求索,对美好事物的采撷,对至善至美的追逐。如今教育的上空却被弥散着越来越浓的权力烟雾和权威压制,学生为了完成任务而接受知识,并不是为了求知而探索知识。学校变得暮气沉沉,而不是蓬然生辉;学生变得老态龙钟,而不是意气风发。纵然学校有着高升学率和示范学校、重点学校的美誉,却不能被定义为真正意义上的"卓越学校",因为学生这一独特的、自由的、有着无限可能的个体生命被置于被动接受和任由他者摆布的地位,学生的生命找不到探索知识的快乐,看不透生命存在的价值,失去了精神食粮的哺育,只能在权威滥觞的教育体制中战战兢兢地当一个忠实的聆听者和执行者,然后让自我生命的卓越被外在的分数、名次、赞扬,以及他人的失败来定义。"教育带来胜利,尽管胜利有时导致了教育的失败;因为许多人都由于战争中的胜利而变得傲慢,又通过这种傲慢而充满了数以万计的其他邪恶。"① 权威泛化的教育尽管培养出无数考场上的"佼佼者",却无意间为傲慢、邪恶之气入侵纯粹的个体生命之魂创设了可能,个体生命只有高傲而没有高贵,只有自私的优越而没有灵魂的卓越。

4. 静态证明的教育评价

所谓教育评价是指"在系统、科学、全面地搜索、整理、处理和分析教育信息的基础上,对教育的价值做出判断的过程,旨在促进教育改革,提高教育质量"②。可见,评价指引着教育之船的航行方向,教育的健康、高效、高质发展与评价的实施息息相关,而教育的发展则恰恰在于人的发展,教育评价的过程实质上就是对教育的原点——人这一生命个体

---

① 程志敏:《宫墙之门:柏拉图政治哲学发凡》,华夏出版社2005年版,第52页。
② 顾明远:《中国教育大百科全书》,上海教育出版社2012年版,第841页。

进行评价的过程。目前我国教育评价的发展可谓繁花似锦、名目纷繁,评价的数量、类型、方式、次数与日俱增。中考除了笔试还有实验加试和体育加试,高考除了笔试还有综合素质评价,大学除了结课考试还有英语四六级、考证、考研、保送、奖助学金等花样百出的评价。尽管大多评价的初衷是为了培养完整、和谐、美善的个体生命,但最终在技术理性、功利主义的洪流中迷失了方向,教育评价成为唯分数、唯升学、唯文凭、唯论文、唯帽子的顽瘴痼疾。以分数论英雄、以名次论成败是当前教育评价的常态,种种数字证明了你是否优秀,证明了你入学门槛的高低,证明了你工作薪金的多少,对个体生命外在结果的考量遮蔽了内在价值的观照。然而,在斯塔弗尔比姆看来,"评价最重要的意图不是为了证明(prove),而是为了改进(improve)"①。"改进"意味着教育评价应当立足个体生命的现有状态,促进个体生命的生成与超越,引导个体生命在创生中走向"更好的存在",最终成为更优秀的人。然而重数字、重量化、重标准的"证明式"教育评价沦为一种具备筛选功能的技术工具,不知不觉之中演变为制造平庸的温床。越来越多的受教育者为了夺得评价结果赋予的无限荣光,为了避免在淘汰中丢失尊严和地位,为了彰显自我的价值,他们展开了一场又一场没有硝烟的战争。然而个体生命的价值是他自身的价值,而非仅仅以外在的标准来评判。现实中教育评价将外在高名次的占有、高分数的获得用来评判学生是否优秀与卓越,而忽视了人性的健全成长。学生整日沉浸在灌输式的知识学习、预设式的教学目标中,他们"动心忍性",却不能"增益其所不能"。这种证明式的教育评价无法衡量德性是否完满,忘却给予人追求善美的动力,人难以获得人性完满的高峰体验,如此也便失去了做人的意义,人的一生和狗生、猫生似乎也并无区别了,"生命的卓越"更无法谈及。

  此外,当前量化的教育评价带着静态的眼光度量充满不确定性、独特性、生成性的个体生命存在。赫拉克利特说过,"人不能两次踏进同一条河流",这说明个体生命的发展是一个动态的、流变的过程,人的卓越不能单一依靠固定的数字来定义。人是与物不同的存在,"人的应然性存在说明人内在的具有自我发展的动因,表现为他对当下自我发展状况的不满与否定,对更高水平、更完善发展状态的企望与追求,以及实现这种种企

---

① 瞿葆奎:《教育评价》(第16卷),人民教育出版社1989年版,第298页。

望之'自我筹划'等等"。①因此，人的生命只要存在，便一直处于自我发展之中，一直在不断地自我生成、创造中谋求着价值的创造和一个又一个目标的实现，这一过程是绵延不断、永不止步的。这意味着评价人的尺度也应当是变化的、动态的、促成生命发展的。而如今的教育评价使优秀、卓越被一堆可以被计算并能相互比较的静态数据定义，它忽略了学生生命的流变性，漠视了每个生命蕴含着的无限潜力，缠缚着个体生命内在的超越意识。所以，良好的教育评价应当以动态的眼光审视现实中的人，促进个体生命从不完善走向完善，引领个体生命在不断超越中成就自我。同时，现实中静态的教育评价习惯于设置统一单维的标准来评定与众不同的个体生命，个体生命的主体性被漠视、独特性被剥夺、多样性被藏匿，因而教育培养出的是同质化、标准化、程式化、片面化、批判意识欠缺的人，他们处于"千人一面"的平均状态，他们习惯了被评价标准奴役，他们不得不用各式各样的答题模板和高分笔记应对大大小小的考试，个体生命中卓尔不群的独特光辉变成了"凝固的时空"里"单一的色彩"，这样静态的教育评价是对教育本质的误读，它忽略了个体精神生命的发展，沦陷其中的人最终也逃不掉平庸化的宿命。

三 引领个体生命卓越性的教育建构

人生就是一段在超越中向着卓越状态不断趋近的过程，人正是在追求生命卓越的过程中察觉生存的意义、彰显存在的价值、实现生命的完满。生命的卓越性正是人高于动物之所在，是人存在的本质。如果人生存于世就是为了成就生命的平庸，那人便是停滞于此刻的物性存在，既没有历史，更没有未来。正是有着对生命卓越的无限向往，人才不断在突破现实中创设更多可能，在开拓进取中日臻完善。也正是在这一意义上，我们认为人的生命价值就在于不断地超越生命的本能局限，释放生命的巨大能量，升华生命的当前境界，成为有卓越灵魂的人。所以，卓越性是人的生命走向本真存在的一道曙光，烛照着人在漫漫征途中坚定、正确、执着地走在追求完满与优秀、幸福与自由的路上。生命教育应当匡正卓越的真

---

① 鲁洁：《超越与创新》，人民教育出版社2001年版，第383页。

义，引导生命追求本真的卓越，实现本真的卓越，并在追求生命卓越的过程中实现价值生命的丰盈、精神生命的高贵。

(一) 教育理念：注重立德树人，培养卓越德行

如今学校教育的附魅使得教育和经济的关系被无限放大，受教育成为了将来获得"房子、车子、票子、位子"的必备条件，人们对生命卓越性的理解也掺杂了颇多功利色彩，学习成绩高分、薪金高水平、工作高官位纷纷为"优秀""卓越"代言，于是我们看到教育的竞争机制愈演愈烈，考试和分数成为教育场上的主角，德育被束之高阁，"有智无德""有知无德"的现象俯首可见。然而人不同于物，人兼具自然生命和精神生命的双重属性，外在的物质和功名隶属于自然生命，而精神生命就体现在人所独有的美好德行中。德行因人的生命而存在，人的生命因德行完满而走向卓越。"道德教育源于生命的需要，生命的涵养、人生价值的提升、生命意义的追寻都是道德教育面临的重大课题，离开了精神生命的提升，道德教育就会失去心中的太阳。"[1] 儒家认为，"心正而后身修，身修而后家齐，家齐而后国治，国治而后天下平。自天子以至于庶人，壹是皆以修身为本"[2]。"修身"为先意味着只有在自身德行完备之后才能再言"齐家治国平太下"之事。《左传》中有言，"太上有立德，其次有立功，其次有立言，虽久不废，此之谓不朽"[3]。意即生命不朽最首要的就是要树立德行。康德曾有这样一段话被世人传颂，"有两种伟大的事物，我们越是经常越是执着地思考它们，我们心中就越是充满永远新鲜、有增无已的赞叹和敬畏——我们头上的灿烂星空，我们心中的道德法则！"[4] 如此看来，卓越的人离不开美善德行的拥有。因此，教育要想培养出卓越的个体生命不仅需要注重人类间接经验的传授，更应将立德树人的理念贯穿教育的全过程，助推学生卓越德行的养成。

一方面，教育要促进德育和智育的"场域耦合"。当前知识经济时代下智育成为"宠儿"，德育却成为应试教育体制中的"弃儿"，即便

---

[1] 胡金木：《批判与超越：基于生命立场的道德教育》，《教育理论与实践》2008 年第 3 期。

[2] 《礼记·大学》。

[3] 《左传·襄公二十四年》。

[4] [德] 康德：《康德文集》，刘克苏等译，改革出版社 1997 年版，第 313 页。

是思想品德课的设置也演变成了背诵考试课，很多学生对课堂枯燥无味的思想政治课和大大小小的讲座并不买账，德育最终难免陷入形式大于内容的樊篱。诚然，个体生命走向卓越离不开智育，但我们的教育既要关注传授知识的智育，更应注重涵养道德的德育。陶行知就曾指出教育最大的不幸便是德育与智育的"分家"。单独的智育丧失了教育的本质，单独的德育就像是悬置在半空中的楼阁。尽管德育与智育的内容不同，但是德育指引着智育的发展方向，制约着智育的发展水平，智育则奠定了德育的基础，丰富了德育的内容。因此，让个体生命走向卓越的教育应当摆脱德育与智育的二元分割，让德育与智育互相融合促进，让个体生命在求"真"、求"善"中臻于存在的卓越。这要求我们学校教育的理念应当以立德为本，开展富有教育性的教学。各科教师应当在学科教学中注重挖掘知识的教育性，开展具有教育性的学科教学，让育人领导着教学，让教学渗透着育人，使学生收获知识、发展智慧的同时道德认知、道德情感、道德意志、道德行为得到全方位发展。如此德育和智育便打破了各起炉灶的做法，实现了场域的耦合，学校课堂不再是知识复制的生产工厂，它既有智慧之光的闪烁又有美德之火的烛照。学生不再是被加工的产品，他在德智兼修的教育中既充实了头脑又完善了自我。当面对自己的灵魂时，养成良好德行的人则能够将外在的认知转化为内在精神和行为自觉，正确处理天、地、人、物、我之间的关系，使自我境界跃升、生命渐趋卓越。

另一方面，教育要先立德后树人，培养德才兼备的卓越人才。我们常说"立德树人"，而未说"树人立德"，这是因为只有养成了美好德行，人才能称之为人性健全的人，放到教育中则意味着教育要先立德，而后树人。在中国传统教育思想中，"立德树人"是始终弘扬的教育理念。古代教学中的"六艺"以"礼"为先，主张"不学礼无以立"，这里的"礼"主要是指德育，在古人看来倘若一个人不具备仁德便不能做人。我国古代教育专著《大学》中曾谈到的"大学之道，在明明德，在亲民，在止于至善"[①]，《中庸》中讲到的"明善诚身"，孔孟倡导的"君子之道"，无一不强调了德行修养的养成对个体生命实现卓越的重要性。这表明了个体生命抵达至高境界首先需要的就是"立德"，只有拥有了美好德行的人才

[①]《大学》。

能够臻于生命的卓越之境。因此,教育应当以德为先,致力于培养德才兼备的卓越人才。这要求教育首先应当注重师德师风建设,建立良好的校园氛围。拥有良好的师德师风是教育培养出卓越个体生命的首要条件。所以,当前教育应当摆脱以学生成绩、教师业绩、职称高低、发表论文篇数等来评定教师教学的好与坏、学校水平的高与低、教育质量的优与劣的做法,以立德树人的教育理念贯穿教育的全过程,注重对师德的培养与评定。学校可以通过"我心目中的最美教师"等各类活动,来为教师树立德育模范,激发教师们的教育情怀,引领教师们的教育信仰。同时,教育者也要首先审视个人德行、提升个人德行而后培养学生德行,最终树德、智、体、美、劳全面发展的卓越之人。道德教育和知识教育不同,道德教育是知、情、意、行合一的过程,教师作为学生成长道路上的引路人,其一举一动都会对学生道德的养成产生深刻的影响。因此,教师要主动审视自我,提高自身德行修养,用自身完满德行来感化学生。教师表率性的言行、豁达崇高的品质等会潜移默化地触及学生个体生命的精神世界,激励着学生不断超越自我,唤醒着个体生命深处的灵魂追求,这样的教育者培养出的不再是沉迷物欲、醉心竞争成败的"利己主义者",而是有大格局、大视野、大担当的卓越者。

(二) 教育目的:关涉价值理性,超越庸常状态

当前现实教育中工具理性的猖獗使得个体生命的卓越性被异化,教育目的越来越崇尚实用性和短期效益,外在的"成绩优秀""工作好"等被视为卓越的首要或是唯一的标签,教育中的人被外在的物奴役,教育的价值理性正日渐式微,生命的卓越真义处于被遮蔽的状态。因此,教育亟须关涉价值理性。"所谓价值理性以目的设定为首要原则,而工具理性则把手段的选择置于首位。以自己服膺的价值理想为终极目的,为此可以不计后果不问代价,是价值理性的行事风格;以手段的最优化为最高要求,而置目的的价值意义于不顾,则是工具理性的思维特征。价值理性偏重目的,关心活动目标的价值诉求和实质内容,它往往从'应是'出发回答既定目标'是否应该'及'为何应该'的问题。工具理性偏重手段,关心既定目标的实现形式和工具系统,注重实践程式和操作技术,在'实是'的基础上解决既定目标'是否可能'及'如何

可能'的问题"①。工具理性统治着的教育执着于机械化、高效化地运行，强调教育制造了什么和能制造什么，却忽视了教育本身应该是什么和教育培养出的人应该是怎样的人。然而"人在本质上是目的而不是手段"②，工具理性充斥着的教育成为谋生的工具，人成为获取物质、利益的手段，卓越的学校就是能够培养出大批高分状元的学校，卓越的人就是拥有高分、高学历、高职位的人。而在价值理性的视野中，"人是终极目的，人是各种努力的终极关怀"③。关涉价值理性的教育更加注重教育本身的价值，而不是功利性的教育结果。

一方面，价值理性关涉的教育目的要将人视为中心，注重生命的主体性，而非将受教育者当作客体性的存在，它的最终旨归在于"为主体而忧虑、呐喊、运思、谋划、服务，它恪守'人是万物的尺度'，它关注世界对于人的意义，客体对于主体的意义，执着于人的幸福"④。人是"是其所是"又"是其所不是"的存在者，是现实与可能融于一身的生命体，人正是在价值理性的引领下获得一种调节自己行为、改造自我的力量。因此，在价值理性的引导下，教育要彰显学生生命的主体性，让每个人成为自我生命的创作者，关注个体生命的存在意义，引领个体生命在自我实践中超越现实世界，创造自为世界，构建理想世界。这就要求教育应当给学生自我发展的机会，将单纯为应试而学的"无意义学习"转变为以人为本的"有意义学习"。有意义的学习与单纯的接受学习不同，有意义的知识学习是一种"全人参与"的学习过程。学习者是真正意义上的学习主体，他全身心地投入于学习中，他能够自主地思考问题、自主地完成学习目标，他在自我学习、自我探讨、自我追问中超越了对知识世界的认知，跨向了对自我生命的内在意义世界的探求、精神世界的诉求。所以，关涉价值理性的教育要给学生自我发展的机会，关注生命的主体性，教师尽量少讲，给予学生更多的机会去自我发现，如此才能让教育激活个体生命潜藏的卓越力量，让智慧的种子在生命深处萌芽成长，让个体在教育中不断拓展生命的长、宽、高。

---

① 王彩云、郑超：《价值理性和工具理性及其方法论意义——基于马克斯·韦伯的理性二分法》，《济南大学学报》（社会科学版）2014年第2期。
② 杨国荣：《理性与价值——智慧的历程》，上海三联书店1998年版，第51页。
③ 高政：《课堂教学中学生价值理性的培育》，《教育科学研究》2013年第2期。
④ 徐贵权：《论价值理性》，《南京师大学报》（社会科学版）2003年第9期。

另一方面，价值理性关涉的教育目的要注重个体生命智慧的涵养，让个体生命在教育中既收获应试知识，又涵养内在智慧，从而使个体生命在智慧中丰富精神与灵魂，从而实现真正的生命卓越。如今，教育中人的卓越被量化的数字定位，高数额的成绩、高位次的排名成为师生追逐的对象，教育的功利性目的被无限放大，个体沦为知识的奴仆，接受教育成为人们追求功利的工具。因此，我们看到"在现实生活中，往往不乏这样的情况：一个人接受教育并掌握了相当的知识……成为一个合格的劳动力，甚至是相当熟练的专门人才，但他同时又可能是一个兴趣爱好不广泛、精神生活贫乏的人……在这部分人的发展中，知识是获得了，能力也提高了，但人性中最核心的部分，即人格、道德和美感却丧失了"[①]。然而人之卓越就在于伟岸的人格、丰富的精神、高贵的灵魂、坚守的真善美，但日趋短视化、浮躁化的教育目的使学习成为"不可承受的生命之重"，知识不再是"成人"的知识，而是"成器"的知识。于是，在工具理性的驱使下，个体生命的理想干瘪、存在价值贬损、精神家园荒芜，他们无法品味教育带给生命的意义感和幸福感。培根曾说："读史使人明智，读诗使人灵秀，数学使人周密，博物使人深沉，伦理之学使人庄重，逻辑修辞使人善辩，凡有所学，皆成性格。"[②] 可见，知识学习的过程不是停留于识记的层面，而是提升生命智慧的过程。因此，关涉价值理性的教育应重新审视知识与教育的关系，既不能丢弃知识的工具性价值，更不能漠视知识促进个体智慧生成的教育性价值。这要求学校教育摆脱以分数来定义人才卓越与否的观念，注重教育中的转识成智，在为学生传授为未来完满生活做准备的学科知识时，应当注重挖掘知识本身蕴含的智慧意蕴，教师应当主动与学生共同探询书本这一角冰山下隐藏着的无限奥妙，让学生在智慧的求索中发现那个与外在有形世界迥乎不同的无形世界——精神世界。苏联教育家苏霍姆林斯基曾说："尽可能深入地了解每个孩子的精神世界——这是教师和校长的首条金科玉律。"[③] 精神世界的存在将

[①] 王坤庆：《关于知识教育价值观的探讨》，《华中师范大学学报》（哲学社会科学版）1994 年第 6 期。

[②] 转引自何良仆《中国教育的出路：价值取向从知识传授转向智慧生成》，《教育与教学研究》2017 年第 6 期。

[③] ［苏联］瓦·阿·苏霍姆林斯基：《帕夫雷什中学》，赵玮等译，教育科学出版社 1983 年版，第 34 页。

平庸者和卓越者区分开来，倘若一个人的精神之地一片贫瘠，那么，他便会沦为一个自甘堕落、沉迷世俗的庸碌之辈。正是有了精神世界，人才有了超越有限世界、开拓更大天地的动力，正是当人"把精神生活看作他自己所有的时候，他开始意识到一个内在的王国，它是无限的，但又是自己真正的自我"①。因此，关涉价值理性的教育目的应当转识成智，让智慧的涵养引领教育这艘大船的航向，让学生在知识学习中收获智慧，让学生在智慧中领会存在的意义与价值、见证精神的高贵与丰富。这要求教师应当摆脱"教书匠"的樊篱，为了教育而教学，带领学生在教育世界中探寻生命智慧，开拓生命视野，体认生命真谛，虽充满劳绩但依旧诗意地栖居在大地，有着高贵的精神和完满的人性，这才能使个体生命摆脱庸常状态，收获真正意义上的"卓越"。

（三）教育过程：唤醒超越意识，创生澄明之境

当前崇尚竞争的教育世界中人成为物一般的存在，个体生命的卓越性被定格在外在的竞争胜利中，生命的卓越性被物质和名利蒙蔽，人们生存在单一色彩的物质世界中，却失去了五彩缤纷的意义世界。他们自满于自己所拥有的胜利和富足，止步于现实层面的观望，他们意识不到更高事物的存在，他们缺少对更高事物的追逐，因而他们的生命是闭锁的、匮乏的，他们的世界是凝固的、混沌的。然而真正的卓越的人无法忍受凝固的世界，无法忍受无意义的存在，他"总是为寻求意义而生活"，"总是为失落意义而焦虑"，他拥有超越意识，"总是超越'存在'而创造意义，从而使人'生活'在自己所创造的'意义世界'之中"②。因此，教育过程中应当注重对个体生命超越意识的唤醒，让生命在超越意识的照耀下走出形而下的现实物质世界，超越其所是的存在世界，迈向其所不是的理想世界。

一方面，教育要激发个体生命的自为性，让个体生命在自为中超越形而下的物质世界，走向形而上的精神世界，成就卓越的"大我"。教育权威的泛化使受教育者被困在单一、凝固的知识世界中，难以诉求更高的生命意义。教育竞争的洪流使受教育者淹没在小我、利己的功利世界中，难

---

① ［德］鲁道夫·奥伊肯：《生活的意义与价值》，万以译，上海译文出版社1997年版，第94页。

② 孙正聿：《超越意识》，吉林教育出版社2001年版，第148页。

以超越一己自我。然而人的生命之所以卓然独立就在于人的存在是精神性的存在，他既存在于形而下的物质世界，又追求创造着属于自我的形而上精神世界，他在自我的实践活动中发展语言、形成文化、丰富精神、创造生活，以求摆脱外在事物的羁绊而获得自我的发展、生活的幸福、境界的攀升、人格的完善和人性的卓越。梭罗曾说："我到林中去，因为我希望谨慎地生活，只面对生活的基本事实，看看我是否学得到生活要教育我的东西，免得到临死的时候，才发现我根本没有生活过。"① 梭罗的林中行走是个体生命的超越意识所赋予人的想要超越现实的冲动，在这种冲动下人超越被规定的生活，在自为中创设属于个体生命的意义世界。因此，教育过程中教师应当转变教书匠的角色，做学生生命成长的引导者和帮助者，适当给予机会和空间让学生自我思考、自我抉择，让学生在"自在的世界"中建构自己的"自为世界"，在"自为世界"中建构意义世界，在不断地超越中凸显生命的卓越、统摄生命的意义。同时，教育要培养个体生命的创造性，让学生在自我创生中臻于卓越。如果生命丧失了创造性，那超越意识更无从谈起，生命又何以拥有卓越。人是创造性的生命存在，人虽然依赖物质世界而存在，却又创造着多姿多彩的意义世界，而且人的创造性从未消亡，一旦人的生命创造性不再，那便成为丧失超越意识的"单向度的人"。正如赫舍尔所说："世界正在被创造，而且将来还要被创造。世界不是它现在的样子，人也不是它现在的样子。断言世界、社会、人生注定永远如此，不会再变化，断言世界的现状就是世界的本来面目，这未免轻率。因而做人就意味着'人在旅途'，风雨飘摇，意味着奋斗、期待、盼望。如果认为世界已经定型，那么人就不再有盼望。换言之，正因为我们焦急地盼望、等待，人世才演进、变迁。"② 所以，教育过程中教师应当守护激发学生的奇思妙想，保护生命中迸发的探究意识，转变死记硬背的教学方式，鼓励超越标准答案的不同声音，让学生在创造中摆脱对外在事物的依赖，超越当下的平凡与不足，不断趋向生命的卓越，凸显人的本真价值。

另一方面，教育要注重培养学生的批判能力，激发个体生命的深彻反思。在漫长的历史长河中，批判是人类智慧涌动的源泉、社会繁荣昌盛的

---

① ［美］亨利·戴维·梭罗：《瓦尔登湖》，徐迟译，上海译文出版社2006年版，第79页。
② ［美］A. J. 赫舍尔：《人是谁》，隗仁莲译，贵州人民出版社1994年版，"序"第15页。

动力。尼采在黑暗的中世纪高呼"上帝死了",将属人的天性解放;哥白尼在教会的高压中推翻"地心说",用"日心说"动摇了神学的大厦;鲁迅在麻木的旧中国执笔为剑,用犀利的文字唤醒沉睡的国人……正是人类生命中弥足珍贵的批判能力使被压抑的超越意识被唤醒,使人一步步从必然王国迈向自由王国,从现实世界迈向意义世界,揭示世界的真相,发掘生命的真义,知晓人生的真谛,实现生命的卓越,澄明存在的价值。反观教育,如今我们物质化的"育分式"教育中,功利性的学习目的、单纯接受式的学习方式、越减越重的学习任务使学生长时间沉浸在知识的汪洋大海之中,唯书是从、唯上是从、唯标准答案是从,他们忘记了什么是对与错、真与假,甚至不知道什么是知识,自己的头脑也成为别人思想的跑马场,任凭他人的马儿在自己的领地肆意驰骋,这种丧失了问难和质疑的教育正制造着丧失批判能力的平庸之辈。明代的陈献章曾言:"学贵有疑,小疑则小进,大疑则大进,不疑则不进。疑者,觉悟之机也。一番觉悟,一番长进。"① 学习者应当善于发问,在疑问中求进步,如此才能抵达"蓦然回首,那人却在灯火阑珊处"② 的澄明之境。因此,教育过程应当注重对个体生命批判能力的重塑,让学生用自己的头脑去思考实然与应然,让学生敢于反思、善于反思、乐于反思,让生命在自主的反思批判中拒绝平庸、软弱。首先,教师可以为学生创设问题情境,实施问题教学。敢于提出问题、解答问题是人拥有批判能力的体现。人正是在解决一个又一个问题的过程中认识自然、改变世界、完善自己的。敢于发问,打破定式,人便离生命的卓越又进了一步。古希腊苏格拉底的产婆术正是问题教学的典范,苏格拉底在教学中通过"提出问题、回答问题、反复诘难"的方式来最终帮助学生从无知走向有知。现实教学中教师也应适时放下知识权威者的身份,给予学生发问质疑的空间和机会,最大限度地为学生提供自由问答、自主思考的余地,使学生成为学习中的发现者,让学生在课堂上自主地阐述新思想,自觉地汲取新知识,如此学生才会挣脱因循守旧的泥沼,课堂才能焕发生命的活力,学习中的人才能绽放生命的创造之花,生命的自由意识才能充分彰显,人才能卓然独立于漫漫的知识海洋中。其次,教育者自身要进行教学反思,将教学行为、教学现象和教学研

---

① 《白沙子与张廷实》。
② 《青玉案·元夕》。

究结合起来，形成自己独到的教育智慧，促使自身专业发展境界的提高，使自己由"技术熟练者"转变为"反思实践者"。只有善于自我反思的教师才能日渐散发内在的教育魅力，才能在与学生生命的交往之旅中成为一位优秀的教育家，如此教育培养出的学生将是博学笃志、敢于超越的卓越者。最后，教育也要培养学生的反思意识和反思能力。"一个未经省察的生活是不值得人过的生活。"① 不去反思的生活就像一潭毫无波澜的死水，人像是没有思想的物一般的存在。帕斯卡尔曾说："我应该追求自己的尊严，绝不是求之于空间，而是求之于自己思想的规定。我占有多少土地都不会有用；由于空间，宇宙便囊括了我并吞没了我，有如一个质点；由于思想，我却囊括了宇宙。"② 卓越的人不仅拥有广博的知识，更有思考的智慧。他们不会浑浑噩噩地接受既定的知识、事实，而是在反思省察中发现学习对象的意义，再现生命本真的价值，向内心世界发问，拨开存在的迷雾，走进生命的精神世界，实现人生的觉解。因而，胡塞尔认为，人的"每一种行为都是关于某物的意识，但是每一种行为也是我们意识到的东西。每一种体验都是'被觉察到的'，是内在地'被知觉到的'（被内在地意识到）"③。可见，人在行为发生之前就有着自我意识，这一意识伴随着行动的全过程。正如儒家所言："见贤思齐焉，见不贤而内自省也。"④ 人能够有意识地进行合乎仁德、成就卓越的行动，反思正是在人有意识的行动中发生的。反思能够唤醒沉睡在物欲温床上的个体生命，能够使人向自我发问。因此，我们的教育应当超越单纯的知识授受，激发个体生命的深思，让人过一种自我省察的生活，使人在省察中趋于卓越，走进澄明清澈的生命境界。

（四）教育氛围：促进生命敞开，涵养卓越品性

麦金太尔认为："人类的脆弱性、依赖性与动物性必须放置于相互关

---

① ［古希腊］柏拉图：《苏格拉底的申辩》，吴飞译疏，华夏出版社2007年版，第131页。
② ［法］布莱斯·帕斯卡尔：《思想录》，何兆武译，商务印书馆1995年版，第158页。
③ ［奥］埃德蒙德·胡塞尔：《内时间意识现象学》，杨富斌译，华夏出版社2000年版，第145页。
④ 《论语·里仁》。

系之中来理解。"① 这说明生命是一个关系性的存在，向往卓越的个体生命不甘于成为一个单分子式的孤立者，他通过与自然、社会、他人等"他在"发生关联而找寻生命的意义，成就生命的整全。然而现代教育的占有式逻辑致使自我与他者之间的相互关系变为对立关系，学生为了占有个人的高排名、好学校展开近乎疯狂的竞争，这种"以占有式的个人成功为基础的教育竞争结构"②，"把教育看作是受教育者个人奋斗的场所"③，"教育在这种情况下，就把私人与公共的界限模糊了"④。因而，学生生活在自我膨胀、彼此闭锁的世界中。在这样的教育氛围中，"'向谁学习''学习什么'这些本来十分简单的事情会变得无比复杂，本来正常的事情会变得无比荒诞，人们被挤压到一个极其狭小的空间里，相互陌生且心存戒心。这种状态长久以往，只能使人们最终失去学习的欲望和能力，最终变成'不会学习'的冥顽之物，而一群'不会学习'的人们，除了把世界弄得愚蠢透顶，还会有别的什么结果呢?"⑤ "三人行必有我师焉"的真理演变成了"三人行必有我防备"，本应处于相互关系中的存在者变为了孑然独立的生存者，孤零零的个体生命在闭锁的知识世界里苟且生存，个人的卓越凌驾于他人的挫败和痛苦之上，个体生命的开放性渐渐隐退，人渐渐变得狭隘、冷漠、封闭、庸俗。因此，教育应当营造生命与生命彼此敞开的开放之境，让个体生命超越个体世界的一隅之地，在开放的生命中走出封闭的"小我"，纳入群体并感受生命与生命的协调共振，最终走向"大我"的生命卓越状态。

一方面，教育者要创设开放自由的教育情境，鼓励师生、生生交流合作，解放孤独闭锁的自我"卓越"，创设美美与共的大同世界。"好的教育实践从来就不是个人孤立的活动，而是永远发生在人与人之间，共同分享、相互激励，并最终在人与人的相互关系之中彼此成全的活动。"⑥ 传

---

① ［美］阿拉斯戴尔·麦金太尔：《依赖性的理性动物：人类为什么需要德性》，刘玮译，译林出版社 2013 年版，第 5 页。
② 金生鈜：《保卫教育的公共性》，《教育研究与实验》2007 年第 3 期。
③ 金生鈜：《保卫教育的公共性》，《教育研究与实验》2007 年第 3 期。
④ 金生鈜：《保卫教育的公共性》，《教育研究与实验》2007 年第 3 期。
⑤ 贺来：《宽容意识》，吉林教育出版社 2001 年版，第 26 页。
⑥ 刘铁芳：《什么是好的教育——学校教育的哲学阐释》，高等教育出版社 2014 年版，第 48 页。

统班级授课制的课堂在技术理性的威逼利诱下人与人是孤立的存在,课堂上鸦雀无声,讲台上教师一人独唱,正如大卫·布里克所说:"在一个25—50人的班级里,学生虽然在相同的时间里学习相同的课程、科目,但是我们看到他们总是在独自完成作业,他们很少相互帮助或进行合作。"① 每个人的胸怀只能容纳自己所学的知识、成绩、成功,生命与生命难以交融。然而对于存在着的人来说"要求实现人与人的结合是人内心最强烈的追求,是一股把人类、部落、家庭和社会集合在一起的力量。没有实现这一要求就意味着要疯狂或者毁灭——毁灭自己或毁灭他人"②。所以,教育竞争演变成了个人主义膨胀的恶性竞争,个体生命的开放意识在大大小小的竞争中经常缺席。因此,教育要给学生创造自由交流的教育情境,在活动教学、讨论教学中引导学生与他人合作,鼓励学生与他人分享、向他人学习,让师生在交流讨论中敞开彼此的生命,这样既能够收获教与学的智慧,又能够实现精神与精神的相遇。同时,师生、生生关系从自我中心转向与他者的"共在""共生",教师与学生是教学相长的互助关系,学生与学生呈现相互承认、尊重包容的"和而不同""美美与共"之境。主体间性的共生关系使学生摆脱了封闭的"容器人"状态,他于生命深处融入他者的生命,既保持了自我生命的主体性,又超越了个体生命的孤立性,在真正的交往中确证自我的存在。同时,彼此映射着对方自我生命的存在,如此他人便不再是地狱;相反,他人成为自我生命世界里奏响的音符,生命的困惑和忧愁消释,心灵变得澄明和敞亮,人人在与他人生命的共舞中升华个体生命的价值,使个体生命成为不凡的存在。

另一方面,教育应当充溢着海纳百川的"普遍之爱",让学生在爱中升华生命的价值,成就生命的卓越。亚米契斯曾说:"教育上的水是什么?就是情,就是爱。教育没有了情爱,就成了无水的池,任你四方形也罢,圆形也罢,总逃不了一个空虚。"③ 没有爱的教育是空虚的,一个空虚的教育想要培养出卓越的人是不可能的。拥有宽容意识的教育者应当拥有广博的爱,爱如生命的源泉,它"内生于个体生命之中,同时又有着

---

① 叶飞:《竞争性个人主义与"孤独的"公民——论公民教育如何应对公共品格的沦落》,《高等教育研究》2013年第2期。

② [英]梅·西蒙:《爱的历史》,孙海玉译,中国人民大学出版社2013年版,第6页。

③ [意]埃迪蒙托·德·亚米契斯:《爱的教育》,夏丏尊译,译林出版社1997年版,第1页。

使人迷狂的力量。人生长在爱中，爱激励人的生长"。① 从这个意义上看，教育是践行生命之爱的事业，爱是人之卓越发展的动力，对生命的爱应当作为教育恒久不变的主题。因此，教育者要给予学生"普遍之爱"，唤醒自身对生命的关爱，让爱润泽教育的沃土，让教育成为"爱人"的事业。教育者给予学生的爱不同于母爱之处便在于，教育者面对的不是特定的单一学生个体或是单一班级，而是受教育者群体，这种爱具有一定的普遍性。然而现实教育场域中教育者作为"施爱者"，他们的爱却具有一定的"特殊性"，特殊之处就在于他们的爱大多给予了成绩优秀者，他们按照自己的意愿改造着自己施爱的对象，但他们爱的实则不是生命，而是生命之外的成绩和分数、名与利，这是一种流于表象的"虚伪之爱"。教师的"给予之爱"演变为要通过努力获取高分、高名次和大进步去争取的"需求之爱"，教育者与受教育者之间的爱被异化为一种商业交换，尽管这样的爱成就了学习优秀的学生，但最终他们只能成为教师和书本知识的附庸、爱自己的精致利己者。所以，教育者应当把爱给一切学生，给学生一切爱，只有一位心怀普遍之爱的教师才能"无处不抓住了生命。他在偏僻的角落里抓住了它，观察它，追逐它。他在它踯躅不前的路口等待它，在它飞奔的地方跑去和它相会，他在到处都发觉它一样伟大，一样庄严，一样迷人，这躯体没有一部分是卑微而可忽视的：什么都蓬蓬勃勃地活着。那镌刻在面孔上的如在日晷上的生命，是易于认识的，而且与时光的流逝有关的，那蕴藏在躯体里面的，却更飘逸、更伟大、更神秘、更悠久了"②。所以，教师海纳百川的爱能够使教育超越单纯的知识学习，让一个生命扎根另一个生命，让学生生命的主体性在无比宽容、平等的爱中熠熠发光，让所有的生命都在自主与自为中走向精神自由的卓越天地。同时，教师对学生的爱也在一定程度上促使学生将普遍的爱回馈给他者生命，让个体生命在爱的教育中自由舒展，在爱的滋润下追求真、善、美的存在，在爱的激励中砥砺前行。因此，教育者要注重对学生友爱的生命品质的培养，让学生在友爱中实现生命与生命的彼此开放，涵养个体生命的卓越品性。苏格拉底曾说："从我孩提时开始，我就很热切地想要拥有一

---

① 刘铁芳：《追寻生命的整全：个体成人的教育阐释》，高等教育出版社2017年版，第285页。

② 李政涛：《做有生命感的教育者》，北京师范大学出版社2010年版，第88页。

样别的东西,就像每个人都有追求一样,只不过各人所好不同罢了:有的人想要马,另一些人想要狗,还有人想要金子,还有的则是想要荣誉。但是我对这些都没什么兴趣,我最感兴趣的是交朋友,我宁愿要一个好朋友,而非世间最好的鹌鹑或是公鸡。"①苏格拉底以"爱友者"自居,在他看来智慧和友爱是统一的,爱智者一定是友爱的人。亚里士多德认为精英必备的品质就是友爱。所谓友爱者是拥有真、善、美的人,在友爱的动力驱使下人能够超越自我的圈囿追求生命的更高境界,能够在与他人的交往中根植责任意识,最终构建卓越的自我。友爱能够引领个体过一种至真、至善、至美的卓越生活,人正是在友爱中促进个体生命的彼此敞开与绵延生成,"友爱既是个体成人的见证,个体成人的重要标志乃是一个人能够友爱他人。同时友爱又是个体成人的基础,个体成人总是在人与人的友爱之中,孤立地成人是不可设想的"②。因此,个体生命只有拥有足够多的爱的云翳,才能创造一个美丽的黄昏。

(五) 教育评价:实施动态评价,引领卓越生成

人永远在路上,一旦停下脚步,人便命若悬丝,丧失了生存的意义感。因而我们认为个体生命的卓越是一个不断攀升的过程而非一成不变的结果。教育离不开个体生命,它的目的在于通过使个体接受教育来成就生命的卓越。教育评价作为教育的重要组成部分,它的初衷和最终旨归也在于让个体生命在评价中不断超越当前,实现更完满的、卓越的人生。然而,现存教育场域中"一考定终生""一分定成败"的教育评价是一种静态的、证明式而非动态的、改进式的教育评价。外在的高分、高薪、高位被看成是优秀与否的最佳佐证,"差等生""优等生"的划分将"卓越"赋予了少数人,人的卓越被曲解为一串串僵硬的"科学数字",个体生命与教育的复杂性被简单量化的教育评价全然漠视,评价与个体生命日渐疏离,甚至走向了反生命的境地。德国社会学家西美尔曾说过一段关于"桥与门"的比喻,他说:"每个人在一生当中都在寻找着什么,发现着什么,这是'门',它寄托着人的理想和激情。要找到这扇'门',推'门'而入,进入理想世界,就必须先找到通往'门'的'桥','桥'

---

① [古希腊]柏拉图:《苏格拉底的申辩》,吴飞译疏,华夏出版社2007年版,第108页。
② 刘铁芳:《追寻生命的整全:个体成人的教育阐释》,高等教育出版社2017年版,第285页。

的尽头即是'门'。许多人找到了甚至建造了这座'桥',却坐在'桥'上歇息,迷恋于、陶醉于'桥'本身的舒适和美丽,不知不觉中,便把这座'桥'当作了那扇'门',把一生的光阴都耗费在了'桥'上。"① 教育评价的"门"便是通过评价让个体生命走向卓越,教育评价的"桥"便是我们设置的评价工具、评价标准、评价方法等,倘若我们将教育评价的工具、方法、标准当成唯一的教育目的或是教育理想,那么,我们的教育便迷失了本真,便难以开启生命的卓越之门。现实中我们的教育评价在中考、高考的指挥棒下过于强调它的甄别、选拔等证明性功能,而忽视了评价本应具备的激励、调节等发展性功能,评价像是一个巨大的筛子,少数"精英"留在了筛子的上面,而大多数学生则是"被筛子筛下的殉葬品"。评价本不是用来禁锢学生思维、制造平庸、异化生命的,但我们的教育现实确是如此。然而,每一个个体生命都是独特的、流变的、自为的存在,每一个生命都蕴含着卓越的力量,过于关注结果的静态评价对教育中的个体生命置若罔闻,"人的那些无法用现代科技量化的思想和精神,在现代科技的度量衡面前一钱不值,如敝履般被丢弃了"②。过度量化的教育评价尽管创造出了无数丰硕的教育业绩,但它所定义的"卓越"却丢失了个体生命存在的真义,甚或制造了平庸的个体生命。因此,教育评价既要关注事实结果,也应回归教育评价的初衷——让人的生命更好地成长与发展,让动态发展的教育评价来引领个体生命卓越的生成。

首先,教育评价要用动态的眼光审视受教育者,实施发展性教育评价。杜威认为"教育即生长",教育是一个生长、生成、多变的过程,教育评价也应服务于个体生命的生长、发展、蜕变、完善、卓越。人的生命是一个未完成的、未特定化的存在,这意味着人的生命深处蕴藏着无限的潜能,教育应当在关注学习结果的同时意识到个体生命具有的发展性与未定性,杜绝以评价结果鉴定优与差,而是通过评价结果来反观学生个体生命的发展过程和发展成果,诊断个体生命的不足之处,挖掘个体生命的进步空间,发扬个体生命的擅长之域,让评价注重过去、立足现在、放眼未来,让评价不仅"育分"更要"育人",让个体生命在评价中绵延生成,

---

① 转引自李政涛《教育评价中的"桥"与"门"》,《中小学管理》2004年第6期。
② 高德胜:《我们都是自己的陌生人——兼论教育与人的放逐》,《高等教育研究》2013年第2期。

走向完满，实现卓越。

其次，教育评价要"因人施评"。"每个人之间有所不同，即都有其自我独特性，具有不可重复和不可取代的唯一性，这种自我独特性或唯一性是每个人得以存在的根据和理由，因而也是每个人有其个人价值的理由和根据。"① 生命的独特性给了个体存在的动力和意义，激励着个体生命不断超越自我、臻于完善、趋于卓越。因此，着眼于成就卓越个体生命的教育评价应当尊重个体生命的独特性，避免用统一的度量衡来评定每个与众不同的个体生命，或是草率地给学生贴上"优等生""后进生""差等生"之类的标签，评价者应当立足不同的生命个体去实施针对性的教育评价，关注分数竞争中处于不利地位的学生，不刻意苛求让学生适应某种评价标准，努力为个体生命打造适合自己的评价标准，创造"和而不同"的教育盛况。同时，教育要在评价中看到每个生命的潜能与优势，长善救失、取长补短，让不同的生命个体在受教育的过程中实现自己最大限度的发展，让每一个生命在评价中都能获得发展的空间与可能，让个体生命通过评价张扬个性，展现自我独特的光辉，书写自我卓尔不群的生命华章。

最后，教育要竭力构建评价共同体，让多元主体参与评价。教育评价离不开评价者，更离不开被评价者，评价因被评价者的存在而存在。"评价不是外在于人的、纯客观的过程，而是参与评价的所有人不断协商、对话，不断协商教育价值观，缩短意见分歧而整合成的共同看法。"② 现实教育评价中被评价者作为评价的主体之一充当着教育评价的旁观者，以评价专家、教师组成的"强势主体"则被尊崇为"评价主体"，被评价者只能依从评价标准、评价结果而学，个体生命被搁浅在工具性、功利性的短视化教育评价中，评价成为钳制个体生命发展的工具，生命与生命间的交往和对话也难觅踪迹，如此便导致了卓越的迷失。因此，评价者应当摆脱高高在上的判官姿态，让评价的权力不再拘囿于专家和教师，让真正的评价主体——学生切实参与到评价过程中，让学生在自我评价中洞察个体生命的发展空间，在他者评价中厘清个体生命的有限与无限，在生生互评中促成个体生命的共生与共长。由此个体生命才能在教育场域中实现生命的升华、充盈、圆润与高贵，促进卓越的生成。

---

① 韩庆祥、邹诗鹏：《人学——人的问题的当代阐释》，云南人民出版社 2001 年版，第 290 页。

② 陈惠英：《协商对话式外部评价的内涵与实施》，《中国教育学刊》2015 年第 4 期。

第五章

个体生命的自由性与教育

自由是人类生命的最高价值追求，人们对自由的好奇和渴望自出生起就已然萌生。漫漫历史长河中的朝代更迭，探索广袤世界中的永不止步，包罗方方面面的社会变革，人类付诸的这些实践和努力无不表明了人类对生命自由的渴求，人类不断拓宽生命延展的自由领域，不断争取着生命得以自由的权利。"人类进步的唯一可靠而永久的源泉还是自由，一有自由，有多少个人就可能可以有多少独立的中心。"① 由此可见，自由带来了人类发展的动力，个体对自由的追逐是生命存在的本质。"生命诚可贵，爱情价更高。若为自由故，二者皆可抛"②，这是人对生命自由的渴望；"不自由，毋宁死"③，这是人对生命自由的呐喊。正如夏多里布昂斯所说："如果没有自由，世间便一无所有，自由赋予生命以价值。"④ 正如弗洛姆所认为的，"我不知道还有哪个问题比自由问题更值得研究，还有哪一个问题比这个自由问题更能为奋发有为的天才开辟一个新天地提供更好的机会"⑤。哲人们的思想中无一不昭示着自由的重要性，正是自由给人的个体生命提供不断超越的动力。

生命需要自由，自由的生命更需要自由的教育，生命自由是教育能够"成人"的必要条件，是教育的本真追求。正如罗杰斯所说："只有当我创造出这样的自由气氛时，教育才能成为真正名副其实的教育，才能变成

---

① ［英］约翰·密尔：《论自由》，许宝骙译，商务印书馆1959年版，第10页。
② ［匈］裴多菲：《裴多菲诗选》，张清福等译，花山文艺出版社1995年版，第80页。
③ 源于美国人帕特里克·亨利1775年3月23日于殖民地弗吉尼亚州议会演讲中的最后一句：Give me liberty or give me death.
④ ［俄］尼古拉·别尔嘉耶夫：《人的奴役与自由》，张百春译，贵州人民出版社1994年版，第1页。
⑤ 徐岱：《体验自由——论美感的生命境界》，《浙江大学学报》1997年第1期。

一种顽强的探索和科学的研究,而不是大量很快就会过时或被遗忘的事实的简单积累。"① 因而,我们的教育应当在尊重个体生命自由性的基础上进行有目的、有计划、有组织的活动,引导个体生命不断走向更大的自由,使教育场域中的每一个生命个体在自由的条件下能动地实现生命的价值,追求生命的意义,绽放生命的光彩,焕发生命的活力。

一 识读个体生命的自由性

个体生命是有限的存在,然而正是有限的个体生命在心中怀揣着对自由孜孜不倦的追逐,个体生命的存在才得以无限地舒展。"文化上的每一步,都是迈向自由的一步"②,人类历史就是不断追求自由的历史。从古至今,中西方的历史文化长河中源源流淌着对生命自由的追寻,无数先辈用自由谱写生命的凯歌,用自由书写人生的史册,用自由的意志向短暂的存在宣战,自由是人类发自内心深处最深刻的人性需要。

(一) 生命自由的历史向度

1. 中国文化中对生命自由的追寻

在中国的历史长河中闪烁着不少追求生命自由的思想。夸父逐日、盘古开天辟地、女娲补天、后羿射日……在这些传说中,人是拥有着强烈个体意识的生命体,他们有着改造自然的强大动力,他们不断超越自然的束缚,为自身争取更广阔的生存空间,这无不彰显着人类对自由的无限向往和不懈追寻。孔子曾这样评价自己的一生:"吾十有五,而志于学。三十而立,四十而不惑,五十而知天命,六十而耳顺,七十而从心所欲,不逾矩。"③ 孔子追求成为"仁者",通过不断学、思、行,不断涵养提升自己,达到"从心所欲不逾矩",这就是他毕生追求的自由之境,他所追求的是一种合乎规矩、合乎仁义之上的自在超脱。宁可"曳尾涂中"也不愿"留骨而贵"的庄子毅然选择摆脱生命自由的庸俗牵绊,吟诵着"鱼

---

① [美] 马斯洛:《人的潜能与价值》,林方编,华夏出版社1986年版,第142页。
② 《马克思恩格斯选集》(第3卷),人民出版社1972年版,第154页。
③ 《论语·为政》。

相忘于江湖，人相忘于道术"①的洒脱飘逸。在庄子的眼中，大鹏"扶摇直上九万里"，列子"御风而行"，皆对外物有所依靠，这不过是一种有限的自由。正如他所言："若夫乘天地之正，而御六气之辩，以游无穷者，彼且恶乎待哉！故曰：至人无己，神人无功，圣人无名。"②在庄子的眼中，只有做到"无己""无功""无名"，方能浮游于"无何有之乡，广莫之野，彷徨乎无为其侧，逍遥乎寝卧其下能"③的逍遥无待之境。

中国历史上第一位对生命自由求索的伟大诗人屈原声嘶力竭地发出"路漫漫其修远兮，吾将上下而求索"④的呼喊，他渴求"乘骐骥而驰骋兮，无辔衔而自载"⑤的个体生命自由狂奔，他向往"乘泛泭以下流兮，无舟楫而自备"⑥的个体生命逍遥自在，奈何炎凉世态、昏庸朝堂想要夺走他的自由，摧毁他心中的理想国，于是他发出"宁赴湘流，葬於江鱼之腹中，安能以皓皓之白，而蒙世俗之尘埃乎？"⑦的个体生命自由呼喊，那自由奔涌的汨罗江从此只为他流淌。田园隐士陶渊明五次辞官，只为摆脱世俗官僚的樊篱，回归自然人的悠然闲适，"少无适俗韵，性本爱丘山"⑧，陶渊明的放弃仕途、归隐田园是对个体生命自由的超脱追求。"久在樊笼里"的他"复得返自然"，在田园耕耘劳作中找到了"采菊东篱下，悠然见南山"⑨的个体生命自由，这是陶渊明经过一番自主选择之后重获的精神自由，油然而生的愉悦感和超脱感也正是马斯洛所言的"高峰体验"。

"泽雉虽饥，不愿园林。安能服御，劳形苦心。身贵名贱，荣辱何在？贵得肆志，纵心无悔。"⑩ 这是嵇康笔下的个体生命自由，他宁愿像"泽雉"一样忍受饥饿，也不愿囿于毫无自由之地，即便失去名利权贵，他也要"肆志"和"纵心"，成为神仙那样的人，于是嵇康写下"思欲登

---

① 《庄子·内篇·大宗师第六》。
② 《庄子·内篇·逍遥游》。
③ 《庄子·内篇·逍遥游》。
④ 《离骚》。
⑤ 《楚辞·九章·惜往日》。
⑥ 《楚辞·九章·惜往日》。
⑦ 《楚辞·渔父》。
⑧ 《归园田居·其一》。
⑨ 《饮酒·其五》。
⑩ 《四言赠兄秀才入军诗其十八》。

仙，以济不朽"① 的佳句，这其中折射的不是脱离现实的冥思狂想，而是对无所为而为的逍遥自由之境的不懈追求。

唐代浪漫诗人李白的酒杯里装满了散发着个体生命自由香气的美酒，弥散在他字里行间的是"富贵吾自取""青云当自致"的个体生命自由张扬，是"天子呼来不上船，自称臣是酒中仙"② 的个体生命桀骜不驯，是"人生在世不称意，明朝散发弄扁舟"③ 的个体生命落拓不羁，是"俱怀逸兴壮思飞，欲上青天揽明月"④ 的个体生命醉心自由。李白所追求的是一种特立独行的个体生命自由，他期求可以自由选择自己的人生，于是他一生以庄周所述的大鹏自比，他惊慕于大鹏撼天动地的强魄之势，他追求的正是像大鹏一般有个体生命自由翱翔的辽阔苍穹，有俯瞰尘世的个体生命逍遥超脱，有压倒一切的个体生命雄壮豪迈。

李白仰天一声长啸之后，从遥远的天际又传来了苏轼高吟个体生命自由的回音。"箕踞狂歌总自由"，这不正是苏轼对个体生命自由的向往？"几时归去，作个闲人。对一长琴，一壶酒，一溪云。"⑤ 这不正是苏轼对个体生命精神解脱的追求？"不见文艺规则，只见心手自由"，苏轼的诗篇中张扬着个体生命自由挥洒的写作态度，在这不落窠臼诗句之外的正是苏轼遨游其中的个体生命自由世界。

美学大师王国维意识到个体生命在世间必然受到种种羁绊，于是他为个体生命自由寻找了一条新的出路——审美，他憧憬着在无功利的审美活动中实现"鱼之脱于罟网，鸟之自樊笼出，而游于山林江海也"⑥ 的个体生命无束缚状态，达致"吾人之心无希望，无恐怖，非复欲之我，而但知之我也"⑦ 的个体生命精神自由境界。

正是个体对生命真自由的不懈追求使得无数仁人志士的胸襟如花绽放，又似有翩翩仙羽，任何现世的宠辱都无法束缚那些于尘世高蹈的个体生命自由灵魂。于是，中国的历史长河中无数的自由之子挥斥方遒，留下

---

① 《四言赠兄秀才入军诗其七》。
② 《饮中八仙歌》。
③ 《宣州谢朓楼饯别校书叔云》。
④ 《宣州谢朓楼饯别校书叔云》。
⑤ 《行香子》。
⑥ 王国维：《王国维全集》（第一卷），浙江教育出版社 2010 年版，第 56 页。
⑦ 王国维：《静庵文集》，辽宁教育出版社 1997 年版，第 67 页。

了人类文明史上最璀璨夺目的瑰宝。

2. 西方文化中对生命自由的追寻

纵观西方的历史发展，几乎每一个哲学家都曾对自由有过自己的解读。据英国著名的哲学家赛亚·柏林统计，全世界有两百多种关于自由的概念。在古拉丁语中，"自由"（liberta）的释义是"从束缚中解放出来"。在古希腊、古罗马时期，"自由"等同于"解放"。在西方早期历史中，由于奴隶制的存在，人们对自由的追求中包含更多的是对独立自主的向往。

从亚当、夏娃在自由意志的驱使下偷吃智慧果的神话中，我们感受到人类开启了对自身生命自由的思考与探索；再到希腊神话中的普罗米修斯为了人类的生存和幸福选择对抗宙斯、盗取火种，虽然他失去了现实中身体的自由，却也因此获得了更大的精神自由。对他来说，能够拯救人类并给人类以光明和温暖，这就是最大的自由。无数类似的神话故事中折射的是对生命中"我"的思考，寄托着人类对生命自由的希冀。

在柏拉图的思想中，自由意味着人对真、善、美有正确的认识和把握。个人的自由只有从属于国家利益，才能获得真正意义上的"善"，也就意味着人获得了自由。柏拉图认为，达到善的理念离不开理性的灵魂引导。只有在理性的引领之下人才能抵达自由的澄明之境。而亚里士多德则进一步强调了非理性的作用，认为只有理性和非理性的和谐发展生命才能获得真正的自由。

在伊壁鸠鲁的思想中，自由是快乐之源。伊壁鸠鲁否认神灵的存在，他把自由和快乐的权力交给个人，由个人自由选择，肯定了人的自由性。在他看来，快乐是理性选择的结果，他强调个体的主体自由性，认为理性提升了人的自由性，他所说的快乐是一种理性的快乐。

中世纪的自由成了神的特权。文艺复兴之火的熊熊燃烧再一次将人的自由问题推到风口浪尖，笛卡儿的"我思故我在"将自由从"神"拉回到"人"，然而他终究还是把自由还给了"神"。在他看来，自由取决于上帝实体，上帝能够协调人的"物质实体"和"心灵实体"的关系，于是自由最终要借助上帝实体才能臻于完满。

霍布斯对自由做了近一步的划分，他将自由分为天赋自由和公民自由。天赋自由即自然赋予人的本性自由，在霍布斯看来，人趋利避害的本性使得自然状态下的天赋自由演变成一种"狼的自由"，人人在没有公共权利的约束下为了自己的"自然权利"而相互为战,最终每个人都在"一切人反对一切人"的战争状态中终结了自我的天赋自由,同时也造成了他人的不自由。因此,霍布斯认为,只有当人与人之间建立起社会契约并成立国家,由此人们在臣服于国家的同时将不存在"天赋的自由",而是基于契约下的臣民的自由,这种自由尽管是一种有限的自由,但在霍布斯看来却是真正意义上的自由。

斯宾诺莎在笛卡儿和霍布斯的影响下阐述了自由与必然之间的关系。在斯宾诺莎看来,自由就是对必然的认识,对必然的认识越彻底,自由度越高。人只有把万物都视为必然,才能深刻地认识自然,由此人的目的性与自然的必然性相一致,人才能获得心灵的自由。但是斯宾诺莎却忽视了人作为主体的自我意识,使得个体生命的主体性被抽离。

康德认为,"自由是独立于别人的强制意志的,而且它能够和所有人的自由并存,它是每个人由于他的人性而具有的独一无二的、原生的、生来就有的权力"①。由此可见,康德充分肯定了人的自由是天赋的权力。为了实现真正的自由,康德认为人的自由正是在理性知识的获得中完美实现。康德又进一步将自由和道德联系在一起,他提出"只有自由者才会有道德"的论断,这和柏拉图所说的"善"有相似之处。在康德眼中自由通过道德领域体现,康德所说的自由其实就是真、善、美统一的自由。

在黑格尔眼中,"我们时代的伟大之处在于,自由,作为自在自为的精神财富,受到了承认"②。黑格尔在确立了自由是精神的本质的同时,也指出"人作为生命的存在,他在本质上是自由的"③。黑格尔将自由分为三个层次——抽象的否定的自由、绝对的肯定的自由、理性的自我决定的自由。在抽象的否定的自由中,"我能摆脱一切东西,放弃一切目的,从一切东西中抽象出来"④。这种自由彰显了人的无限可能性,但是这种无限的自由却也最终会导致人的不自由。在第二层次的绝对的肯定的自由

---

① [德]伊曼努尔·康德:《法的形而上学原理》,沈叔平译,商务印书馆1991年版,第50页。

② 汪安民:《现代性基本读本》(上卷),河南大学出版社2005年版,第122页。

③ 刘济良:《生命的沉思——生命教育理念解读》,中国社会科学出版社2004年版,第116页。

④ [德]格奥尔格·威廉·弗里德里希·黑格尔:《法哲学原理》,范扬等译,商务印书馆1996年版,第15页。

中，人所追求的是具体的内容，这个内容是人自己自愿选择的，但是人在选择的同时却也排除了其他可能性，这种自由还会受到个体本能、情感等的内在束缚。在第三层次理性的自我决定的自由中，人已经走在了理性的康庄大道上，他们理性地做出自我抉择，意识到自己是普遍与特殊的统一体。正如黑格尔所说："只有作为真正被规定的内容，才是真实的自由。"① 在这一层自由中，应该说是一种"自为"的自由。

马克思曾在《1844年经济学—哲学手稿》中说道："一个种的全部特征、种的类特征就在于生命活动的性质，而人的类特征恰恰就在于自由、自觉的活动。"② 在马克思看来，人区别于动物，人能够"使自己的生命活动本身变成自己的意志和意识的对象。他具有有意识的生命活动。……正是由于这一点，人才是类存在物，就是说，他自己的生活对他来说是对象。仅仅由于这一点，他的活动才是自由的活动"③。马克思将自由寓于活动之中，在活动中的"真善美、合规律、合目的的统一"才是真正的生命自由。

20世纪著名的思想家以赛亚·柏林将人的自由区分为消极自由和积极自由。消极自由回答的是"主体（一个人或人的群体）被允许或必须被允许不受别人干涉地做他有能力做的事、成为他愿意成为的人的那个领域是什么"④ 的问题，柏林的消极自由强调的是不受外部力量的阻碍和强制的自由。积极自由则强调"我希望我的生活和选择，能够由我本身来决定，而不取决于任何外界的力量。我希望成为我自己的意志，而不是别人意志的工具。希望成为主体，而不是他人行为的对象"⑤，这种自由是强调个体生命自主、自为的自由。

通过对中西方文化中追求生命自由思想的简单梳理，我们可以感受到人这棵"能思考的苇草"从未停下对生命自由性的追求。在东方文化中，无论是中国历史上孔子的"从心所欲不逾矩"、庄子的"逍遥无待"，还是飘逸派诗人的归隐超脱，抑或是王国维企求在无功利的审美中寻求自由

---

① 陈有英：《教育是使人们合乎伦理的一门艺术》，硕士学位论文，南京师范大学，2012年。
② 《马克思恩格斯选集》（第1卷），人民出版社1979年版，第96页。
③ ［德］卡尔·马克思：《1844年经济学—哲学手稿》，人民出版社2012年版，第56页。
④ ［英］以赛亚·柏林：《自由论》，胡传胜译，译林出版社2004年版，第189页。
⑤ ［英］以赛亚·柏林：《自由论》，胡传胜译，译林出版社2004年版，第200页。

之境，他们纷纷站在个体生命的立场上，想要努力挣脱外在的生命束缚，追求个体生命自由的至高境界——精神自由。在西方文化中，无论是古希腊、古罗马时期对独立自主、人性解放的渴望，还是文艺复兴的兴起点燃的人们对生命的重新关注和尊重、对生命主体意识的重视和发扬，抑或是将真善美、理性作为步入自由之境的通衢，都是哲学家们从人出发对生命自由性的探索，他们在思辨中为整个人类探求实现生命最大自由的实践路径。先哲们对生命自由的追寻，为我们开拓了实现生命更大自由的空间，为我们的教育关注生命自由性提供了理论支撑。特别是许多思想家、哲学家们对个体生命自由性的独特见解对于启迪我们关于生命本质和当前教育的思考，开拓生命教育的视野，建构基于个体生命自由性的本真教育都具有重大意义。

（二）个体生命自由的特性

弗洛姆在《逃避自由》中谈道："人类的存在与自由，从开始起便是不可分的，人类历史也可说是日渐个人化及日渐获得自由的一个过程。"① 由此可见，自由是个体生命存在的本质，是个体生命永恒的追求，它彰显着个体生命的灵动之美，粉饰着每一个人的生命世界。"人类活动的基本目的之一，便是为了满足自由需要、实现自由欲望、达成自由目的。这就是为什么人类历史上，会有那么多自由的斗士，他们不惜从事生死搏斗，为的只是自由。这就是为什么即使自由带来灾难和痛苦，这种自由本身也是让人快乐的好事情。……一句话，人们往往是为自由而求自由；自由是目的而不是手段。萨特甚至认为，人的一切活动根本说来都应该以自由为目的：'当我宣称：在每一具体环境下，自由不外是以自己的要求为目的的'。"② 因此，个体生命离不开自由，没有自由的个体生命像是一具没有灵魂的行尸走肉，找不到价值所在，体会不到生活的意义，品尝不到幸福的甘甜。正如马斯洛所说："自我实现者较一般人拥有更多的自由意志，更不容易为他人所主宰。"③ 所以，个体生命所与生俱来的自由性不应被忽视甚至是泯灭，我们必须对个体生命自由的特性有全面、正

---

① ［美］艾瑞克·弗洛姆：《弗洛姆文集》，冯川编，改革出版社1997年版，第11页。
② 王海明：《自由的价值》，《中国社会科学文摘》2001年第1期。
③ ［美］亚伯拉罕·马斯洛：《动机与人格》，许金声译，中国人民大学出版社2012年版，第3页。

确的认识，只有这样我们才能遵循个体生命的自由特性引导他们实现真正的自由，否则就会陷入自由的对立面，成为更不自由的存在。

1. 个体生命自由的相对性

绝对的自由意味着个体生命能够按照自身意识和能力，不受任何束缚去做任何事情。但是，人总是依附于一定的关系中，如果存在绝对的自由，人们必然会为了自己的自由而让他人不自由。由此可见，个体生命的自由总是处于一定的关系中，它不是一种绝对的自由，而是一种相对的自由。人总是受到现实中各种关系的制约，个体只有在现实活动中遵循事物固有规律、履行自身固有义务下按照自身意志行动，才能成为"自己的主人"，成为真正自由的生命个体。歌德谈及自由时说道："一个人只要宣称自己是自由的，就会同时感到他是受约束的。如果他敢于宣称自己是受约束的，他就会感到自己是自由的。"[1] 我们细细品味不难发现个体生命没有生来就随心所欲的绝对自由，个体生命是一个具体的、实然的存在，是依存在国家、民族之中的带有特定社会烙印的社会人。如果自由意味着无拘无束、毫无限制，那人类和动物又有何区别，社会变成了欲望充斥的战场，人与人之间像狼一样展开无情的竞争，弱者被强者践踏、奴役，这种"狼的自由"便是"羊的末日"，最终人类生命中不自由的限制和约束会越来越多。正如卢梭所认为的："人是生而自由的，但却无往不在枷锁之中，自以为是其他一切的主人的人，反而比其他一切更是奴隶"[2]。当我们过于抬高自己的自由时，我们就会走到自由的对立面。当我们不给别人自由时，我们就不应该得到自由，尽管某一刻我们觉得是自由的，但这种自由并不能长久地维持下去，反而会给自己带来更大的束缚。因此，个体生命的自由是依附于社会、他人关系网络中相对的而非绝对的自由。

同时，相比万物人是自由的，因为人可以超越现实世界，超越物质限制，在思想中、在精神上勾勒海市蜃楼般的自由美境。即便我们面对其他事情有了可以自我选择的自由，但是当我们做出选择的那一刻我们已经选择了不自由，正如卡夫卡所说的："你的意志是自由的。就是说：当它想要穿越沙漠时，它是自由的，因为它可以选择穿越的道路，所以它是自由

---

[1] 《歌德的格言和感想录》，中国社会科学出版社1982年版，第10页。
[2] [法] 让·雅克·卢梭：《社会契约论》，何兆武译，商务印书馆2003年版，第4页。

的，由于它可以选择走路的方式，所以它是自由的。可是它也是不自由的，因为你必须穿越这片沙漠，不自由，因为无论哪条路，由于其谜般的特点，必然令你触及这片沙漠的每一寸土地"①。所以，我们很自由，但也不太自由。再者，作为有生命的人，我们有着无限的可能性和超越性，从人行走的姿态到手、脑的发挥运用，从书法艺术到音乐建筑，个体生命可以自由地展现他的独特性和超越性，从而成为卓越的存在，但是这种发挥不是无拘无束的肆意发挥，而是要受周围各种资源、环境、规则等诸多外在因素的限制，于是超越是有限的超越，可能也是有限的可能。正如泰戈尔所说："生命之河在它的一条岸边享有自由，在另一条岸边受到约束。"② 因此，个体生命的自由是一种相对的自由，个人的自由不能侵犯他人的自由，只有每个人沿着各自特定的轨道驾驶着"自由号列车"，才能避免泯灭自己和他人自由的"事故"发生。

2. 个体生命自由的实践性

"当人类砍倒了腐朽的丛林，使它开辟为自己的田园时，他这样安排正是使美从丑陋的环境中解放出来，变为自己灵魂的美；不给予这种外部的自由，他就不可能获得内心的自由。没有这样的外部自由就不可能找到内在的自由。这样，人类以他的力、他的美、他的善、他的真正的灵魂不断诉诸于行动，以求得自由。这样做他才能取得更大的成就，也才能看清自己是比较伟大的，自己认识的范围也变得广阔。"③ 从泰戈尔的这段话中，我们发现自由不是我们口中所谈、心中所想的虚无缥缈的乌托邦，而是根植于实践中的身体力行，它要求我们要扫除阻碍自由生长的障碍物从而开拓更广阔的生存领域，这正凸显了个体生命自由的实践性。"自由不是原始的、必有的或遗传而来的，它是通过实践而获得的。"④ 个体生命的自由是一种实在的生命存在形式，只有在实践中凸显个体生命的自觉能动性，展现生命的个体价值和社会价值，激发个体的存在感和自信心时，个体生命的自由意识才能被唤醒。在马克思看来，"我的劳动是自由的生

---

① ［奥］弗兰茨·卡夫卡：《误入世界——卡夫卡悖谬论集》，叶庭芳等译，天津人民出版社 2007 年版，第 82—83 页。
② 全会：《论新闻自由与儒家"修身"思想结合的可能性》，《新闻知识》2012 年第 3 期。
③ 张品兴：《人生哲学宝库》，中国广播电视出版社 1992 年版，第 218 页。
④ ［英］约翰·爱默里克·爱德华·达尔伯格·阿克顿：《自由与权力》，侯建等译，商务印书馆 2001 年版，第 315 页。

命表现，因此是生活的乐趣"①，"我在劳动中肯定了自己的生命，从而也就肯定了我的个性特点"②，人通过自由实践创造着个体生命的无限可能、实现个体生命的自由，因此个体生命自由性的获得不是天马行空的想象，而是知行并进的结果。"只有当一个人能够有效地控制自己的生活并且积极、自主地塑造自己的生活时，他才是自由的，当一个人没有能力去实现自我，他就是不自由的。"③ 离开了实践，追求个体生命自由就是痴心妄想，只有在个体生命经过选择、行动、创造之后才能开拓出一条通向自由之境的道路。

然而，个体生命自主选择的实践并不都是打开生命自由之门的钥匙，只有理性的、符合道德要求的实践行动才是适配的钥匙。法国启蒙思想家孟德斯鸠认为："自由就是做一切法律许可的事的权力。如果一个公民能够做法律禁止的事，那就不再有自由了，因为别的人也同样可以有这种权力。"④ 可见，人在进行实践的时候必须要遵循法律规范的准绳，彰显真、善、美，由此个体生命才能获得真正的自由。正是在实践中，人意识到自己是生命的创造者，是自由的追求者，他从世界中自主地汲取养分，能动地创造自然，超越自身的有限性，在理性的不断指引下为有限的生命开拓出更广阔的生存空间，在追求物质自由的基础上实现更高层次的精神自由。

3. 个体生命自由的发展性

杜威说："自由是永恒的目标，必须永远为自由而斗争，并重新去获得自由。自由不会自动地永久地自己维持下去，如果人们不继续做出新的努力来战胜新的敌人以重新获得它，它就会沦丧。"⑤ 由此可见，个体生命所追求的自由并非是固定不变的，因为随着个体生命的不断成长与发展，随着个体生命所处的自然环境和社会环境不断变化，个体生命的心智、能力、目标不断提升，个体生命所追求的自由也会随之频频更迭。人

---

① 《马克思恩格斯全集》（第42卷），人民出版社1979年版，第38页。
② 《马克思恩格斯全集》（第42卷），人民出版社1979年版，第38页。
③ [加] 查尔斯·泰勒：《消极自由有什么错?》，达巍等编，文化艺术出版社2001年版，第73页。
④ [法] 查理·路易·孟德斯鸠：《论法的精神》（上册），张雁深译，商务印书馆1997年版，第154页。
⑤ 《资产阶级哲学资料选辑》，上海人民出版社1996年版，第239页。

作为不断生成、不断发展、不断超越的个体是不会永远满足于自己已经实现的自由的,他会在"不是其所是"中自由选择、自由追求"其所不是"的可能性。如果个体生命满足于当下自己所认为的"自由",沉湎其中安逸享乐,那么,个体生命将会再度陷入不自由的泥沼之中,最终迷失了存在的真义。在萨特看来,人的存在是一种超越的存在,人不会囿于某一个固定的框架或规定中,自由让人永远不可能停留在现存的状态,让人按照"其所是"的方式存在,他总是在选择中不断地发展着自身,使自己向着未来、向着"其所不是"的状态迈进。

自由是一个过程,因此个体生命的自由性是不断发展、不断生成的。个体在实践中实现自己的追求,但是实践本身是一个无止境的永恒过程,个体生命的自由性是随着个体力量的每一次展开、个体能力的每一次提高、个体缺陷的每一次完善不断生成的。所以,个体生命的自由性是一个永恒的发展过程,一旦终止,那也就意味着人将不复存在。因此,生命的自由性使个体不断地从自己原本的生活中脱身而出,不断用否定的烈火焚烧生命的存在,不断融入新的生命世界,让自己一次次涅槃重生从而走向更自由的存在。个体生命自由所具备的发展性更像是一位画家,用尽一生精力在生命的画布上走笔勾勒着、张扬着自由的生命意境。因此,自由是人类永恒的追求,正是由于个体生命自由的发展性,无数人在不断生成、发展中实现生命的超越,领悟生命的真谛,开辟通往生命自由的康庄大道。

4. 个体生命自由的合理性

个体生命自由的"合理性"即合乎理性。在斯宾诺莎看来,理性的精神就是自由的精神,自由的精神就是理性的精神。个体生命自由从字面意义上看似乎是不受束缚的生命本能和个人意志,然而"自由"的真正获得常常和看似不自由的"理性"相伴。中国古代历史上陶渊明远离官场,过着"环堵萧然,不蔽风日;短褐穿结,箪瓢屡空"的惨淡生活,却依旧"不为五斗米折腰""以著文章自娱",他能够摆脱眼前实利主义的羁绊,追求一种更高的精神境界,这是理性的觉醒,更是生命自由的觉醒。叶秀山在《哲学的三种境界》一文中指出,人们之所以能够有能力实行"超越",对事物采取"超然"的态度,源于人所具有的理性和人自诞生之日便具备的自由。孔子毕生追求的"从心所欲不逾矩"也正是一种遵循理性的自由。因此,人是有思想、有意识的生命个体,人只有在实践中通过对外在必然性的正确认识，通过思想、意志的自主抉择实现生命的自由。黑格尔指出，"通常的人当他可以为所欲为时就信以为自己是自由的，但他的不自由恰好就在任性中"①。并非个体所有的选择和实践都会引领个体生命进入自由之境，只有在合乎理性范围内去选择和实践，人才会获得真正意义上的自由。

自由并不是我们喜欢什么就做什么，想要什么就要什么，自由必须在理性的指导下才能不受情感、欲望的奴役和限制，走向真正的自由。正如洛克所说："如果一个人只是自由地做蠢事，使自己蒙羞受苦，那么怎么配用自由这个字眼呢？脱离了理性的引导，不受考察和限制而使自己进行并去实践最糟糕的选择，如果这也是自由，是真正的自由，那么疯子和愚人都可以说是世上最自由的人。但我认为，没有人会为了这种自由去甘愿做疯子，除去确实疯了的人。"② 由此可见，个体生命的自由是历经一番理性的思考后再去选择、实践方能实现的。

通过对个体生命自由性的特性分析，我们可以看到个体生命自由具有相对性、实践性、发展性和合理性，这些特性的分析将为构建基于个体生命自由性的理想教育提供认识论基础，我们的个体生命自由教育也将会更具针对性、适切性和实效性。

（三）个体生命自由性的意蕴

1. 生命自由性涵养个体生命的超越性

"人之所以会追问意义的问题，之所以要努力摆脱各种内外在的限制，说到底，正是因为我们意识到自己是个自由人。"③ 自由是个体生命行动的动力，当个体意识到自身生命是自由的，他就会不甘被束缚，就会想尽一切办法冲破枷锁，就会为生命创造各种可能性。自由的生命状态就是个体潜能发挥的不竭源泉和温润土壤，涵养着个体生命不断超越现存状态、走向生命卓越状态的巨大能量。因此，超越意识是追求自由的人在生命冲动下必然产生的一种生命意识。

生于艾尔德斯莱的威廉·华莱士是一位为自由而战的英雄，他为了带

---

① ［德］格奥尔格·威廉·弗里德里希·黑格尔：《法哲学原理》，范扬等译，商务印书馆1979年版，第27页。

② 张品兴：《人生哲学宝库》，中国广播电视出版社1992年版，第222页。

③ 李文倩：《自由人的生命关切》，《民主与科学》2012年第6期。

领苏格兰人民重获自由，奋起反抗英格兰的殖民统治。为了换取更多人民的生命自由，华莱士不顾英王爱德华为自己设下的"和谈"圈套，毅然只身一人前往。即便面对英军的严刑拷打，华莱士依旧坚守着对生命自由的渴求与向往，直至行刑的那一刻，他依旧高呼着"freedom"（自由）。对华莱士来说，他此刻选择的并不是死亡，而是对自我生命的超越，正因为他有着对生命自由的追求，他便超越了生命的有限与孱弱，便无惧生死磨难。可见，对于人而言，"生命不是舒服地安居在预定的最佳状态之中，它的最佳状态是生命力，不屈地走向更高的生存形式"①。因此，人之生命的超越性促使个体生命不断打破自身现实生命中的束缚和限制，使生命从有限走向无限。而这一切离不开个体生命中迸发的自由之光，如果没有自由之光的闪烁，个体就会丧失做出选择和行动的意识，就会囿于现存的状态碌碌无为，最终甘于堕落，迷失人之为人的真谛。个体正是在实践中找到生命存在的意义，并在对自然、社会环境的主动改造中体味到人的可能性，从而超越了外在条件的限制，创造出源源不断的物质财富和精神财富，为未来开拓更大的自由空间，也为实现更大的超越性提供了可能性。

"生活秩序的必然性在人那里发现自己的界限：人拒绝被完全同化为一种功能。而且，也绝不可能有唯一的、完善的和最终确定的生活秩序，人不愿意仅仅活着，他要决定选择什么和捍卫什么。"② 生命的自由性推动着个体不断走向超越当下，个体生命通过自由选择和自由行动使"现在的我"不断从"过去的我"走向"未来的我"，实现着萨特所说的由"自为"向着"自在"的超越。

2. 生命自由性塑造个体生命的独特性

"一花一世界，一叶一菩提。"每一个生命都是世界上独一无二的存在，都有自己与众不同的存在样态，而这种独特性正是在生命拥有自由的基础上逐渐形成的。"一个人只有拥有自由，能够按照自己的意志行动，他所造就的自我，才能是具有自己独特个性的自我；反之，他若丧失自由、听任别人摆布，按照别人的意志去行动，那么，他所造就的便是别人

---

① ［奥］路德维希·冯·贝塔朗菲：《一般系统论》，秋同、袁嘉新译，社会科学文献出版社 1987 年版，第 16 页。

② ［德］卡尔·雅斯贝尔斯：《时代的精神状况》，王德峰译，上海译文出版社 2003 年版，第 96 页。

替自己选择的、因而也就不可能是具有自己独特个性的自我。"① 可见，人作为有生命的个体在自由的驱使下摆脱外在统一性的束缚，追求着独一无二的自我。如果没有自由，所有的生命个体被强行装进模具，塑造出的只能是毫无两样的模型，因此，个体生命的自由性塑造着个体生命的独特性。弗洛姆认为："人只有实现自己的个性，永远不把自己还原成一种抽象的、共同的名称，才能正视整个人类普遍的经验。人一生的任务恰恰是既要实现自己的个性，同时又要超越自己的个性，达到普遍的经验这样一个充满着矛盾的任务。"② 人的独特个性使人有不断超越自己的意识，而自由给每一个生命提供了自我发挥、不断超越的独立空间，给每一种声音创造了低吟高歌的舞台。一旦生命失去了自由性，就像是被削去双足后束缚在"达斯马忒斯"的"铁床"，失去了自由的同时也失去了自身的独特性。尼采认为，每个人都有自己独特的生命风格，"生命作为一种特有的生活方式的肯定而成为标准，它有责任保护和实现自己的形式……拥有风格的生命是一种力量，这种力量不再需要证明"③。尼采所认为的"风格"就是个体生命与众不同的个性特征，由此可见，具有自身风格的生命个体才是真正的"人"，才算拥有了"真自由"。在克拉克看来，"自由是基础，他能保证人们采取行动时有更多的选择余地，在批判过去和现存的政策时有更大的回旋余地，还能保证其他有益活动的展开。所有这些在自由状况中开展的活动有助于多元化和多样化"④。因此，自由就是为了激励每一个人在自我个性发展中追求卓越，个体生命自由性的充分彰显带来的正是个体生命充分的个性化。

自由不羁的灵魂才能造就出独特的个体生命，试想如果每一个生命都失去了发展自我的自由，失去了自我选择的自由，那么，他就只能听任他人的摆布，世界上的每一个个体生命还有什么区别呢？人又怎么能够成为一个真正意义上的人呢？苏东坡的诗句中写道："短长肥瘦各有志，玉环飞燕谁敢憎"，事物各俱样态，更何况追求生命自由的人类呢？真正的人就是个体生命作为自由主体的独特化，就是个体在知识水平、能力素质、

---

① 田海明：《自由的价值》，《中国社会科学文摘》2001 年第 1 期。
② 夏中义：《大学人文读本——人与自我》，广西师范大学出版社 2002 年版，第 51 页。
③ 转引自［德］费迪南·费尔曼《生命哲学》，李健鸣译，华夏出版社 2000 年版。
④ ［英］科林·克拉克：《高等教育系统》，王承绪等译，杭州大学出版社 1994 年版，第 278 页。

兴趣爱好、道德品质、精神信仰等多方面存在的多样性。因此，个体生命的自由性塑造了个体的千姿百态，那些独一无二的生命个体将不再是人生旅途中的迷途羔羊，而是自己决定自己的积极开拓者，他们也因此得以诗意地栖居在广袤世界之中。

3. 生命自由性彰显个体生命的自主性

生命的自由性使个体不断追问生命的意义，提升生命的高度，实现生命的超越，走向生命的辉煌，享受生命的美好。自由是人自主选择的体现，自由便是"由自"，由自己选择，这是凸显主体的自由，也就是"谁"的自由。在萨特看来，人的自由体现在个体的自主选择之中，人正是在不断选择的过程中成就自己、创造自己，人的自由意义就彰显在人所进行的自主抉择活动中。正是因为个体生命向往自由，所以他能够意识到人必须自我拯救使自己新生，意识到生命不是固定不变的存在而是需要个体的自主塑造。个体获得自由的程度也就是个体实现自我发展的范围和尺度，追求自由的个体生命是自己的主人，会为自我发展进行选择和争取，会自主勾勒出自己追求的自由之境，并由此开始追求臻于完美的漫漫征途。"人或人的本性是'生成的'而不是'给定的'，是'多样的'而不是'同一的'，是'异质'的而不是'均质'的，是'开放'的而不是'封闭'的，是'变化'的而不是'僵化'的。"① 对于向往自由的个体生命来说保持现状、故步自封是对自我生命的一种限制，这也就意味着个体生命不会满足于现实的存在，在自由的驱使下他能够自主地规划生命征程、实现生命价值，成为"所是"和"所能是"的自己，走向解放、完满、充盈的生命状态。

雅斯贝尔斯说："人不是一种代代重复自身的完成了的生命，也不是一种向人明白地显示其自身的生命。人'打破'了恒久重复的、消极的同一循环。他依赖于他自身的主动性，由此，他的生命进程便走向了一个未知的目标。"② 拥有自由的个体生命自主选择、自主建构自己的生命，他一直在路上，一直处在不断地自我塑造之中，一直走向从已知到未知的路上。这无不彰显了个体生命的自主性。个体生命的自由性促使人决定着前行的方向，谋划着自己的未来，像是人生航船的掌舵人，在驶向那个还

---

① 石中英：《重塑教育知识中"人的形象"》，《教育研究》2002 年第 6 期。
② ［德］卡尔·雅斯贝尔斯：《时代的精神状况》，王德峰译，上海译文出版社 2003 年版，第 172 页。

未存在的存在之地中"慰藉心中的孤寂和安居游荡的灵魂"。同样，个体生命自主性的发挥反过来会让个体更深刻地感受到生命的自由性和无限可能性，进而达到精神上的愉悦。

4. 生命自由性提升个体生命的创造性

亚里士多德认为，哲学与科学诞生的三个条件是"惊异""闲暇"和"自由"，由此可见，人类创造性成果的诞生离不开自由，自由是一切创造和革新的前提。从齐国稷下学宫首创的自由讲学、自由求学之风到儒、墨、道、法百家争鸣的繁荣之态，从新文化运动中新思想似海啸袭来到蔡元培以"思想自由，兼容并包"改革北大，从西方的智者自由游学到文艺复兴的曙光照耀下诞生的无数巨人等，这些都是在自由的温润土壤中萌芽、开花、结果的生命创造性带来的绚烂成果。反之，从秦始皇"焚书坑儒"到明朝的东林书院案，从科举制的功利化到令人惊悚的"文字狱"等，这一切窒息了个体生命的自由性，个体的创造、创新也只能是"来也如潮，去也如汐"，整个社会渐渐陷入了"黑云压城城欲摧"的危机之中。由此可见，生命的自由性和创造性密不可分，只有自由的个体生命才能拥有创造的可能，才能具备创新的条件，才能养成创造的能力。正如爱因斯坦所说："只有在自由的社会中，人才能有所发明，并且创造出文化价值。"① 如果没有自由，人类的文化长廊中就不会留下如此璀璨耀眼的瑰宝，宇宙的漫漫星河中就不会闪烁着无数先辈的智慧。

密尔认为："自由是社会进步的'唯一可靠而永久的源泉'，我们若不再度力主精神自由，我们就不能期待什么新的进步了。"② 人是个体性和社会性的统一，人是社会的创造者和支配者，人是自己活动的产物。人类并不会止步于眼前的现实处境，而是会自主利用社会中的一切可利用的条件在实践中能动地创造自己追求的生命自由之境，在超越自己的同时也让社会有所发展与超越。因此，个体生命的自由性为个体创造性提供了展现的舞台，正是因为生命是自由的，所以生命可以超越当前，实现意想不到的创造。一旦生命失去自由，那就意味着所有的生命都像是工厂中生产出的没有思想的复制品和任人摆布的木偶。

---

① ［美］阿尔伯特·爱因斯坦：《爱因斯坦文集》（第3卷），许良英等编，商务印书馆1979年版，第119页。

② ［英］约翰·密尔：《论自由》，许宝骙译，商务印书馆2005年版，第75页。

马克思曾说:"你们赞美大自然悦人心目的千变万化和无穷无尽的丰富宝藏,你们并不要求玫瑰花和紫罗兰散发出同样的芳香,但你们为什么却要求世界上最丰富的东西——精神只能有一种存在形式呢?"① 马克思曾经的发问振聋发聩,既然生命是自由的,那么,他就是具备创造性的独特存在,任何人都不能剥夺追求自由的个体生命中凸显的创造性。正如"在血泊中升起黎明的今天,我们需要的是五彩缤纷的花朵,需要的是真正属于大自然的花朵,需要的是真正开放在人们内心的花朵。"② 拥有生命自由性的个体能够肆意绽放属于自己的色彩,能够创造出"满园春色关不住"的自由精神繁荣时代。

通过上面的分析我们可以看到个体生命自由性的丰富意蕴,个体生命在自由中寻求超越,在自由中塑造独特,在自由中彰显自主,在自由中践行创造。由此可见,生命的自由性对个体生命的生长、对人成为真正的人尤为重要,那么,生命中如此重要的自由性在我们的教育中是否被充分彰显了呢?

二 现实教育场域中个体生命自由性的遮蔽

印度诗人泰戈尔说:"教育的目的应当是向人类传送生命的气息。"③ 舍勒认为:"自由仍然是人的精神中始终活跃的个人自发性,是人的教育及其拯救的所有可能性的最基本和首要的条件。"④ 因此,基于个体生命自由性,当前"教育的意义就在于把人的自由本质引申出来、开发出来,去从事创造,去打破人的已有的生成状态,迈向更新更高的未成"⑤。教育作为"成人"的活动,培养出的应当是"自由的、自觉的、有思想的人"。然而受功利主义的牵绊和科学主义的桎梏,教育异化为谋

---

① 《马克思恩格斯全集》(第1卷),人民出版社1979年版,第111页。
② 北岛:《致读者》,《今天》1978年第1期。
③ 郑晓红、张名源:《生命教育公民读本》,人民出版社2010年版,第3页。
④ [德]马克斯·舍勒:《舍勒选集》(下卷),刘小枫选编,上海三联书店1999年版,第1364页。
⑤ [德]弗里德里希·威廉·奥古斯特·福禄贝尔:《人的教育》,孙祖复译,人民出版社1991年版,第7页。

取名利地位的工具，学生作为有生命的个体开始了在教育中的隐退，个体生命的自由性也被忽视和埋没。教育像是一个大型标准件的加工厂，高效率地生产着像机器一般的人，这样的教育培养出的个体失去了生命的灵动舒展，原本自由幸福的教育世界也演变为痛苦的渊薮。因此，教育的现实诉求正昭示着我们要关注个体生命的自由性。

（一）功利化的教育理念束缚了个体生命自由

在现代化社会中，一日千里的科学技术、一路凯歌高奏的市场经济，带给了人们物质生活水平的飞跃提升，原本追求自由的生命个体却被戴上了功利主义的紧箍咒，在声色犬马的利益追逐中承受着功利的紧紧束缚。教育作为一种培养人的社会活动，也被淹没在功利主义的汹涌波涛之中，成为功利主义的附庸。追求个体生命的自由发展是教育的终极追求，然而，教育却开始钟情于实用和功利，遮蔽了自己的灵魂，最终成为它们的"侍女"。

"当代教育的沉疴在于它'太忙碌于现实，太鹜驰于外界'（黑格尔语）……由于它放弃了为何而生的教育，荒废了它在意义世界中导行的职责，不能让人们从人生的意义、生存的价值等根本问题上去认识和改变自己；也必然前提性地要抛弃塑造人自由心灵的那把神圣的尺度；把一切教育的无限目的都化解为谋取生存适应的有限目的。教育也就失却了它本真的意蕴。"[①] 对功利化情有独钟的教育太过于关注那些外在的目的，而让教育忘记了它的本真意义就是守护个体生命的自由本性、延展个体生命的自由空间、提升个体生命的自由层次，让人成为真正自由的人。据报道，武汉某中学花费270万元在与学校只有一条马路之隔的地方购买陪读公寓，免费为学生成绩优秀的陪读家庭使用。[②] 广东某中学给考上清华北大的考生奖励100万元和一套洋房，如此豪华的奖项催生了"高考专业户"和"考霸"，使得"一考暴富"成为"佳话"。[③] 众多学校之所以提供"免费陪读公寓""出百万重奖考生"就是为了在激烈的"生源大战"

[①] 鲁洁：《教育的返本归真——德育之根基所在》，《华东师范大学学报》（教育科学版）2001年第4期。

[②] 程墨、罗曼：《"掐尖"怪象风行：中招争夺生源大战何时休》，《广州日报》2010年6月16日。

[③] 郏怡婧：《广东恩平：当地理科状元被奖励一套房》，《广州日报》2015年6月30日。

中占据有利地位，就是为了让行政化的学校拥有瞩目的"政绩"，就是为了让优秀的师资汇聚于此。然而这无形之中显露的是教育过度功利化的"丑陋嘴脸"，无形中将学生划分为三六九等，无形中将本是自由天真、活泼烂漫的个体生命沦为分数和名利的奴隶。"我们可能确信不疑，奥数、英语、有名的中学、顶尖的大学、收入很高的工作都是往生命银行里存入的巨款。但如果没有闲适与从容、逍遥与自在，多年以后，我们认为的巨款可能变成呆账、坏账。相反，听从内心的呼唤，不断体验生命中的新鲜，可能会成为人生中的重要投资。"① 绑着黄金的鸟儿飞不起来，免费陪读公寓和政府重奖这些视教育为手段的行为催生出的是教育日趋功利化的"怪胎"。

把知识视为技术性工具，把教育视为创造效益的砝码，功利主义肆虐的教育放弃了"何以为生"的思考，忽视了学生个体的生命自由，那些看似是关注学生生命自由的研学、春游等课外活动也时常要以被要求写一篇"观后感"之类的作文任务为交换条件，这样的教育给学生真正的自由了吗？不得不说，这更像是功利至上的教育对个体生命自由的紧紧束缚。再看看教室中悬挂着的让人哭笑不得的"雷人标语"："就算撞得头破血流，也要冲进一本线大楼""生时何必久睡，死后自会长眠""扛得住给我扛，扛不住，给我死扛""只要学不死，就往死里学"，这些被奉为"兴奋剂"的标语使学习变成了可以让学生抛弃生命的至高追求，在公认的"好大学等于成功"的功利性观念驱使下，我们的教育变成了丧失自由本质的"下贱侍女"。再如"不学习，如何养活你的众多女人""提高一分，干掉千人""不像角马一样落后，要像野狗一样战斗"……这些标语中无一不充斥着欲望和利益，无一不把教育中活生生的"人"视为"物"，知识、能力、分数、升学变成了教育的目标，教育不再给人自由和幸福，而是束缚着个体生命的自由本性；教育不再引领人走向精神的自由之境，而是将个体生命包围在功利的迷雾之中。于是学生就像是带上紧箍咒的孙行者，在这些充斥着功利化的标语中小心翼翼而又痛苦地在扮演"观音菩萨"的"教育者"护佑下走在通往名校"取得真经"的漫漫征途中。

---

① 周国平：《周国平论教育2：传承高贵》，华东师范大学出版社2015年版，第134页。

(二) 标准化的教育追求遮蔽了个体生命自由

英国哲学家、教育家斯宾塞在1859年提出"什么知识最有价值"的观点，在他看来科学的知识最有价值。于是，在我们的教育中，当知识披上科学至上的外衣登场时，它就获得了话语霸权，居高临下地规约着学校的教学内容，教育变成了一座密不透风的囚牢。因为过度追求知识的科学性带给我们的是统一化和标准化的知识而不是动态的、不确定的知识，是统一化、标准化的课堂、课程、考纲而不是动态性、可选择性的课堂、课程、考纲，于是科学理性支配下的教育"在一种强调思想统一的总体框架下，又要求培养出有创新能力的人，这本身是一个巨大的矛盾，甚至可以说是一个悖论"[①]。追求标准化的教育让学校成为生产"考试机器"的大型加工厂和出售商品的"百货公司"，学生就是教育生产流水线上的加工品和应社会需求出售的商品，其生命的自由性被各种"标准"遮蔽，学生嘴里背着高分作文模板，纸上写着标准答题套路，日渐沉溺于教育的庇护，习惯被标准和唯一束缚，习惯沉默和服从，长此以往，越来越多的学生体验不到教育带给生命的自由与幸福。我们的教育很正规，我们的教育很封闭，我们的教育也很统一，但是整日被关在技术性、工具性、功利性的教育之牢中的有生命的人去哪了？有自由的人去哪了？本应妙趣横生的课堂缺乏自由的气息，那些一味追捧标准的教育者像是一位"看管者"，被标准压制着的学生没有了个体生命自由发展的空间。

追求标准化的教育带给学生的是自由想象的压制、自由创造的扼杀，学生被笼罩在黯淡无光的穹空之下不敢想象、不敢创造。教育者在用同一个标准塑造个性差异的学生，学生像是被捆绑在"达斯马忒斯之床"，"非标准思路"得不到发展，创造的火花被浇灭。曾经在小学语文考试中有这样几道题：

实例1：
连词成句：小朋友 一群 做游戏 在 草地上
有个学生写了"草地上，一群小朋友在做游戏"。结果是错的。
因为标准答案是"一群小朋友在草地上做游戏"。

[①] 李强：《自由主义》，中国社会科学出版社1998年版，第162页。

实例2：

按英语字母表填空：Kk Li Mn（　）

某学生填写了 Nn 却被扣了 0.5 分，教师给出的原因竟是因为学生没有把 N 这个字母的连接部分连接的不漏一丝缝隙。

实例3：

蜜蜂、小鸟、兔子和熊猫，哪种动物不同类？

这是上海某小学一年级的语文试题，大多数学生的答案不一，但是标准答案是"熊猫"，理由是它是动物园饲养的动物。

曾经有一道小学数学神题登上微博热搜，让无数网友为此大呼自己的智商还不如小学生。这道奇葩数学题如下：

请根据节奏，写出乘法算式（一组拟声词）：
1. 叮叮叮，叮叮叮　2. 啊，啊，啊，啊
3. 呜呜呜，呜呜呜　4. 喵喵，喵喵，喵喵

不仅在小学，在高校的自主招生中出现奇葩的考试题目也屡见不鲜，这些题目被网友戏称为"神题"，然而这些神题大多数有着神一样的标准答案。如此标准化的教育带来的是个体生命自由创造的扼杀，个体生命自由想象的禁锢。于是，"同一种声音"奏响了教育成功的凯歌，让那些与众不同的声音越发微弱。梁漱溟先生曾说过，"中国文化最大之偏失，就在于个人永不被发现这一点上。一个人简直没有站在自己立场说话的机会，多少感情要求被压抑，被抹杀"[①]。青少年正值意气风发，本应该尽情地展现个体生命的勃勃生气，但是越来越多的青少年有着近乎一致的思维和举止，变成了"复制物"一般的存在，灵动的个体生命被封闭在科学知识的世界中，在标准化可以成就高分、考取名校、获取高薪、高职面前，原本应该"成人"的教育退却了，取而代之的是对个体生命自由的束缚。正如阿尔温·托夫勒所说的："学生的一大积怨是，教育不把他们当作具有个性的个人来看待，交给他们的不是有个性的东西，而是一锅烂

[①] 梁漱溟：《中国文化要义》，上海世纪出版社 2005 年版，第 221 页。

粥"①。于是，个体生命自由性所涵养的超越性被扼杀，所塑造的独特性被遮蔽，所提升的创造性被压制，教育造就出了越来越多"年纪轻轻的博士"和"老态龙钟的儿童"。

个体生命的自由性体现在个体生命的选择之中，选择就意味着创造的发生，但是标准化的教育让学生"不得不接受约束而只能在各种无聊的事情中进行选择，这种伪自由选择或者是迫于生存压力或者是受缚于规章制度"②。我们的教育交给学生的是标准答题套路、作文高分模板等，这些都是毫无创造性可言的"琐事"，因为"人的生活本意不是准备这样度过日子的，自由不是用来混过时间的，自由的价值在于用来把'时间'变成'历史'，而人也只有当他把属于他的时间变成历史，这个人才存在，如果没有历史性就只不过是自然存在，正如通常说的'行尸走肉'"③。个体生命的自由性只有在创造性的教育活动中才能真正彰显，否则，这种自由只不过是虚无缥缈的痴心妄想罢了。所以，标准化的教育追求其可怕之处就在于用"非惩罚性的"方式去对教育场域中的生命个体进行"标准化制造"，活生生的个体生命变成了"兜售的产品"，自由便理所当然地变成了空中楼阁。

（三）规训化的教育机制限制了个体生命自由

随着科学技术、工具理性极度膨胀，青少年的教育中出现了一种"规训化"的教育。在福柯看来，"规训是权力的个体化技巧。规训在我看来就是如何监视别人，如何控制他的举止、他的行为、他的态度"④。根据法国哲学家福柯对规训的定义，再反观我们的教育是否正是福柯所说的规训化教育呢？我们的学校有统一的校服着装，有统一的教学安排，有神圣不可侵犯的学生守则，有校规、院规、班规，有被教师奉为金科玉律

---

① ［美］阿尔温·托夫勒：《未来的冲击》，孟广均译，中国对外翻译出版公司1985年版，第239页。
② 赵汀阳：《论可能生活——一种关于幸福和公正的理论》，中国人民大学出版社2010年版，第116页。
③ 赵汀阳：《论可能生活——一种关于幸福和公正的理论》，中国人民大学出版社2010年版，第116页。
④ 杨大春：《身体经验与自我关怀——米歇尔·福柯的生存哲学研究》，《浙江大学学报》（人文社会科学版）2000年第4期。

的课堂纪律,于是"不准""不要""不许""不能"像是一颗颗钉子将本应该似蝴蝶般翩翩起舞的青少年钉在冷冰冰的板凳之上,然后被装裱成仅供观赏的"标本"。规训化的教育淹没了个体生命的多样性、复杂性、独特性、不确定性和不可尽述性,忘却了一个个鲜活的个体生命自呱呱坠地就在生命之旅中孜孜不倦地追求着自由、向往着美好生活和幸福人生。教育者拿着不可变动的"制度之刀"和不可触犯的"纪律之剑",消解着个体生命的自由性。

福柯指出,教育中有着无处不见的规训,"包括对活动加以强制的时间表,对行为表现进行监控的监督措施,擢拔驯服者淘汰不驯服者的考试算度机制,引诱和强制的各种奖惩制度,强化道德控制的规定设定等等"①。在他看来,学校的规章制度给教育者权力,使规章制度成为他们对受教育者进行控制和规训的工具,这种"精心计算的强制力慢慢通过人体的各个部分,控制着人体,使之变得柔韧敏捷。这种强制不知不觉地变成习惯性动作"②。于是,我们看到的是上课铃一响起就自觉挺着胸脯、正襟危坐的孩子,我们看到的是孩子对"老师的言听计从",我们看到的是身着粗糙宽大、统一颜色校服的小大人。德国作家托马斯·曼认为:"人介于野兽与天使之间,人将成为什么——取决于教育。"③ 那么,规训化的教育机制下培养出的是野兽还是天使让人深思。杜威曾认为:"那直背式的课桌,就等于婴儿的襁褓,还有头要朝前看,手要放在背后,所有这些对于上学的儿童来说,正好比是束缚和精神上的折磨。难怪每天必须这样坐上几个小时的学生,一旦束缚解除,就会爆发出阵阵过分的喧哗和盲动。"④ 长时间被钳制、束缚、压抑的生命个体虽然表面上是循规蹈矩"听话"的"好孩子",实际上却可能是"人在曹营心在汉"。一旦外在约束消失或者减少,他们就像是"失去双足的魔兽",而不是天真可爱的天使。

---

① 金生鈜:《规训与教化》,教育科学出版社2004年版,第97页。
② [法] 米歇尔·福柯:《规训与惩罚》,刘北成、杨远缨译,生活·读书·新知三联书店1999年版,第153页。
③ 王敏:《城市家庭少儿社会情感忽视问题实证研究——基于长沙市100个家庭的调查》,硕士学位论文,中南大学,2006年。
④ [美] 约翰·杜威:《民主主义与教育》,王承绪译,人民教育出版社1990年版,第29页。

Y老师在某中学担任班主任,她讲述了这样一件事①:

学校有检查学生宿舍的规定,班主任配合学生处不定时抽检。我带的班级,男生比较调皮,在宿舍门上贴了一个纸条,不巧被学生处的老师(K老师)查到。K老师后来找到我,把纸条给我看,我打开一看,上写"学生处与狗不得入内"……当时很气愤,毕竟是我带的学生,让我感觉下不来台。

K老师是学生处一位领导,他很恼火地叫我去查查是哪个学生干的。开始学生都不肯说,一问三不知。后来P同学主动交代是他写的,其他几个同学把纸条贴到了门上。

我让这几个学生每人写一份检查交给K老师。K老师不是很满意,要求他们几个在周一的升旗仪式上,当着全校师生的面再做检讨,以示警告。哪里知道他们周一竟敢不来上学。

K老师的讲述是这样的:

我连续检查了两个晚上,头一天检查到他们宿舍,十点一刻熄灯就寝,到十一点还有人在讲话。我把两个学生叫到门口站了一会儿,第二天再去就发生了这种事。这些学生坏主意多得是,心思就是不用在学习上。你不给他点颜色看看,他就不把你当回事。

学生们则这样说:

贴个纸条而已,原本是闹着玩的,又要写检查又要做检讨,一点言论自由都没有。与其在全校同学面前丢人,还不如不去学校了!……学生处的老师就喜欢去检查宿舍,卫生不干净要批评,睡觉不准时要批评,被子不叠好要批评,就连晚上看看书也要批评……之前还有个同学的手电筒被没收了,就是因为熄灯之后躲在被窝里看书被发现了。这次因为多说几句话,就把人拉到宿舍外面去罚站,那么冷的天,至少有五分钟,还穿那么少。

当事人P同学在"交代材料"上写道:

第二天我们就议论起来,有人说要写个牌子挂在门上,就像"中国人与狗不得入内"一样,别人也都说好,我就随手写了"学生

---

① 汪昌权:《师生冲突情境中的教师规训权力影像——基于一则案例的分析》,《班主任之友》(中学版) 2014年第5期。

处与狗不得入内"几个字,其他几个同学就贴到了门上。

上述事情的发生在规训化的教育机制下并非偶然,教师借助制度赋予的特权随意地对学生进行控制和监视,他们的一言一行都要迎合教师的意志,处于被压迫和被控制的屈从状态。纵观我们的学校纪律,"不得随地吐痰、不得无故旷课、不得大声喧哗、不得在课堂时顶撞老师、不得在课堂上做与学习无关的事情"等,这些纪律要求中"不得"二字是对行动范围的约定,学生需要遵守的规则几乎笼罩了学生的整个校园生活。然而"规范体系不能膨胀到完全笼罩人的整个生活的地步,否则将彻底摧毁生活的自由、意义和幸福。人需要按照人性的规律去生活,而不是按照社会制度、规范和各种标准化的指标去生活,那些都是给机器的,甚至不是给动物的。我们可以看到动物园和马戏团里的动物过着多么悲惨的生活,也就知道人们过着什么样的悲惨的生活,显然,人用来整理人的标准化规范要比整理动物的规则还要多得多"[①]。由此可见,规训化的教育是一种"见物不见人"的"制器性教育",它以简单粗暴的方式奴役着鲜活的个体生命,限制了个体生命中迸发的自由性,使学生成为"被驱动的物体"。苏联教育家苏霍姆林斯基说过:"最高的规范就是自由"[②]。规范是为了让人更自由,如果规范成为了自由的刽子手,那么,规范就必须被废除,否则我们的教育只会留下"强扭的瓜不甜"的遗憾。

(四)单一化的教育评价阻碍了个体生命自由

伴随着教育的功利主义和工具主义倾向,我国的教育评价中单一评价占据着主导地位,对学生的评价以结果性评价为主,"一考定终身""分分学生的命根,考考老师的法宝"这些口号无一不强调着评价的选拔功能。教育工作者热衷于以分数定高低,以名次定成败,将学生划分为"三六九等",对高分者进行升学和奖励、对低分者进行淘汰和责罚,这些行为全然漠视了个体生命的差异性和独特性,将学生视为物一样的存在,按照呆滞不变的评价标准肆意地裁剪原本完整、独特而自由的生命,

---

[①] 赵汀阳:《论可能生活——一种关于幸福和公正的理论》,中国人民大学出版社 2010 年版,第 67 页。

[②] [苏联] 瓦·阿·苏霍姆林斯基:《年轻一代的道德理想教育》,陈炳文等译,湖南教育出版社 1984 年版,第 84 页。

个体生命变成了完全被动的存在，变成了不会超越、丧失批判能力的"单面人"。教育评价原本所具有的调适、教育和激励功能早已不复存在，留下的是"选拔"这一把冷冰冰的"裁剪刀"。

哈佛大学发展心理学家加德纳提出了多元智能理论。在他看来作为个体，每个人都同时拥有相对独立的八种智能，这八种智能以不同的方式、不同的程度组合在一起，形成了每个人不同的智能。根据加德纳的多元智能理论，每一个学生都具备自己的优势智能，划一性的教育评价所测评的是学生的语言智能和逻辑数理智能，忽视了个体的空间智能、交流智能、音乐节奏智能等其他方面的发展。每一个个体都有所长、有所短，仅以学习成绩来评价个体，忽视了学生其他层面的进步，遗忘了学生的情感变化，难以真正全面地了解学生，最终导致学生成为了"活在书本里的人"，不能将书本知识和实践相结合，成为拥有高知识储备的巨人，低素质修养的侏儒。如此一来，偏重结果的单一教学评价模式无疑是一种受制于功利主义、理性主义的异化了的教育评价。北京某大学的一位教授曾发微博告诉自己的学生，"当你40岁时，没有4000万身价不要来见我，也别说是我学生"。言论一出，引起轩然大波。教师对学生成功与否的评价单单以财富的多少来衡量，如此功利化、工具化的教育变成了"去价值"和"去道德"的教育。个体成功与否的衡量尺不止一把，多一把衡量的尺子，就会多一些好学生。倘若所有的个体生命都用一把尺子去裁量，那个体生命的创造能力和自由精神将被忽视，个体生命的不足之处将得不到弥补，个体生命的综合素质将不会养成，这个世界也不会出现"满园春色关不住，一枝红杏出墙来"的美妙景象。

同时，我们的教育评价主体以教师评价为主，忽视了评价主体的多元化。每一个受教育者都是具有主观能动性的生命个体，因此，自我评价能够激发个体生命的自信心和自由意识，这种意识会引导个体生命不断提升自己多方面的智能发展，积极主动去扬长补短，从而在自我认识、自我教育、自我提高中成就更好的自己。再者，教育场域中的每一个受教育者都是具有自由性的生命个体，学生互评的评价机制将会让每一个个体享受个体生命自由的同时，尊重呵护他人的生命自由，学生将在评价中互相提高，帮助他人和自己迈向更广阔的自由天地。因此，单一的教育评价局限于个体生命的认知领域，没能把个体当成一个动态的、与众不同的生命个体，忽视了个体生命的自由意识，用一把固定的尺子将原本具有自由性的生命个体无情裁剪。

三 彰显个体生命自由性的理想教育建构

现实教育场域中功利化的教育理念、标准化的教育追求、规训化的教育机制、单一化的教育评价导致个体生命的自由性被遮蔽,导致我们的教育中弥漫着浮华而看不到人的踪迹。教育中个体的生命活力正日益枯萎,个体的生命创造性被残忍扼杀,个体的生命理想在逐渐干瘪,基于个体生命自由性的理想教育亟须建构。在雅斯贝尔斯看来,"教育,是人对人的主体间的灵肉交流活动(尤其是老一代对年轻一代),包括知识内容的传授、生命内涵的领悟、意志行为的规范,并通过文化传递的功能,将文化遗产交给年轻一代,使他们自由地生成,并启动其自由天性"①。由此可见,实现人的自由发展是教育的要义,是教育的永恒追求。教育中的个体生命是一个不断生长着的生命,是一个不断生成和超越的生命,是一个无时无刻不向往着自由的生命。因此,理想的教育应该彰显个体生命的自由性,树立个体生命自由的教育理念,营造宽松自由的教育氛围,制定彰显人性的教育制度,实施凸显人性的课程设置,开展规范科学的教育评价,创建自由开放的教育体系。

(一)树立个体生命自由性的教育理念

生命的自由性是个体生命存在的根本,是个体生命收获幸福的基础,是个体生命走向卓越的前提,教育作为培养人的活动更应关注个体生命的自由性,保障个体生命自由发展,展现个体生命自由风采,提升个体生命自由境界。蒙台梭利指出,"促进生命——让他自由地发展、展开——这便是教育家的首要任务。教育家必须能被对生命的深刻崇拜所激发,必须通过这种崇拜,尊重儿童生命的发展"②。因此,教育者要树立个体生命自由的教育理念,在生命自由的教育理念指导下为实现个体的生命自由奋力前进。

---

① [德]卡尔·雅斯贝尔斯:《什么是教育》,邹进译,生活·读书·新知三联书店1991年版,第3页。
② 冯建军:《生命与教育》,教育科学出版社2004年版,第293页。

1. 唤醒个体生命的自由意识

"人处在受奴役的状态,他常常不能发现自己的奴役地位,有时还喜欢这个奴役。"① 在工具理性、技术理性的支配下,习惯于被奴役的个体生命为了成为"好孩子""优等生"放弃了本应拥有的自由,以求安全的心理换来了荣誉和名利。对他们来说这是一个既安全而又稳赚不赔的方式,他们既可以被视为规则的遵守者,又能够赚取名利和地位。然而,"教育之于学生,正如产婆之于胎儿,教育的价值就在于诱发学生本性当中对自由的向往和追求,使其具备主体所需要的基本能力,由一个潜在主体变成一个真正意义上的现实主体。"② 因此,教育应当唤醒个体生命中潜藏的自由意识,诱发习惯奴役的个体内心对生命自由的向往,使其能够自主地通过实践改变自身的存在,成为教育中自觉能动的生命个体。在斯宾诺莎看来,自由的个体生命是积极的、自决的、思考着的人。这意味着教育者要通过教育帮助受教育者唤醒个体生命的自由意识,只有当学生对自己的生命是否自由有所了解,对阻碍生命自由的条件有所知晓,他才能明白自己将要去往何方,才能知道自己的目标在哪里,才能摆脱外在的控制,根据自己的想法去行动,这样的教育才是真正让个体生命自由的教育。"一个人如果只满足于把事物当成对象,只满足于在经验中认识物和使用物,那么他就只能生活在过去,他的生活便是缺乏现在的现实内容的,也就是说是空虚的、无意义的。"③ 未经审察的人生没有价值,个体生命只有具备了真正的自由意识,才能在"过去"中实现超越,不断生成,不断创造,才能培养让生命拥获自由的能力,才能为生命赢得自由存在的空间。

2. 拓展教育场域的自由空间

随着科学技术的飞速发展和工具理性的过分张扬,教育沦为谋取名利、攀登高枝的手段,人被功利化的教育紧紧钳制,个体生命的自由性长期被抛之不顾。因此,要想实现本真的教育,我们就亟须树立个体生命自由的教育价值理念,合理拓展教育场域中本应具有的自由空间。

---

① [俄]尼古拉·别尔嘉耶夫:《美是自由的呼吸》,方珊等编,山东友谊出版社2005年版,第71页。

② 靳玉乐、李叶峰:《论教育自由的发展尺度及实现》,《高等教育研究》2015年第4期。

③ 张世英:《人生与世界的两重性——布伯〈我与你〉一书的启发》,《中国人民大学学报》2002年第3期。

一方面，教育要还学生以自由。教育应当是有灵魂的教育，教育应当看到学生是一个有生命的灵动个体，教育要主动保护学生所追求的自由性，尊重学生的自主选择权，在学生的受教育过程中教师以引导者的身份而非主导者的身份为其提供自由发展的广阔空间，帮助学生获得德、智、体、美、劳多方面的自主发展，让学生自主构建自己正确的价值体系，自主树立自我的价值理想，自主养成自在的生命情怀。"'人只有受过教育才能成为人'，学生只有在教师'善'的引领下才能成为自由的人。"① 所谓的"善"是"充分认识学生的人性基础，顺遂学生的自由潜力，启发学生的自由意识，培养学生的自由能力，把握学生的自由边界，使学生徜徉在教育自由的场域中，充分和谐地自由生长，最终走向自我实现"②。由此可见，教育者应当适时揭下权威者的面具，转变教育理念，以"引导者"的身份有张有弛地开展教育，归还学生思考的自由、表达的自由、选择的自由，主动为学生提供自由发展的机会和空间。

　　另一方面，教育者要给自身以自由。只有教育者自身是追求生命自由的个体，他才会培养出生命自由的学生。因此，教育者要转变教育理念，找回自己的教育理想，抛弃应试教育威逼利诱下灌输式教学的"教书匠"角色，担负起育人先行的"教育家"重任，努力为学生营造对话合作、理解有爱的教学环境。虽然教育者作为"制度中的人"会受到诸多外在约束，尤其是在应试教育日趋功利化的大背景下，更要在理性的指导下坚守自己的教育信念，践行自己的教育理想，摆脱外在的束缚，实现自身生命的超越，从而迈向生命自由之境。如此以来，教师才能在实际教育教学工作中给学生以生命的自由性，同时拓展自我生命的自由性，达到教学相长的理想教育境界。

（二）创设宽松自由的教育氛围

　　没有人反对自由，人类的开拓进取无非就是希望能够获取更多的自由空间，人的生命本质就是不断追求更高、更大的生命自由。教育中的个体生命要想追求更广阔的自由空间需要营造自由的教育氛围，个体生命自由光芒的散发离不开自由的发展空间，只有让他们在宽松自由的氛围中轻松

---

① 杨建朝：《自由成人：教育精神的时代诉求》，《教育理论与实践》2013 年第 1 期。
② 杨建朝：《自由成人：教育精神的时代诉求》，《教育理论与实践》2013 年第 1 期。

快乐地张扬个性，展示自我，才能不断超越自我，走向逍遥无待的生命自由之境。

1. 营造自由活跃的课堂氛围

"一二三，要坐端；四五六，手背后。"在中小学的课堂中正襟危坐的孩子们像是一台台小机器人，根据教师的指令做出同一个动作，举手时胳膊肘要放在桌面上，上课要穿着校服、佩戴校徽和红领巾等，这样的课堂氛围缺少了青少年灵动蓬勃的生机。为了维持安静的课堂秩序，教育者选择依赖森严的纪律对学生进行规训，孩子们活泼好动的天性因此而隐退。然而在蒙台梭利看来，"我们并不认为当一个人像哑巴一样默不作声，或者像瘫痪病人那样不能活动才是守纪律的。他只不过是一个失去个性的人，而不是一个守纪律的人"①。如果个体失去了生命的独特性那便失去了自由，因此，课堂纪律管理不应被过分滥用，它应当作为一种学生行为的规范而不是规训，让课堂成为有张有弛、严宽相济的自由乐园而不是严苛死板、一成不变的训练营。正如尼尔的夏山学校放弃纪律、训练、宗教等，以自由为宗旨，让孩子们自由学习、自由成长，培养出了幸福而自由的孩子。正如陶行知在"六大解放"中提出的要解放孩子的眼睛、头脑、双手、嘴、空间、时间，通过让学生在敢说、敢笑、敢动、敢想、敢思、敢问的自由课堂上，绽放个体生命的本真。因此，课堂应是制造快乐的场所，课堂应当让学生在知识的海洋中自由遨游，让学生在活跃的氛围中流露真正的快乐。

同时，一心忙于应对各类考试来教与学的课堂变成了以教师为中心、学生唯命是从的灌输式教育，大多数教师把讲台当成自己独唱的舞台，按部就班地完成课时目标，大多数学生温顺被动地完成学习任务，很难捕捉到真正高效的生生互动、师生互动的情景，于是我们的课堂变成了教师对学生操纵和控制的生产车间。教师打着"为你好"的旗号把个体生命的自由性剥夺，这是对个体生命自由性的亵渎，是对学生自由的淹没，这种对"生命体的完全、绝对的控制"使"生命丧失了一个基本品质——自由"。"把丰富复杂、变动不居的课堂教学简括为特殊的认识活动，把它从整体的生命活动中抽象、隔离出来，是传统课堂教学观的最根本的缺

---

① ［意］玛丽亚·蒙台梭利：《蒙台梭利幼儿教育科学方法》，任代文主译，人民出版社1993年版，第107页。

陷。欲改变这种缺陷，必须突破（但不是完全否定）'特殊认识活动论'的传统框架，从更高的层次——生命的层次，用动态生成的观念，重新期望的事件效应就是：让课堂焕发生命的活力。"① 让课堂焕发生命的活力意味着要还给学生自由的课堂，让学生在课堂上自由地学习，在班级中自由地交往，让学习成为学生独立自主选择、自主实践的活动，教师要成为课堂中的引导人，做到"道而弗牵，强而弗抑，开而弗达"②。这样的课堂能够实现师生、生生在轻松活跃的氛围中高效互动，学生成为学习的主人，教师成为学生的引导者，教学成为彰显自由性、培养创造性、增强自信心的舞台。唯有如此，个体生命的自由性才能被唤醒，课堂才能充盈着关怀个体生命的自由气息，迸发出个体生命的自由活力，个体才能体味到生命自由的真谛。

2. 建立平等对话的师生关系

平等和谐的师生关系是教育的润滑剂，它能够增进师生之间的交往，提升师生的幸福感。个体生命对自由的追求和向往决定了对师生平等关系的渴求。教育中教师是学生的"引导人"，是传道、授业、解惑的执行者，然而功利化、规训化的教育使教师变成了高高在上的"独裁者"，通过监控、规训让学生言听计从，教师成了压抑个体生命自由性的"魔手"，学生只是一个"伪主体"罢了。教师已经不再是传道授业解惑者，而是将学生置于客体位置的"主角"。因此，彰显个体生命自由性的教育需要师生之间建立平等关系，在师生的平等交往中，学生收获的不仅仅是知识，更多的是精神的熏染、求知欲的激发、自由性的生成。在与师生的交往中，个体生命的创造性被激发，独特性得以展现，自主性能够施展，于是智慧之火被点燃，道德之树被浇灌，生命之花绽放，自由精神张扬，人就会不断走向真、善、美的自由之境。

在雅斯贝尔斯看来，交往是人之存在实现自由的必要条件，只有人与人在交往中才能实现个体的自由，"人就能通过教育既理解他人和历史，也理解自己和现实，就不会成为别人意志的工具。"③ 人与人之间的交往

---

① 叶澜：《让课堂焕发生命的活力——论中小学教学改革的深化》，《教育研究》1997年第9期。

② 《礼记·学记》。

③ [德]卡尔·雅斯贝尔斯：《什么是教育》，邹进译，生活·读书·新知三联书店1991年版，第3页。

需要通过对话来实现，这说明对话的过程便是人与人之间自由敞开、自主生成的过程。在教育中，师生间的对话意味着教师意识到学生是一个活生生的生命个体，他有求知的自由，他有思考的自由，他有发展的自由，他有创造的自由。在真正的对话中，师生自由言说，没有顾虑，没有阻碍，想象可以自由驰骋，"众神狂欢"成为可能。传统教育中的教师独角戏忽视了个体生命的自由意识，这种主客体的师生关系应当被对话式的师生关系所取代。在师生的平等对话中学生是自由的存在，教育成为一种目的而非手段，成为一种"成人"而非"制器"的教育，它给予受教育者自主性、能动性、创造性发挥的空间，使受教育者拥有实现个体生命自由的可能。"教育不能仅仅满足于教给学生什么。而是要创造一种'海阔凭鱼跃，天高任鸟飞'的发展空间，放飞自己的思维，让他们自由自在地思考问题，使教育活动成为探索和发现的过程，成为发展个体智慧、感悟自由精神的过程。"① 只有在宽松自由的教育氛围中，我们的教育才能少一份灌输和压制，多一份自由和创造。

（三）创建自由开放的教育体系

密尔说："人性不是一架机器，不能按照一个模型铸造出来，又开动它毫厘不差地去做替它规定好了的工作；它毋宁像一棵树，需要生长并且从各方面发展起来，需要按照那使它成为活东西的内在力量的趋向生长和发展起来。"② 生命是基于个体的存在，每一个个体生命都是与众不同的存在，彰显个体生命自由性的教育应当包容个体的与众不同，呵护个体的自主发展，为学生提供自由全面的教育、蕴含宽容意识的教育。这样自由开放的教育体系才能建构彰显个体生命自由性的教育，学生才可以自主追求自己的道德理想，独立形成自己的世界观、人生观、价值观，按自己的感悟表达心声，按自己的方式做想做的事，让每一棵生命之树在自由的滋润下常青。

1. 实施全面而自由发展的教育

马克思主义关于人的发展学说中始终一贯的提法是"个人全面而自由的发展"，那么，人也应当是一个全面而自由发展的人。雅斯贝尔斯认

---

① 冯建军：《生命与教育》，教育科学出版社 2004 年版，第 11 页。
② 转引自丁念金《论学生素质发展评价的个性化理念》，《上海师范大学学报》（哲学社会科学版）2014 年第 4 期。

为，教育的目的是培养肉体与精神相契合，所有方面完满发展的"全人"。如今，日趋功利化、实用化的教育被"知识中心主义"牵着鼻子走，教育沉迷在知识和技能的传授中无法自拔，这样的教育是一种只见知识不见人的、被异化和肢解的教育，学生能学到的只是片面的、残缺的知识，而他们的兴趣、爱好、特长、思想、情感、道德品质等被教育无情地抛弃。本真的教育是让每一个人全面而自由地发展，因此，我们应当实施全面而自由发展的教育。

一方面，教育要让个体生命成为自由的主体。在马克思看来，教育要让人获得主体性并成为真正自由的主体。"自由是人的全面发展的重要前提和保证。一个人只有在成为自身的主人、能自由支配自身的情况下，才有可能根据自己的兴趣、爱好、特长和社会的需要去发展自己。一个不自由的人不可能发展自己，更谈不到全面发展自己。"① 人只有成为发展的主体，才能唤醒个体生命中的潜在可能，才能在自主的活动中自觉超越当前有限的存在，使个体生命得以自由发展。只有当人成为教育场域中的自由主体，他们才能根据自己的特点养成独特的个性，成为独一无二的自己。因此，教育必须将人作为主体，让个体生命通过在教育教学的各个环节中自主学习、自主选择，从而获得主体性，成为自由、自觉的独特生命主体。

另一方面，教育要让学生获得全面发展。马克思指出，个性是"建立在个人全面发展和他们共同的社会生产能力成为他们的社会财富这一基础上的自由个性"②。由此可见，个体的全面发展是个体生命自由性的保障。只有当学生能够学习的事物越全面、越广泛时，他能够自由选择的范围才会越开阔。马克思指出，"未来教育对所有已满一定年龄的儿童来说，就是生产劳动同智育和体育相结合，它不仅是提高社会生产的一种方法，而且是造就人的自由全面发展的唯一方法"③。因此，学校教育要摆脱"一刀切""一锅煮"做法的束缚，不仅要教给学生为应试而学的书本知识，还要关注学生的兴趣爱好，给学生提供多样化的学习内容，让学生尝试接触不同领域的知识技能，激发学生个体生命中沉睡的力量，为个体生命实现更大的自由发展提供源泉。当学生在全面学习的过程中能够看到

---

① 杨建朝：《论类自由视域中的教育成"人"观》，《江苏教育研究》2015年第28期。
② 《马克思恩格斯全集》（第46卷），人民出版社1979年版，第104页。
③ 《资本论》（第1卷），人民出版社1972年版，第530页。

自己的与众不同，意识到自己的独一无二时，他就会不断超越有限的当下，追求无限的未来，个体的生命自由性也在不断超越中被照亮。

2. 实施蕴含宽容意识的教育

"海纳百川，有容乃大。"大海之所以辽阔是因为容纳了千万汩汩细流。"等闲识得东风面，万紫千红总是春。"春天之所以生机盎然是因为充满世间五彩斑斓。宽容给大地万物带来了生机与活力，让每一个生命的存在都跳跃着灵动的舞蹈。而教育面对的正是有生命的个体，教育的原点就在于个体生命本身，因此，彰显个体生命自由本质的教育需要蕴含宽容意识。宽容意识关系着人的自由问题，所以，自由开放的教育体系需要宽容意识的在场。

首先，教育要看到个体生命的差异性。在工具理性、科学主义的支配下，对同一性的过分追逐导致我们的学校变成了复制应试产品的加工厂。统一的培养目标，统一的教学方法，统一的教学内容将原本独一无二的生命个体束缚在固定的模具中，看不到生命的灵动舒展。正如哲学家赵汀阳所说："理论家喜欢鼓吹用一些'普遍必然'的规范或理想来规划生活，把那些坏的东西删掉，只剩下好的事情，这首先是不可能的，即使某种程度上可能，首先被删除掉的恐怕是生活的意义……大家做过的事情都一样，人人都像是一个模子里制造出来的，生活差不多就不值得一过了。"[①] 那么，盲目追求同一的教育也就丧失了教育的真正意义，看不到人的存在，更嗅不到自由的气息。所以，蕴含宽容意识的教育要看到个体生命的差异性，承认个体生命的与众不同，肯定个体生命实现自我的独特形式，让学生自由地选择认同的价值准则，自主地追求人生的道德理想，唯有如此，才能让学生在创造中燃起智慧的火花，才能让学生在自由的空间独立地思考，才能让学生的卓越成就扎根在温润的土壤中。

其次，教育要看到个体生命的不完善性。人是一个不断生成、发展、变化的生命个体。从呱呱坠地时的迷惘到渐渐成人的睿智，从襁褓中的脆弱无力到成年后的日益健硕，人不断地超越当下，创造着新的自己。也正是人最初的不完善给人探索无限可能的勇气。赫舍尔指出："一个人的存在从来不是完成了的，不是最后的。人的状态是初生状态。每时每刻都在

[①] 赵汀阳：《论可能生活——一种关于幸福和公正的理论》，中国人民大学出版社2010年版，第218页。

做出选择，永远不会停滞"①。因此，实施宽容意识的教育要看到个体生命当前的不完善性，摆脱"圣人"姿态，宽容个体生命当前的不完美，在"教育成人"的道路上引导学生不断完善自己，不断超越自己，不断走向生成和完美。哲学家伏尔泰将"我们彼此宽容各自的愚蠢"作为"大自然的首要法则"，教师宽容学生的不完善也应作为教育的首要法则，只有在蕴含宽容意识的教育中，教育才能有张有弛地开展，教育者才能看到生命的灵动，才能看到生命的活力，才能为生命的自由流淌提供不竭的源泉。

最后，引导受教育者形成宽容意识。受教育者作为有主体性的个体要包容他人的与众不同，意识到自己周围的世界是多元的存在，确认他人的价值，看到他人自由与自身自由的紧密联系。我们说个体生命的存在离不开自由，但自由并不是单分子式的、孤立的自由，它离不开生命个体间的交互关系，也就是说自由要受到他人的影响与制约。离开了他人，自由对个体生命的意义便失去了大半。因此，个体生命只有向他人开放，走进他人的生命世界，承认他人的价值，包容他人的差异性和不完善，与他人共同建构共生、共存的生命世界，才能创建"和而不同""各美其美，美美与共"的自由世界。

（四）凸显个体生命自由性的课程设置

彰显个体生命自由性的教育离不开凸显生命自由的课程设置。学校教育以课程为纲，传授给学生人类长期积累的间接经验，提供给学生获取直接经验的实践活动。然而对"知识就是力量"的曲解，使学校教育变成了经济的附庸，满足欲望的工具，学校的课程逐渐偏向那些满足应试要求、可以带来切身利益的课程，人文性的课程和实践活动被视为"不务正业"，学校的教学评价以分数为标准对学生进行优胜劣汰。因此，学生们为了不被贴上差生的标签，在"一考定终身"的口号下，不得不放弃自己的自由选择权，成为应试教育的加工品。因此，课程作为教育的重要组成部分，要凸显个体生命的自由性，为个体生命的自由驰骋提供一片蓝天。

1. 设置多样化的课程体系

受制于技术理性和功利主义，我国学校安排的课程内容热衷于整齐划

---

① [美] A. J. 赫舍尔：《人是谁》，隗仁莲译，贵州人民出版社 1994 年版，第 37—38 页。

一，注重知识的系统性和结构性，考试考什么，学生学什么，其最终目的就是培养出适应大工业生产的"高分人才"。标准化、一体化的课程内容排斥了个体丰富多彩的生命世界，让原本应当散发生命活力的课堂变成了生产高分状元的"工厂"。体育课被霸占、音乐美术课被舍弃、物理化学课上做数学卷子的现象屡见不鲜。因此，彰显个体生命自由性的教育需要设置多样化的课程内容。一方面，学校要开设各类选修课程，保障学生有选择课程的权利。选修课程弥补了人文课程的缺失，让学生在接受科学知识获得智力发展的同时，德、智、体、美、劳多方面也能得到发展。根据加德纳的多元智能理论，每个人的智能发展具有多样性，选修课程能够为学生提供多元的课程体系，多样化的课程内容给了个体生命自主选择的机会，在兴趣的驱使下个体生命中的创新活力将被激发，个体生命中的超越精神将被释放，个体生命中的自由性将会彰显。

另一方面，学校要组织各类活动课程。传统的班级授课制使鲜活的个体生命整日封闭在教室中，学科课程的灌输式教学更像是对学生的一种训练，泯灭了个体生命的自由性，教师把教材中的间接经验毫无保留地传授给学生，却忽视了活动中学生自我思考后获取直接经验的教育意义。因此，关注个体生命自由性的学校教育要开设各类活动课程，在活动课程中学生是"活"的人，是活动的主体；他们能够意识到自己有选择的自由，有活动的自由；他们能够自主收集所需要的资料和信息，自己动手解决问题；他们的生命自由性在这种"活教育"中得以彰显。活动课程调动着学生的每一个鲜活的细胞，它是个体生命自由敞开的教学，它营造了"海阔凭鱼跃，天高任鸟飞"的自由翱翔空间，这是对单一学科课程教学的补充，丰富了学生的学习体验，唤醒了学生生命的活力，使学生产生一种犹如站在高山之巅的超然、满足感，并由此获得心灵的自由，这种感觉也就是马斯洛所说的"高峰体验"。

2. 建立多元化的评价体系

我国现存的教育评价方式以单一的结果性评价为主，强调评价的甄别和选拔功能，热衷于根据分数高低给学生排名次、定级别。然而课程目标和教学任务是多元的，学生的发展是动态的，因此，高效的、尊重个体生命自由性的教育评价也应当是多元化的。首先，评价标准要多元化。学生作为受教育者首先要获得必备的知识和技能，掌握知识是发展能力的前提，更是引导个体通往生命自由的助推剂，对知识与技能的评价必不可少。学生的学习是一个动态的变化过程，教师要看到学生在学习过程中的变化，看到他进步的一面。同时，彰显个体生命自由性的教育要重视深层次的学生情感态度和价值观的评价。加德纳的多元智能理论表明人的智能具有多样性，除了语言智能、逻辑智能外还有人际智能、自我认知智能等。因此，对学生的评价除了知识技能之外，我们要看到他的道德品行、学习态度、兴趣特长等多方面的发展，多角度地评价学生的发展情况，尊重学生的个性发展，这样的教育评价才能营造尊重个体生命自由的教育氛围。

下面是网络上的教师评语[1]：

> 兰兰：每次回答问题也总是积极举手。尽管你的作业有时出现小差错，回答问题有时也不够圆满，老师仍然很欣赏你的机敏和大胆。最让我满意的是，只要谁需要帮助，你准会伸出友谊之手。不过，我对你有一份特别的期盼：当你为一点点小事与小朋友们发生争吵时，能不能主动伸出和平的小手，和他们握手言和呢？相信你不会使我失望的。

> 小欣：我知道在你妈妈的面前，是一位说话响亮、调皮可爱的小男孩。可在老师面前，你却是一位在课堂上说一句话都会脸红、害羞腼腆的小男生。所以，你从不主动表现自己，生怕在老师和同学的面前出丑。其实你挺不错的，回答问题挺好，作业书写挺好，课堂纪律挺好。你应该相信自己，找回属于你的那份信心和勇气，大胆表现自己吧，你将是优秀的。我期待着。

这样的教育评价放宽了评价的视野，看到学生除学习成绩之外性格、道德品质等其他方面值得称赞和鼓励、需要改善和提高之处，做到了评价标准的多元化，这样的教育评价何尝不是一种呵护个体生命自由性的教育评价呢？

其次，评价主体要多元化。在教育中教师要摆脱传统单一式评价中自上而下的做法，要化身一位"知心人"展开与学生的生命对话，让学生

---

[1] 佚名：《教学评价案例分析》，https://wenku.baidu.com/view/9811b67564ce0508763231126edb6f1afe00717b.html，2020-03-22/2020-03-24。

自主参与到评价中去，协助学生进行自我评价，引导学生进行互评，当教育中的每一位学生切身参与到评价中去，学生才能在自由评价中感受到自身自由的权利，我们的教育才是自由的真教育。

最后，评价功能多元化。传统教育中的评价是单一狭隘的、充斥着功利性的评价体系，单纯以分数高低来评判学生成就多少，忽视了评价的调节、激励、反馈等发展性的功能。因为学生是发展中的人，是独特的人，是具备可塑性和巨大发展潜力的人。所以，教育中的评价要为学生的发展而评价，重视对学生的过程性评价。当评价为发展而评时，个体生命的创造性将会被点燃，个体生命的自由性也将会在不断创造和超越中展现。

总之，教育作为促进人的自我实现的活动，作为涵养高贵精神的光辉事业，应当促进个体生命发展的自主发展，唤醒个体生命的自由意识，促进个体生命的自由生长，把握个体生命的自由界限，在教育实践中提高个体生命自由实践的能力，实现个体生命主体的精神自由，从而使个体生命自由地徜徉在教育场域中，最终促进个体生命走向自我实现，成为一个真正自由的人。教育的目的就是引导个体生命实现对自由的追求，帮助个体生命廓清自由的限度，带领个体生命提升自由的境界。因此，压制个体生命自由性的教育应当被抛弃，自由的生命要求自由的教育，个体生命中迸发的自由之光昭示着我们的教育要时刻关照个体生命的自由性，为个体营造"海阔凭鱼跃，天高任鸟飞"的自由空间，唯有如此，灵动的个体生命才能感受到"落霞与孤鹜齐飞，秋水共长天一色"的安然闲适，我们的教育才能勾勒出"满园春色关不住，一枝红杏出墙来"的自由精神繁荣时代，我们的教育才能让个体生命诗意地栖居在大地上。

（五）实施彰显个体生命自由性的教育管理

"人是自由的，却无往不在枷锁之中。"① 人生来是自由的生命个体，但人是社会性和个体性的统一体，受到社会法律等制度的制约。因此，人的自由是一种有限度的自由。教育中的人同样如此，教育中的纪律和规范等是对人的自由的限制，但这并不意味着制度一定会剥夺人的自由；相反，只有在制度范围内人才能享受最大程度的自由，反之会陷入不自由的境地。试想，如果人人都不遵守法律制度，都为了自己的自由不择手段，

---

① [法]让·雅克·卢梭：《社会契约论》，何兆武译，商务印书馆2003年版，第4页。

那么，所有的人都将陷入不自由的境地，因为每个人的自由都被他人的自由威胁着。因此，彰显个体生命自由性的教育要制定彰显人性的教育制度，规范人的自由限度，同时又凸显对人的生命自由性的尊重和保护。

1. 健全民主的教育管理

民主的教育管理是学生个体生命自由的保障，注重民主的教育管理能够维护学生的身体自由、学习自由、思想自由、发展自由的权利，能够为学生自由权利的获得提供制度保障，能够营造自由的教育氛围。难以想象一个不自由的教育氛围下能够培养出具备自由意识的学生。有了健全民主性的教育管理机制，自由的教育才有了生根发芽的土壤。然而现阶段的教育中，大多数教师与学生之间是领导与被领导的关系，学生在关乎自身利益的班规、校规的制定中处于被动地位。因此，学校应在尊重学生自由性的基础上，增强校务信息的公开性和透明度，同时让广大学生参与到学校校规、班规等各项校园制度的制定过程中来，鼓励广大学生献言献策，为学生打造思想和言论的"自由讨论场"，增强学生的"主人翁"意识。此外，教师的课堂教学也要走向民主，将属于学生的话语权归还给学生，为学生提供参与班级管理的机会，让学生在教与学中拥有选择权和确定权，从而使他们体验到民主的管理氛围带给他们的自由。

同时，教师是学生生命成长与发展的引导者、促进者，因此，只有自由的教师才能培养出自由的学生。传统的教育管理带有森严的科层制和行政化，教师的教学自由有限，教学风格的个性化不够，教学的独立性也有所欠缺。随着教育改革的迅速发展，一线教师疲于应对各项新改革，成为不能发声、任人摆布、毫无自主性可言的木偶。因此，学校不能将教师视为制造高分的服务者，不能将教师视为改革场上的试验者，要积极建立各种对话制度，为教师和上层领导提供沟通平台，吸收各科教师参与到学校的各项管理工作中去，使教师成为学校发展的主人。彰显个体生命自由性的教育需要彰显人性的教育管理机制，只有充满人性关怀的教育制度才能走进教师的内心世界，关注教师的实际需要，保护教师的教育理想，给予教师自由的教学权力，激发教师生命中的自由意识，为教师营造人性化的教育管理氛围。教师意识到自己是自由的，他就能看到个体生命的自由性，营造彰显生命自由的教育场。

2. 维护公平的教育管理

自由是生命存在的本质，个体生命的自由是一种有限的自由，如果一个人超越有限的空间去追求绝对的自由，就会让他人处于不自由的境地，就会如卢梭所言，"自以为是其他一切的主人的人，反而比其他一切更奴隶"。① 因为每一个生命都有与生俱来的自由性，没有公平自由便不复存在。霍布斯指出："每个人应该享有与别人同样多的自由，恰如他允许别人相应于他自己所享有那么多的自由一样"②。由此可见，公平是自由的保障，自由与公平相互依存。教育更不能缺少公平，公平的教育能够保障个体生命的自由性，为学生提供实现自由的机会和资源。

一方面，维护公平的教育管理要保障人人受教育机会的平等，保障教育人才选拔机制的公开透明，保障每一个受教育者共同享受学校教育带给自我生命的权利与机会。如果教育中的自由成为掌握权势的个体手中的特权，就会剥夺其他个体生命追求自由的机会与权利，如此一来，个体生命的自由性便难以彰显，而缺失了公平的教育也难以健康蓬勃地发展。

另一方面，维护公平的教育管理要对每一个生命一视同仁。麦金太尔指出："我们应该要求自由，不是因为我们一直自由，而是因为我们拥有获取自由的权利。公正和自由既不问出身也不问种族，既不管年轻也不管年老"③。因此，每一个个体都同样拥有生命的自由性，每一个人都享有公正平等的机会来发展个体生命的自由性、走向生命的卓越。维护公平的教育制度要切实保障每一个个体享有平等的教育资源，拥有同样的教育选择权，只有这样，受教育者的生命自由性才得以彰显。

---

① [法]让·雅克·卢梭：《社会契约论》，何兆武译，商务印书馆 2003 年版，第 4 页。
② [英]托马斯·霍布斯：《利维坦》，黎思复、黎廷弼译，商务印书馆 1987 年版，第 163 页。
③ [美]丹尼尔·B. 贝克：《权力语录》，王文斌等译，江苏人民出版社 2008 年版，第 199 页。

参考文献

1. 《马克思恩格斯全集》，人民出版社1979年版。
2. 《马克思恩格斯选集》，人民出版社1972年版。
3. ［德］马克思：《资本论》，人民出版社1972年版。
4. ［德］马克思：《1844年经济学—哲学手稿》，人民出版社1979年版。
5. ［德］恩格斯：《反杜林论》，人民出版社1999年版。
6. ［古希腊］柏拉图：《苏格拉底的申辩》，吴飞译疏，华夏出版社2007年版。
7. ［古希腊］亚里士多德：《诗学》，陈中梅译，商务印书馆1996年版。
8. ［德］汉斯·萨内尔：《雅斯贝尔斯》，程志民等译，中国社会科学出版社1992年版。
9. ［德］阿尔贝特·施韦泽：：《敬畏生命——五十年来的基本论述》，陈泽环译，上海人民出版社2017年版。
10. ［法］让·雅克·卢梭：《卢梭文集·社会契约论》，何兆武译，红旗出版社1997年版。
11. ［德］阿尔贝特·施韦泽：：《敬畏生命》，陈泽环译，上海社会科学院出版社1992年版。
12. ［古希腊］柏拉图：《理想国》，郭斌和、张竹明译，商务印书馆1986年版。
13. ［德］阿尔贝特·施韦泽：：《文化哲学》，陈泽环译，上海人民出版社2017年版。
14. ［德］阿尔贝特·施韦泽：：《对生命的敬畏——阿尔贝特·施韦泽自述》，陈泽环译，上海人民出版社2015年版。

15. ［美］A. J. 赫舍尔：《人是谁》，隗仁莲译，贵州人民出版社 2019 年版。

16. ［美］汤姆·雷根：《动物权利研究》，李曦译，北京大学出版社 2010 年版。

17. ［美］霍尔姆斯·罗尔斯顿：《哲学走向荒野》，刘耳、叶平译，吉林人民出版社 2000 年版。

18. ［英］弗朗西斯·培根：《培根论说文集》，东旭、肖昶译，海南出版社 1995 年版。

19. ［美］约翰·罗尔斯：《正义论》，何怀宏译，中国社会科学出版社 1988 年版。

20. ［美］埃利希·弗洛姆：《爱的艺术》，孙依依译，工人出版社 1995 年版。

21. ［德］马克斯·舍勒：《人在宇宙中的地位》，李伯杰译，贵州人民出版社 1989 年版。

22. ［英］伯特兰·罗素：《西方的智慧——从苏格拉底到维特根斯坦》，翟铁鹏等译，上海人民出版社 2017 年版。

23. ［德］格奥尔格·威廉·弗里德里希·黑格尔：《小逻辑》，贺麟译，商务印书馆 1995 年版。

24. ［英］阿尔弗莱德·诺思·怀特海：《过程与实在：宇宙论研究》，杨富斌译，中国城市出版社 2003 年版。

25. ［法］亨利·柏格森：《创造进化论》，肖聿译，华夏出版社 2000 年版。

26. ［德］卡尔·雅斯贝尔斯：《时代的精神状况》，王德峰译，上海译文出版社 2003 年版。

27. ［德］卡尔·雅斯贝尔斯：《现时代的人》，周晓亮译，社会科学文献出版社 1992 年版。

28. ［奥］埃德蒙德·胡塞尔：《现象学与哲学的危机》，吕祥译，国际文化出版公司 1988 年版。

29. ［法］加布里埃尔·塔尔德：《模仿律》，何道宽译，中国人民大学出版社 2008 年版。

30. ［美］阿尔伯特·班杜拉：《社会学习理论》，陈欣银、李伯黍译，中国人民大学出版社 2015 年版。

31. [德] 孙志文：《现代人的焦虑和希望》，陈永禹译，生活·读书·新知三联书店1994年版。

32. [英] 亚历克斯·本特利等：《窃言道行》，何亚婧译，清华大学出版社2013年版。

33. [美] R. 基思·索耶：《剑桥学习科学手册》，徐晓东等译，教育科学出版社2010年版。

34. [美] 阿尔伯特·班杜拉：《思想和行动的社会基础——社会认知论》，林颖等译，华东师范大学出版社2001年版。

35. [美] 大卫·格里芬：《后现代精神》，王成兵译，中央编译出版社1998年版。

36. [美] 约翰·杜威：《人的问题》，傅统先、邱椿译，上海人民出版社1965年版。

37. [英] 弗里德里奇·A.哈耶克：《致命的自负》，冯克利等译，中国社会科学出版社2009年版。

38. [英] 威廉·莎士比亚：《莎士比亚全集》，朱生豪译，人民文学出版社1994年版。

39. [德] 弗里德里希·威廉·尼采：《查拉图特拉如是说》，钱春绮译，生活·读书·新知三联书店2009年版。

40. [法] 布莱斯·帕斯卡尔：《思想录》，何兆武译，商务印书馆1995年版。

41. [奥] 埃德蒙德·胡塞尔：《内时间意识现象学》，杨富斌译，华夏出版社2000年版。

42. [美] 卢克·拉斯特：《人类学的邀请》，王媛、徐默译，北京大学出版社2008年版。

43. [英] 约翰·密尔：《论自由》，许宝骙译，商务印书馆1959年版。

44. [匈] 裴多菲：《裴多菲诗选》，张清福等译，花山文艺出版社1995年版。

45. [俄] 尼古拉·别尔嘉耶夫：《人的奴役与自由》，张百春译，贵州人民出版社1994年版。

46. [美] 亚伯拉罕·马斯洛：《人的潜能与价值》，林方编，华夏出版社1986年版。

47. ［美］亚伯拉罕·马斯洛：《动机与人格》，许金声译，中国人民大学出版社 2012 年版。

48. ［法］让·雅克·卢梭：《社会契约论》，何兆武译，商务印书馆 2003 年版。

49. ［奥］弗兰茨·卡夫卡：《误入世界——卡夫卡悖谬论集》，叶庭芳等译，天津人民出版社 2007 年版。

50. ［英］约翰·爱默里克·爱德华·达尔伯格·阿克顿：《自由与权力》，侯建等译，商务印书馆 2001 年版。

51. ［加］查尔斯·泰勒：《消极自由有什么错？》，达巍等编，文化艺术出版社 2001 年版。

52. ［法］查理·路易·孟德斯鸠：《论法的精神》，张雁深译，商务印书馆 1997 年版。

53. ［印］吉杜·克里希那穆提：《一生的学习》，张南星译，群言出版社 2004 年版。

54. ［加］查尔斯·泰勒：《现代性之隐忧》，程炼译，中央编译出版社 2001 年版。

55. ［美］埃里希·弗罗姆：《占有还是生存：一个新社会的精神基础》，关山译，生活·读书·新知三联书店 1988 年版。

56. ［德］马丁·布伯：《我与你》，陈维纲译，生活·读书·新知三联书店 2002 年版。

57. ［德］马克斯·韦伯：《新教伦理与资本主义精神》，于晓、陈维纲译，生活·读书·新知三联书店 1987 年版。

58. ［美］华勒斯坦等：《学科·知识·权力》，刘健芝等译，生活·读书·新知三联书店 1999 年版。

59. ［德］鲁道夫·奥伊肯：《生活的意义与价值》，万以译，上海译文出版社 1997 年版。

60. ［美］亨利·戴维·梭罗：《瓦尔登湖》，徐迟译，上海译文出版社 2006 年版。

61. ［美］阿拉斯戴尔·麦金太尔：《依赖性的理性动物：人类为什么需要德性》，刘玮译，译林出版社 2013 年版。

62. ［英］梅·西蒙：《爱的历史》，孙海玉译，中国人民大学出版社 2013 年版。

63. ［德］伊曼努尔·康德：《法的形而上学原理》，沈叔平译，商务印书馆1991年版。

64. ［德］伊曼努尔·康德：《实践理性批判》，邓晓芒译，人民出版社2003年版。

65. ［德］格奥尔格·威廉·弗里德里希·黑格尔：《法哲学原理》，范扬等译，商务印书馆1996年版。

66. ［英］以赛亚·柏林：《自由论》，胡传胜译，译林出版社2004年版。

67. ［法］米歇尔·福柯：《规训与惩罚》，刘北成、杨远婴译，生活·读书·新知三联书店1999年版。

68. ［德］费迪南·费尔曼：《生命哲学》，李健鸣译，华夏出版社2000年版。

69. ［奥］路德维希·冯·贝塔朗菲：《一般系统论》，秋同、袁嘉新译，社会科学文献出版社1987年版。

70. ［美］阿尔伯特·爱因斯坦：《爱因斯坦文集》，许良英等编，商务印书馆1979年版。

71. ［德］马克斯·舍勒：《舍勒选集》，刘小枫选编，上海三联书店1999年版。

72. ［美］阿尔温·托夫勒：《未来的冲击》，孟广均译，中国对外翻译出版公司1985年版。

73. ［俄］尼古拉·别尔嘉耶夫：《美是自由的呼吸》，方珊等编，山东友谊出版社2005年版。

74. ［英］托马斯·霍布斯：《利维坦》，黎思复、黎廷弼译，商务印书馆1987年版。

75. ［美］丹尼尔·B.贝克：《权力语录》，王文斌等译，江苏人民出版社2008年版。

76. ［德］亚瑟·叔本华：《人生智慧录》，胡百华译，山东画报出版社2006年版。

77. ［德］弗里德里希·威廉·尼采：《教育何为》，周国平译，北京十月文艺出版社2019年版。

78. ［法］雅克·马里坦：《教育在十字路口》，高旭平译，首都师范大学出版社2010年版。

79. ［法］爱弥儿·涂尔干：《教育思想的演进》，李康译，上海人民出版社 2003 年版。

80. ［德］卡尔·雅斯贝尔斯：《什么是教育》，邹进译，生活·读书·新知三联书店 1991 年版。

81. ［法］让·雅克·卢梭：《爱弥儿——论教育》，李平沤译，商务印书馆 1978 年版。

82. ［德］米切尔·兰德曼：《哲学人类学》，张乐天译，贵州人民出版社 1988 年版。

83. ［美］威廉·巴雷特：《非理性的人——存在主义哲学研究》，杨照明、艾平译，商务印书馆 1999 年版。

84. ［英］伊丽莎白·劳伦斯：《现代教育的起源与发展》，纪晓林译，北京语言出版社 1992 年版。

85. ［巴西］保罗·弗莱雷：《被压迫者教育学》，顾建新等译，华东师范大学出版社 2001 年版。

86. ［德］沃尔夫冈·布列钦卡：《教育科学的基本概念——分析、批判和建议》，胡劲松译，华东师范大学出版社 2001 年版。

87. ［美］小威廉姆·E. 多尔：《后现代课程观》，王红宇译，教育科学出版社 2000 年版。

88. ［德］克里斯托夫·武尔夫：《教育人类学》，张志坤译，教育科学出版社 2009 年版。

89. ［瑞士］约翰尼斯·海因里希·裴斯泰洛齐：《裴斯泰洛齐教育论著选》，夏之莲等译，人民教育出版社 2001 年版。

90. ［法］阿尔贝·雅卡尔：《没有权威和惩罚的教育》，张伦译，中国人民大学出版社 2005 年版。

91. ［苏联］瓦·阿·苏霍姆林斯基：《给教师的一百条建议》，杜殿坤译，天津人民出版社 1983 年版。

92. ［苏联］瓦·阿·苏霍姆林斯基：《帕夫雷什中学》，赵玮等译，教育科学出版社 1983 年版。

93. ［英］科林·克拉克：《高等教育系统》，王承绪等译，杭州大学出版社 1994 年版。

94. ［苏联］瓦·阿·苏霍姆林斯基：《年轻一代的道德理想教育》，陈炳文等译，湖南教育出版社 1984 年版。

95. ［德］弗里德里希·威廉·奥古斯特·福禄贝尔：《人的教育》，孙祖复译，人民教育出版社 1991 年版。

96. ［意］玛丽亚·蒙台梭利：《蒙台梭利幼儿教育科学方法》，任代文主译，人民出版社 1993 年版。

97. ［美］约翰·杜威：《民主主义与教育》，王承绪译，人民教育出版社 1990 年版。

98. ［美］约翰·杜威：《我们怎样思维·经验与教育》，姜文闵译，人民教育出版社 2005 年版。

99. ［美］托宾·哈特：《从信息到转化：为了意识进展的教育》，彭正梅译，华东师范大学出版社 2007 年版。

100. 《资产阶级哲学资料选辑》，上海人民出版社 1996 年版。

101. 赵祥麟、王承绪编译：《杜威教育论著选》，华东师范大学出版社 1981 年版。

102. 《歌德的格言和感想录》，中国社会科学出版社 1982 年版。

103. 联合国教科文组织国际教育发展委员会：《学会生存——教育世界的今天和明天》，教育科学出版社 1996 年版。

104. 联合国教科文组织国际教育发展委员会：《教育——财富蕴藏其中》，教育科学出版社 1996 年版。

105. 《教育部基础教育课程改革纲要（试行）》，人民教育出版社 2001 年版。

106. 张焕庭：《西方资产阶级教育论著选》，人民教育出版社 1979 年版。

107. 许慎：《说文解字·生部》，徐铉校订，中华书局 2013 年版。

108. 朱熹：《四书章句集注》，中华书局 2011 年版。

109. 王阳明：《王阳明全集》，上海古籍出版社 1992 年版。

110. 欧阳哲生：《胡适文集》，北京大学出版社 1998 年版。

111. 王国维：《王国维全集》，浙江教育出版社 2010 年版。

112. 王国维：《静庵文集》，辽宁教育出版社 1997 年版。

113. 柯继民：《四书五经·易经·系辞传上》，黑龙江人民出版社 2003 年版。

114. 王夫之：《张子正蒙注》，中华书局 1975 年版。

115. 梁漱溟：《北京：中国文化要义》，上海世纪出版社 2005 年版。

116. 徐复观：《北京：中国人性论史·先秦篇》，上海三联书店 2002 年版。

117. 杜维明：《道·学·政——论儒家知识分子》，上海人民出版社 2000 年版。

118. 姜国柱、朱葵菊：《北京：中国人性论史》，河南人民出版社 1997 年版。

119. 杨国荣：《理性与价值——智慧的历程》，上海三联书店 1998 年版。

120. 李强：《自由主义》，中国社会科学出版社 1998 年版。

121. 赵汀阳：《论可能生活——一种关于幸福和公正的理论》，中国人民大学出版社 2010 年版。

122. 汪安民等：《现代性基本读本》，河南大学出版社 2005 年版。

123. 刘济良：《生命的沉思——生命教育理念解读》，中国社会科学出版社 2004 年版。

124. 张品兴：《人生哲学宝库》，中国广播电视出版社 1992 年版。

125. 郑晓江、张名源：《生命教育公民读本》，人民出版社 2010 年版。

126. 周国平：《周国平论教育 2：传承高贵》，华东师范大学出版社 2015 年版。

127. 刘铁芳：《什么是好的教育——学校教育的哲学阐释》，高等教育出版社 2014 年版。

128. 程志敏：《宫墙之门：柏拉图政治哲学发凡》，华夏出版社 2005 年版。

129. 陈泽环、宋林：《天才博士与非洲丛林——诺贝尔和平奖获得者施韦泽》，江西人民出版社 1995 年版。

130. 瞿葆奎：《北京：教育评价》，人民教育出版社 1989 年版。

131. 鲁洁：《超越与创新》，人民教育出版社 2001 年版。

132. 项贤明：《泛教育论——广义教育学的初步探索》，山西教育出版社 2000 年版。

133. 叶澜：《教育理论与学校实践》，高等教育出版社 2000 年版。

134. 本性禅师：《尘心洗尽》，中国人民大学出版社 2015 年版。

135. 吴平：《禅趣人生》，上海社会科学院出版社 2002 年版。

136. 吴平：《名家说禅》，上海社会科学院出版社 2002 年版。

137. 程亚林：《诗与禅》，江西人民出版社 1998 年版。

138. 张节末：《禅宗美学》，浙江人民出版社 1999 年版。

139. 张惠华：《神灵、图腾与信仰》，中国对外翻译出版公司 2002 年版。

140. 郭淑新：《敬畏伦理研究》，安徽人民出版社 2007 年版。

141. 冯建军：《生命与教育》，教育科学出版社 2004 年版。

142. 杨东平：《中国教育发展报告（2018）》，社会科学文献出版社 2018 年版。

143. 郑晓江：《生命忧思录》，福建教育出版社 2012 年版。

144. 刘济良：《生命教育论》，中国社会科学出版社 2004 年版。

145. 刘济良、王定功：《关注生命——生命教育的多维审视》，中国社会科学出版社 2017 年版。

146. 刘济良、王定功：《呵护生命——生命教育的人文关怀》，中国社会科学出版社 2017 年版。

147. 刘济良、王定功：《提升生命——生命教育的温情守望》，中国社会科学出版社 2017 年版。

148. 刘济良等：《青少年价值观教育新视阈》，中国社会科学出版社 2018 年版。

149. 刘济良等：《新时期道德教育研究》，中国社会科学出版社 2018 年版。

150. 刘济良等：《当代教育的哲学省思》，科学出版社 2019 年版。

151. 肖川：《生命教育引论》，天津教育出版社 2014 年版。

152. 肖川：《好教育，好人生——肖川教育美文精选》，江苏教育出版社 2009 年版。

153. 刘铁芳：《生命与教化——现代性道德教化问题审理》，湖南大学出版社 2004 年版。

154. 卜玉华：《事理意蕴："生命·实践"教育学理据之问》，华东师范大学出版社 2015 年版。

155. 钮则诚：《生命的学问——反思两岸生命教育与哲学》，扬智文化事业股份有限公司 2010 年版。

156. 钮则诚：《生命教育——学理与体验》，扬智文化事业股份有限公司 2004 年版。

157. 钮则诚：《生命教育——伦理与科学》，扬智文化事业股份有限公司 2004 年版。

158. 钮则诚：《生命教育概论——华人应用哲学取向》，扬智文化事业股份有限公司 2004 年版。

159. 钮则诚：《生命教育：人生启思录》，洪叶文化事业股份有限公司 2010 年版。

160. 钮则诚：《观人生——自我生命教育》，扬智文化事业股份有限公司 2013 年版。

161. 郑晓江：《生命教育十三讲》，中山大学出版社 2012 年版。

162. 郑晓江：《生命教育演讲录》，江西人民出版社 2008 年版。

163. 王晓虹：《生命教育论纲》，知识产权出版社 2009 年版。

164. 何仁富：《生命教育引论》，中国广播电视出版社 2010 年版。

165. 沈琪芳：《北京：教师生命教育 7 讲》，华东师范大学出版社 2012 年版。

166. 郑晓江：《生命教育》，开明出版社 2012 年版。

167. 高清海：《北京：中就是"人"》，辽宁人民出版社 2001 年版。

168. 贺来：《现实生活世界——乌托邦精神的真实根基》，吉林教育出版社 1998 年版。

169. 余潇枫：《哲学人格》，吉林教育出版社 1998 年版。

170. 秦光涛：《意义世界》，吉林教育出版社 1998 年版。

171. 陆杰荣：《哲学境界》，吉林教育出版社 1998 年版。

172. 邴正：《当代人与文化》，吉林教育出版社 1998 年版。

173. 黄应全：《生死之间》，作家出版社 1998 年版。

174. 李政涛：《做有生命感的教育者》，北京师范大学出版社 2010 年版。

175. 张曙光：《生存哲学——走向本真的存在》，云南人民出版社 2001 年版。

176. 韩庆祥、邹诗鹏：《北京：中学——人的问题的当代阐释》，云南人民出版社 2001 年版。

177. 孙利天：《死亡意识》，吉林教育出版社 2001 年版。

178. 孙正聿：《超越意识》，吉林教育出版社 2001 年版。

179. 程亚林：《悲剧意识》，吉林教育出版社 2001 年版。

180. 贺来：《宽容意识》，吉林教育出版社 2001 年版。

181. 薛晓阳：《希望德育论》，人民教育出版社 2003 年版。

182. 夏中义：《大学人文读本——人与自我》，广西师范大学出版社 2002 年版。

183. 刘铁芳：《追寻生命的整全：个体成人的教育阐释》，高等教育出版社 2017 年版。

184. 郭元祥：《生活与教育——回归生活世界的教育论纲》，华中师范大学出版社 2003 年版。

185. 包利民：《生命与逻各斯——希腊伦理思想史论》，东方出版社 1996 年版。

186. 金生鈜：《规训与教化》，教育科学出版社 2004 年版。

187. 张汝伦：《思考与批判》，上海三联书店 1999 年版。

188. 林红梅：《生态伦理学概论》，中央编译出版社 2008 年版。

189. 北京大学哲学系外国哲学史教研室：《古希腊罗马哲学》，商务印书馆 1961 年版。

190. 王艳华：《信仰的人学价值意蕴》，博士学位论文，吉林大学，2004 年。

191. 段善君：《大学生生命价值观教育研究》，博士学位论文，福建师范大学，2017 年。

192. 赵红梅：《人的生命价值哲学探究》，硕士学位论文，上海大学，2014 年。

193. 余晗：《大学生信仰教育问题》，硕士学位论文，南京航空航天大学，2014 年。

194. 肖维：《论大学教育与信仰关照》，博士学位论文，湖南师范大学，2014 年。

195. 陶慧敏：《走向生成——生成性思维视阈下的当代教育反思》，硕士学位论文，河南大学，2006 年。

196. 王倩：《预设到生成——教育理论的前提分析》，硕士学位论文，东北师范大学，2015 年。

197. 王姗姗：《论教育的生成性》，硕士学位论文，山西大学，2012 年。

198. 邱关军:《学生模仿论》,博士学位论文,华东师范大学,2014年。

199. 艾诗根:《小学生模仿学习研究》,博士学位论文,华东师范大学,2017年。

200. 谭颖:《教育中的模仿——人类模仿行为的教育学考察》,硕士学位论文,沈阳师范大学,2012年。

201. 杨婷:《榜样教育研究》,博士学位论文,武汉大学,2010年。

202. 谢金丽:《教育与人的美好生活》,硕士学位论文,河南大学,2006年。

203. 刘小云:《当代学生个人主义现象分析》,硕士学位论文,华南师范大学,2005年。

204. 陈有英:《教育是使人们合乎伦理的一门艺术》,硕士学位论文,南京师范大学,2012年。

205. 刘娜娜:《论回归生活世界的课堂文化研究》,硕士学位论文,西藏大学,2012年。

206. 王敏:《城市家庭少儿社会情感忽视问题实证研究——基于长沙市100个家庭的调查》,硕士学位论文,中南大学,2006年。

207. 安希孟:《敬畏生命是智慧的开端》,《现代哲学》2007年第2期。

208. 王俊英:《意大利文艺复兴时期人文主义教育学的实践》,《皖西学院学报》2004年第3期。

209. 王长国:《精神窄门的焦虑——论敬畏之心》,《探索与争鸣》2008年第11期。

210. 董蕊等:《积极情绪之敬畏》,《心理科学进展》2013年第11期。

211. 李雅静:《论敬畏之心》,《长江大学学报》(社会科学版)2012年第5期。

212. 汤元军:《论生命教育的三个维度》,《湖北教育学院学报》2007年第2期。

213. 程红艳:《教育的起点是人的生命》,《教育理论与实践》2002年第8期。

214. 唐燕、高德胜:《论意义问题在教育中的遮蔽》,《教育科学研究》2010 年第 3 期。

215. 苏德超：《技术冲击与人文底线——兼论新人文教育的迫切性》，《四川师范大学学报》（社会科学版）2019 年第 6 期。

216. 李林、赵云波：《严复论科学不能疏离人文之域》，《自然辩证法通讯》2020 年第 4 期。

217. 李家成：《论个体生命立场下的学校教育》，《教育理论与实践》2002 年第 5 期。

218. 刘丹：《价值、能力与体验：尊重的意蕴及教育实践》，《中小学德育》2019 年第 4 期。

219. 马进：《教育爱的优位及其价值》，《基础教育》2020 年第 1 期。

220. 郑晓江：《论生活与生命》，《江西师范大学学报》（哲学社会科学版）2001 年第 3 期。

221. 叶存洪：《信仰·敬畏·自律》，《江西教育》2015 年第 16 期。

222. 阎顺利：《超越死亡的智慧——〈死亡意识〉透视》，《燕山大学学报》（社会科学版）2002 年第 2 期。

223. 涂文娟：《论慎独与大学生道德人格成长》，《道德与文明》2008 年第 2 期。

224. 朱彦体：《为师之"慎独"与"敬畏"》，《中国德育》2010 年第 11 期。

225. 罗刚淮：《为师当慎独》，《浙江教育科学》2015 年第 2 期。

226. 孙伟平：《论价值思维》，《哲学研究》2005 年第 8 期。

227. 邹广文、崔唯航：《从现成到生成——论哲学思维方式的现代转换》，《清华大学学报》（哲学社会科学版）2003 年第 2 期。

228. 吴芳：《敬畏、谦卑的生存伦理准则——构建人与自然和谐的智慧》，《中国自然辩证法研究会会议论文集》，2008 年。

229. 薛晓阳：《论虚无、敬畏与教化》，《现代大学教育》2008 年第 5 期。

230. 辛继湘：《生成性思维：当代教学论研究的思维走向》，《教育评价》2003 年第 5 期。

231. 冯建军：《工具性教育及其反思》，《江苏高教》1999 年第 2 期。

232. 刘慧、朱小蔓：《多元社会中学校道德教育：关注学生个体的生命世界》，《教育研究》2001 年第 9 期。

233. 石中英:《人文世界、人文知识与人文教育》,《教育理论与实践》2001 年第 6 期。

234. 闫光才:《教育的生命意识——由荒野文化与园艺文化的悖论谈起》,《清华大学教育研究》2002 年第 2 期。

235. 张广军、孙琳等:《论生成教育》,《中国教育学刊》2008 年第 2 期。

236. 郭元祥:《论教育的过程属性和过程价值——生成性思维视域中的教育》,《教育研究》2005 年第 9 期。

237. 江新等:《关于隐形知识的分类研究》,《开放教育研究》2005 年第 10 期。

238. 陈克现、王世忠:《一种后现代的逻辑:知识观与大学课程》,《现代教育科学》2009 年第 11 期。

239. 李森、王银飞:《生活化教学的基本理念与实践策略》,《教育理论与实践》2005 年第 7 期。

240. 程向阳、华国栋:《学生差异资源的教育教学价值初探》,《教育探究》2006 年第 2 期。

241. 冯建军:《教育:为了生命的事业》,《教师之友》2004 年第 5 期。

242. 叶澜:《让课堂焕发出生命活力——论中小学教学改革的深化》,《教育研究》1997 年第 9 期。

243. 刘济良、赵荣:《生命教育:道德教育的核心》,《课程·教材·教法》2013 年第 9 期。

244. 刘济良、赵文慧:《文化类电视节目影响下的青少年生命价值观教育——以〈朗读者〉节目为例》,《教育研究与实验》2019 年第 1 期。

245. 刘济良、周亚文:《论动漫亚文化对我国青少年价值观教育的影响及其对策》,《湖南师范大学教育科学学报》2017 年第 5 期。

246. 刘济良:《论"生活世界"视域中的生命教育》,《教育科学》2004 年第 4 期。

247. 刘济良、乔运超:《走向生命化的课堂教学》,《课程·教材·教法》2020 年第 1 期。

248. 刘济良、刘燕楠:《哲学之思:教师的智慧品性》,《教育研究》2008 年第 10 期。

249. 刘济良：《生命体验：道德教育的意蕴所在》，《教育研究》2006 年第 1 期。

250. 刘济良等：《论微信影响下的青少年价值观教育》，《教育研究》2018 年第 1 期。

251. 朱志平：《教师在课堂动态生成资源中的作用发挥》，《教育发展研究》2006 年第 20 期。

252. 魏宏聚：《教学生成事件与教师教育智慧》，《湖南师范大学教育科学学报》2018 年第 2 期。

253. 郑百苗：《反思生成：让课堂充满智慧的灵光》，《语文教学通讯》2004 年第 13 期。

254. 陈建敏、金花：《人类动作模仿的神经机制研究进展》，《体育学刊》2007 年第 8 期。

255. 曹桂生、曹元：《论"内模仿"与"外模仿"的嬗变与影响》，《陕西师范大学学报》（哲学社会科学版）2013 年第 4 期。

256. 余皖婉等：《医科大学生共情能力与父母教养方式的关联探究》，《中国学校卫生》2012 年第 1 期。

257. 克里斯托夫·乌尔夫：《教育中的仪式：演示、模仿、跨文化》，《北京大学教育评论》2009 年第 2 期。

258. 彭正梅：《修道、立教与模仿：现代教师专业发展中被遗忘的儒家传统》，《全球教育展望》2013 年第 12 期。

259. 戴锐：《榜样教育的有效性与科学化》，《教育研究》2002 年第 8 期。

260. 章坤：《论德育榜样的选取与任用》，《班主任》2004 年第 9 期。

261. 李长伟：《现时代教育精神的理性分析》，《湖南师范大学教育科学学报》2013 年第 2 期。

262. 高清海：《人类正在走向自觉的"类存在"》，《吉林大学社会科学学报》1998 年第 1 期。

263. 王海明：《自由的价值》，《中国社会科学文摘》2001 年第 1 期。

264. 冯建军：《人的超越性及其教育意蕴》，《教育研究与实验》2005 年第 1 期。

265. 冯建军：《教育的个体享用功能》，《上海教育科研》2002 年第 1 期。

266. 曹永国：《"追求卓越"的教育隐忧及理性化解》，《河南师范大学学报》（哲学社会科学版）2019 年第 3 期。

267. 麦子熟了：《我们是如何走向平庸的》，《意林》2018 年第 16 期。

268. 罗华：《幼儿园教育活动中成人话语霸权现象浅析》，《现代教育科学》2012 年第 2 期。

269. 刘海龙：《论人的超越性及其现代困境》，《河南社会科学》2018 年第 1 期。

270. 高清海：《人的未来与哲学未来——"类哲学"引论》，《学术月刊》1996 年第 2 期。

271. 高德胜：《竞争的德性及其在教育中的扩张》，《华东师范大学学报》（教育科学版）2016 年第 1 期。

272. 李江源、王雄：《考试分数：一种人学的阅读》，《湖南师范大学教育科学学报》2011 年第 5 期。

273. 闫兵：《学校教育竞争之"灵恶"及其超越》，《教育发展研究》2017 年第 10 期。

274. 刘铁芳：《教育：唤起美好事物的欲求》，《大学教育科学》2016 年第 3 期。

275. 胡金木：《批判与超越：基于生命立场的道德教育》，《教育理论与实践》2008 年第 3 期。

276. 赵辉：《铸魂育人：着力培育职业院校学生职业核心素养——以南宁职业技术学院为例》，《智库时代》2019 年第 25 期。

277. 赵永廷、林伯海：《教书育人规律及其遵循对策研究》，《思想教育研究》2017 年第 6 期。

278. 王彩云、郑超：《价值理性和工具理性及其方法论意义——基于马克斯·韦伯的理性二分法》，《济南大学学报》（社会科学版）2014 年第 2 期。

279. 高政：《课堂教学中学生价值理性的培育》，《教育科学研究》2013 年第 2 期。

280. 徐贵权：《论价值理性》，《南京师范大学学报》（社会科学版）2003 年第 9 期。

281. 王坤庆：《关于知识教育价值观的探讨》，《华中师范大学学报》

（哲学社会科学版）1994 年第 6 期。

282. 何良仆：《中国教育的出路：价值取向从知识传授转向智慧生成》，《教育与教学研究》2017 年第 6 期。

283. 金生鈜：《保卫教育的公共性》，《教育研究与实验》2007 年第 3 期。

284. 叶飞：《竞争性个人主义与"孤独的"公民——论公民教育如何应对公共品格的沦落》，《高等教育研究》2013 年第 2 期。

285. 李政涛：《教育评价中的"桥"与"门"》，《中小学管理》2004 年第 6 期。

286. 高德胜：《我们都是自己的陌生人——兼论教育与人的放逐》，《高等教育研究》2013 年第 2 期。

287. 陈惠英：《协商对话式外部评价的内涵与实施》，《中国教育学刊》2015 年第 4 期。

288. 徐岱：《体验自由——论美感的生命境界》，《浙江大学学报》1997 年第 1 期。

289. 全会：《论新闻自由与儒家"修身"思想结合的可能性》，《新闻知识》2012 年第 3 期。

290. 李文倩：《自由人的生命关切》，《民主与科学》2012 年第 6 期。

291. 鲁洁：《教育的返本归真——德育之根基所在》，《华东师范大学学报》（教育科学版）2001 年第 4 期。

292. 杨大春：《身体经验与自我关怀——米歇尔·福柯的生存哲学研究》，《浙江大学学报》（人文社会科学版）2000 年第 4 期。

293. 汪昌权：《师生冲突情境中的教师规训权力影像——基于一则案例的分析》，《班主任之友》（中学版）2014 年第 5 期。

294. 靳玉乐、李叶峰：《论教育自由的发展尺度及实现》，《高等教育研究》2015 年第 4 期。

295. 张世英：《人生与世界的两重性——布伯〈我与你〉一书的启发》，《中国人民大学学报》2002 年第 3 期。

296. 杨建朝：《自由成人：教育精神的时代诉求》，《教育理论与实践》2013 年第 1 期。

297. 丁念金：《论学生素质发展评价的个性化理念》，《上海师范大学学报》（哲学社会科学版）2014 年第 4 期。

298. 杨建朝：《论类自由视域中的教育成"人"观》，《江苏教育研究》2015 年第 28 期。

299. 钱巨波：《生命教育论纲》，《江苏教育研究》1999 年第 3 期。

300. 刘铁芳：《生命情感与教育关怀》，《高等师范教育研究》2000 年第 6 期。

301. 杜静：《教师专业学习共同体之价值回归》，《教育研究》2020 年第 5 期。

302. 杜静：《我国教师教育课程存在的问题与改革路向探析》，《教育研究》2007 年第 9 期。

303. 杜静：《行与知的审视：英国教师培训的实践取向》，《比较教育研究》2012 年第 12 期。

304. 许世平：《生命教育及层次分析》，《中国教育学刊》2002 年第 4 期。

305. 时晓丽：《生命的悲剧意识》，《人文杂志》1999 年第 4 期。

306. 安继民：《庄子悲剧意识及其超越》，《中州学刊》2001 年第 4 期。

307. 张曙光：《生命及其意义——人的自我寻找与发现》，《学习与探索》1999 年第 5 期。

308. 张岱年：《生命与道德》，《北京大学学报》（哲学社会科学版）1995 年第 5 期。

309. 李文阁：《生命：中国传统文化的价值取向》，《求是学刊》1996 年第 1 期。

310. 张曙光：《人的哲学与生命哲学》，《江海学刊》1999 年第 4 期。

311. 史佳露、刘济良：《论新世纪流行歌曲对青少年价值观的消极影响及教育对策》，《教育研究与实验》2017 年第 1 期。

312. 党晶、刘济良：《教育场域中青少年敬畏生命的缺失及重塑》，《中国教育学刊》2019 年第 6 期。

313. 党晶、刘济良：《论大众传媒泛娱乐化影响下的青少年价值观教育》，《中国教育学刊》2017 年第 9 期。

314. 程墨、罗曼：《"掐尖"怪象风行：中招争夺生源大战何时休》，《广州日报》2010 年 6 月 16 日。

315. 郐怡婧：《广东恩平：当地理科状元被奖励一套房》，《广州日报》2015年6月30日。

316. 叶玉跃、唐旭锋：《寒假作业写不完，女孩吞20颗泰诺自杀》，《钱江晚报》2010年2月23日。

317. 朱华硕：《学生可以不喜欢作文吗》，《文汇报》2002年7月29日。

后　记

教育是人之生命的重要组成部分与存在方式。教育要选择的始终是适合人的教育，而非选择适合教育的人；教育要依靠的始终是人的成长需求，而不是外在的功利需求。因此，面向人而开展的生命教育是有"人味""人情""人性"的教育，是基于人的个体生命、关注人的个体生命、成就人的个体生命的教育。它温情脉脉地注视着每一个可爱美好的个体生命，它洞若观火地省察着现实的教育，它孜孜不倦地追寻着教育的本真。可以说，生命教育使求索知识的个体生命在教育中叩问并明确生命存在的价值，使被功利围困的个体生命坚守内在生命的崇高信仰。为此，生命教育作为充满人文意蕴的教育，在如今日益科学化、智能化的社会中更需获取人们的关注，更需回归人的个体生命本身去参透生命的本质、教育的本真。

生命教育作为立足于人的个体生命的研究，是对人的个体生命的沉思与感悟。在二十余年的生命教育研究历程中，一批又一批年轻的个体生命踏上生命教育的求索之路，孜孜不息地开拓着生命教育理论与实践的新天地，从而使生命教育研究一路繁花盛放。生命教育研究不论如何发展，都离不开对生命教育原点——人的个体生命的研究，因此，本书尝试回归个体生命本身，以个体生命的基本特性为切入点，以期唤醒教育对学生个体生命特性的关注、理解、把握，以期教育能够成为保存、丰富、发展、完善个体生命特性的伟大事业。在写作中，每位撰写者将自我对教育、生命、个体生命特性的感知作为研究原点，在不断地研讨与思索中形成了展现生命尊重与关怀的教育观点，畅想了促进个体生命特性积极、和谐、整全发展的教育终点。希望读者在阅读此书的过程中，能够感受每位撰写者的生命情怀，能够理解个体生命的内在需求，能够体味生命教育的人文意蕴。

本书基于个体生命基本特性展开研究，而本书的写作则是一段基于个体生命，且出于个体生命的过程。它基于对个体生命的不断省察与沉思，又基于对个体生命的眷注与关怀。它出自作者生命智慧与生命情感的凝聚，又出自作者坚守与追求的教育真义。本书的具体分工为：前言由刘济良、马苗苗撰写，第一章由马苗苗撰写，第二章由冯安然撰写，第三章由孙学敏撰写，第四章、第五章由马苗苗撰写，全书由刘济良总体策划，拟定提纲，负责统稿，并对全书稿进行了字斟句酌的修改。本书立足于复杂的人之个体生命基本特性来研讨教育，其中尚有不足与值得推敲之处，恳请各位读者提出宝贵的建议，我们也将进一步思考与完善，进一步思考生命之所在、教育之真谛。

　　最后，真诚地感谢中国社会科学出版社的各位编、校老师们，感谢他们为本书出版付出的宝贵时间与心力。

作　者
2021 年 3 月